第3卷

软文营销
从入门到精通
100000+爆款文案速成

苏航 著

人民邮电出版社

北京

图书在版编目（ＣＩＰ）数据

软文营销从入门到精通. 第3卷, 100000+爆款文案速
成 / 苏航著. -- 北京 : 人民邮电出版社, 2017.12
ISBN 978-7-115-45294-8

Ⅰ. ①软… Ⅱ. ①苏… Ⅲ. ①营销－基本知识 Ⅳ.
①F713.3

中国版本图书馆CIP数据核字(2017)第086677号

内 容 提 要

本书作为软文营销的商业变现篇，详细讲解了爆款软文的标题、正文、图片、版式、关键词的写作技巧，还深入剖析了微信、APP、自媒体3类平台的运营技巧，帮助读者快速打造100000+爆款文案并实现商业变现。

本书结构清晰、实战性强，适合内容营销从业人员、广大文案写作者、网络营销人员等阅读使用，还对大中专院校营销、电子商务相关专业的师生等有参考价值。

◆ 著　　　　苏　航
责任编辑　恭竟平
责任印制　周昇亮

◆ 人民邮电出版社出版发行　　北京市丰台区成寿寺路 11 号
邮编　100164　电子邮件　315@ptpress.com.cn
网址　http://www.ptpress.com.cn
大厂聚鑫印刷有限责任公司印刷

◆ 开本：700×1000　1/16
印张：15　　　　　　　　　2017 年 12 月第 1 版
字数：293 千字　　　　　　2017 年 12 月河北第 1 次印刷

定价：49.80 元

读者服务热线：(010)81055296　印装质量热线：(010)81055316
反盗版热线：(010)81055315
广告经营许可证：京东工商广登字 20170147 号

前言

写作驱动

市场上针对软文写作和营销的书籍较多，但是内容上大多是着力从营销角度来说的，而不是专门针对软文写作和运营来说的，因而在软文写作方面不够精深和全面。本书是一本软文写作和运营实战宝典，是《软文营销从入门到精通》的第 3 卷，相比第 1、第 2 卷，本书在分析软文营销的写作技巧方面更为突出，内容上集众家之所长，做到了差异创新，并以优异制胜为目标，致力于打造 100000+ 爆款软文，尤其是书中关于软文写作的干货技巧，是笔者潜心收集并整合最新资料提炼出来的。

本书的核心是帮助企业或个人通过微信、APP 和自媒体平台来进行内容运营，以便推广企业产品和树立良好的企业品牌，最终达到吸粉引流和促进营销的目的。这是一本由笔者结合软文写作与平台运营实战案例，打造的针对企业、商家或个人进行软文营销的平台内容运营的实战型宝典。

本书内容

在微信、APP 和自媒体平台上，企业、商家或个人利用各自的优势和特征，积极进行产品和品牌推广，在软文的精妙内容打造和平台运营中，巧妙地提升读者的关注度，增强粉丝的黏性和忠诚度，为产品营销提供助力和支撑。在全书的整体内容中，主要分为以下 2 个方面。

一是技巧篇：主要提炼了 6 大内容，包括："热身：调研、定位和快速入门技巧""标题：决定打开率、阅读量的关键""正文：内容是吸留用户的核心因素""图片：增强阅读点赞率的视觉力量""版式：给予用户最舒适的阅读体验""关键词：搜索排名靠前营销的技巧"。针对这 6 大内容，笔者进行了全面、详细和深入的讲解，同时通过写作技巧帮助企业、商家或个人快速进入角色，获得最精华的内容。

二是平台篇：通过微信、APP 和自媒体这 3 类最具创新性的营销平台，将最主要的软文写作和运营技巧大放送，帮助企业、商家或个人通彻了解平台运营和软文写作技巧，以期提供最实用的内容。

笔者在本书中通过 6 大软文写作技巧章节、3 类软文营销平台章节、8 大行业软文案例章节、500 多张清晰图片，让读者从入门到精通，实现软文营销和写作的全面升级。

希望通过本书系统而翔实的讲述，能够为读者带来真正的运营和营销帮助，让读者快速获得软文写作和运营的成功。

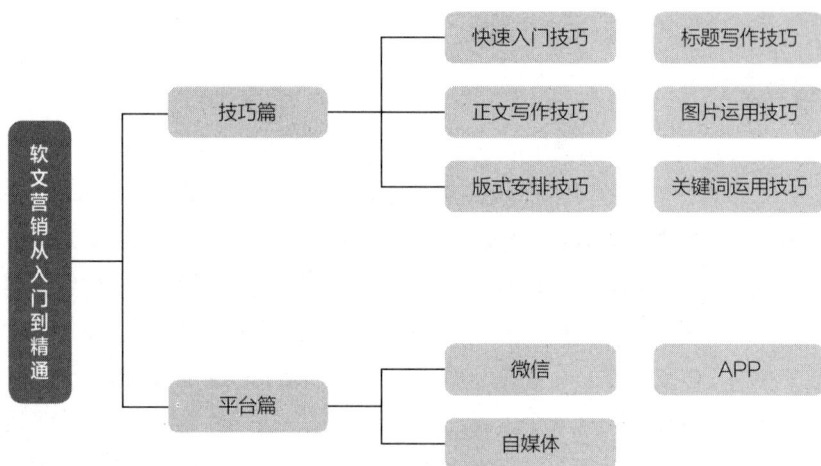

```
软                    ┌── 快速入门技巧      标题写作技巧
文                    │
营        ┌── 技巧篇 ├── 正文写作技巧      图片运用技巧
销        │          │
从        │          └── 版式安排技巧      关键词运用技巧
入 ───────┤
门        │
到        │          ┌── 微信            APP
精        └── 平台篇 │
通                    └── 自媒体
```

作者售后

由于作者知识水平有限，书中难免有错误和疏漏之处，恳请广大读者批评、指正。

目录 | Contents

第 1 章 热身：调研、定位和快速入门技巧

1.1 写前先调研，写时有方向 / 2

1.1.1 市场调研的含义 / 2

1.1.2 市场调研的作用 / 4

1.1.3 市场调研的方法 / 5

1.2 确定调研对象，做好自己定位 / 9

1.2.1 调查销售的产品 / 10

1.2.2 调查目标消费者 / 13

1.2.3 做好平台的定位 / 15

1.2.4 做好用户的定位 / 16

1.2.5 做好内容的定位 / 17

1.3 微信、APP 软文的 12 个入门技巧 / 19

1.3.1 读者放在第一位 / 20

1.3.2 针对消费者利益 / 20

1.3.3 软文必须具有价值 / 21

1.3.4 切入点很重要 / 23

1.3.5 紧跟时事要点 / 23

1.3.6 写作要有要点 / 25

1.3.7 培养场景感觉 / 26

1.3.8 向竞争对手学习 / 27

1.3.9 篇幅需要小而美 / 28

1.3.10 学会使用新媒体的文字 / 29

1.3.11 引起共鸣，激发人的感情 / 30

1.3.12 发表有看点的成功案例 / 30

1.4 100000+ 软文编写的 12 大注意事项 / 31

1.4.1 缺乏整体策划方案 / 31

1.4.2 内容没有中心主题 / 31

1.4.3 过度追求软文数量 / 32

1.4.4 利用文章忽悠用户 / 32

1.4.5　闭门造车编写软文 / 33

1.4.6　软文内容全而不精 / 34

1.4.7　软文布局无章法 / 34

1.4.8　常见的书写错误多 / 35

1.4.9　软文内容版面错乱 / 36

1.4.10　缺乏与粉丝互动 / 37

1.4.11　忽视平台功能服务 / 37

1.4.12　缺乏长期坚持理念 / 38

第 2 章　标题：决定打开率、阅读量的关键

2.1　100000+ 标题的 6 个高质量细节 / 41

2.1.1　标题的字数限制 / 41

2.1.2　标题的模式打造 / 42

2.1.3　标题的风格表达 / 45

2.1.4　凸显产品的特征 / 47

2.1.5　添加生活的元素 / 48

2.1.6　应用绝妙的典故 / 48

2.2　100000+ 标题必懂的 8 个用户心理 / 49

2.2.1　用户的猎奇心理 / 50

2.2.2　用户的窥探心理 / 51

2.2.3　用户的消遣心理 / 51

2.2.4　用户的感动心理 / 52

2.2.5　用户的求抚慰心理 / 53

2.2.6　用户的学习心理 / 53

2.2.7　用户的私心心理 / 54

2.2.8　用户的追忆心理 / 55

2.3　100000+ 标题的 26 个命名技巧 / 56

2.3.1　福利式标题 / 56

2.3.2　数字式标题 / 57

2.3.3　夺眼球式标题 / 57

2.3.4　趣味性标题 / 58

2.3.5　速成型标题 / 59

2.3.6　悬念式标题 / 59

2.3.7　警告式标题 / 61

2.3.8　负面体标题 / 61

2.3.9　专业性标题 / 62

2.3.10 急迫感标题 / 63

2.3.11 本地化标题 / 63

2.3.12 借势型标题 / 64

2.3.13 新闻式标题 / 65

2.3.14 独家性标题 / 66

2.3.15 励志式标题 / 66

2.3.16 对比式标题 / 67

2.3.17 经验式标题 / 68

2.3.18 提示式标题 / 69

2.3.19 白话式标题 / 70

2.3.20 隐喻式标题 / 70

2.3.21 观点式标题 / 71

2.3.22 建议式标题 / 72

2.3.23 指导式标题 / 73

2.3.24 鼓舞式标题 / 73

2.3.25 半遮掩式标题 / 74

2.3.26 揭露真相式标题 / 75

第 3 章　正文：内容是吸留用户的核心因素

3.1　100000+ 内容的 6 种表现形式 / 77

3.1.1 文字式 / 77

3.1.2 图片式 / 78

3.1.3 图文结合式 / 79

3.1.4 语音式 / 79

3.1.5 视频式 / 80

3.1.6 综合混搭式 / 81

3.2　100000+ 内容的 10 种写作形式 / 82

3.2.1 新闻式 / 83

3.2.2 故事式 / 84

3.2.3 悬念式 / 84

3.2.4 逆思维式 / 85

3.2.5 创意式 / 86

3.2.6 疑团式 / 87

3.2.7 层递式 / 89

3.2.8 倒置式 / 90

3.2.9 总分总式 / 91

    3.2.10　镜头剪接式 / 93

3.3　100000+ 内容的 15 个表现技巧 / 96

    3.3.1　选择适合的语言风格 / 96
    3.3.2　内容要有阅读场景感 / 97
    3.3.3　打造独特的个性风格 / 98
    3.3.4　善于利用连载 / 99
    3.3.5　直白说出福利 / 100
    3.3.6　热门头条事件 / 101
    3.3.7　节日烘托气氛 / 103
    3.3.8　可提前进行内容预告 / 104
    3.3.9　文章摘要也能吸引粉丝 / 105
    3.3.10　干货，给出有价值的内容 / 106
    3.3.11　投票，让用户有参与感 / 107
    3.3.12　用户自己提供想要的内容 / 109
    3.3.13　个性签名，最后展示不同风格的二维码 / 110
    3.3.14　让用户知道你每天的推送时间，准时去看 / 112
    3.3.15　群发前一定要进行预览，力求最完美呈现 / 113

第 4 章　图片：增强阅读点赞率的视觉力量

4.1　100000+ 图片的 3 个首要关键 / 116

    4.1.1　头像：吸睛的设计 / 116
    4.1.2　主图：最美的表达 / 122
    4.1.3　侧图：要能吸引人 / 125

4.2　100000+ 图片的 9 个细节要求 / 125

    4.2.1　颜色：要亮丽夺目 / 126
    4.2.2　尺寸：注意高清展示 / 127
    4.2.3　排版：单图还是多图 / 132
    4.2.4　精美：PS 美颜一下 / 136
    4.2.5　容量：少才能打开快 / 137
    4.2.6　动图：GIF 更有动感效果 / 138
    4.2.7　长图文：带来更大冲击力 / 139
    4.2.8　水印：图片为你自动做推广 / 140
    4.2.9　二维码：打造与众不同 / 141

4.3　100000+ 图片的 9 个表达技巧 / 144

    4.3.1　图片体现隐藏的情怀 / 144

4.3.2 催眠读者产生认同感 / 144

4.3.3 增强互动，凝聚粉丝 / 145

4.3.4 图片增强真实感 / 145

4.3.5 图片的创意表达 / 146

4.3.6 呈现真实生活场景 / 147

4.3.7 图片的角色代入感 / 148

4.3.8 形象地位的符号化 / 150

4.3.9 图片的巧妙植入 / 152

第 5 章　版式：给予用户最舒适的阅读体验

5.1 整体界面栏目设置 / 154

5.1.1 吻合视觉习惯 / 154

5.1.2 方便用户查看 / 158

5.1.3 利于内容安排 / 162

5.1.4 利于吸粉引流 / 164

5.2 舒适排版的 15 个技巧 / 165

5.2.1 开头有引入感 / 165

5.2.2 正文字体突出设置 / 167

5.2.3 字号不要过大 / 168

5.2.4 文字不要太紧凑 / 169

5.2.5 首行缩进的问题 / 173

5.2.6 配色不要太花哨 / 173

5.2.7 图文排版要谨慎 / 176

5.2.8 使用各种简洁样式 / 177

5.2.9 黑色灰色巧妙搭 / 178

5.2.10 善用分割线 / 179

5.2.11 谨慎文章粘贴白底 / 180

5.2.12 加粗调色体现要点 / 181

5.2.13 结尾引导关注 / 183

5.2.14 确定自己的排版风格 / 185

5.2.15 善用第三方编辑器 / 185

5.3 借用高大上的第三方排版编辑器 / 185

5.3.1 秀米排版编辑器 / 185

5.3.2 i 排版编辑器 / 191

5.3.3 135 微信编辑器 / 193

第6章 关键词：搜索排名靠前的营销技巧

6.1 关键词的含义 / 195

6.1.1 网络中的关键词 / 195

6.1.2 软文中的关键词 / 196

6.2 关键词的常见类别 / 197

6.2.1 核心关键词 / 199

6.2.2 辅助关键词 / 201

6.2.3 长尾关键词 / 203

6.3 关键词营销的设置技巧 / 206

6.3.1 从用户角度考虑 / 206

6.3.2 从对手的角度考虑 / 209

6.3.3 关键词的确定 / 209

6.3.4 关键词扩展 / 211

6.3.5 利用明星新闻 / 213

6.3.6 用故事做引导 / 213

6.3.7 利用心得体会 / 214

6.4 9 个提高文章搜索率的 SEO 技巧 / 214

6.4.1 取名要含有词根 / 215

6.4.2 功能介绍影响曝光率 / 217

6.4.3 利用好地域因素靠前 / 218

6.4.4 推送信息标题含有关键词 / 220

6.4.5 通过认证的会优先排在前面 / 221

6.4.6 推送内容影响阅读量和分享率 / 223

6.4.7 粉丝互动频率越高排名越靠前 / 226

6.4.8 服务号信息能直接抵达用户 / 228

6.4.9 注册时长和粉丝数量也是影响因素 / 228

第1章

热身：
调研、定位和快速入门技巧

学前提示

软文，顾名思义，是相对于硬性广告而言，由企业的市场策划人员或广告公司的文案人员负责撰写的"文字广告"。

与硬广告相比，软文之所以叫作软文，精妙之处就在于一个"软"字。

要点展示

>> 写前先调研，写时有方向

>> 确定调研对象，做好自己定位

>> 微信、APP 软文的 12 个入门技巧

>> 100000+ 软文编写的 12 大注意事项

1.1 写前先调研，写时有方向

常言道："没有调查就没有发言权"，调研的重要性不言而喻。如果想让软文一字千金的同时妙笔生花，那么调研是必不可少的，这是保证软文编写方向正确和内容精准的前提。只有经过了调研，才能预测微信、APP 和自媒体平台推送的软文是否能准确地传达到目标用户群中，并最终达到预期的营销目的。

在进行调研之前，读者首先需要了解调研的基本概况，主要包括 3 个方面的内容，如图 1-1 所示。

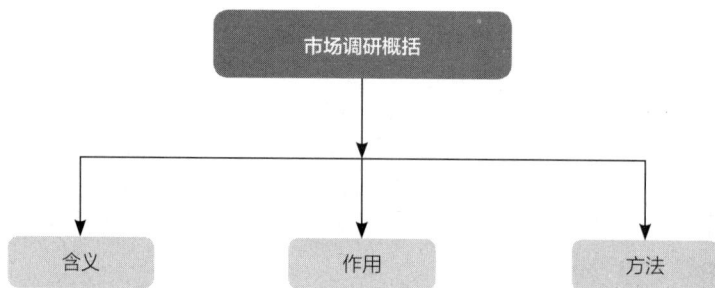

▲ 图 1-1 软文写作前的市场调研概括

1.1.1 市场调研的含义

市场之所以有调研的必要，是有其客观因素的，即市场基于 2 个方面的原因总是处于瞬息变化的状态之下，如图 1-2 所示。

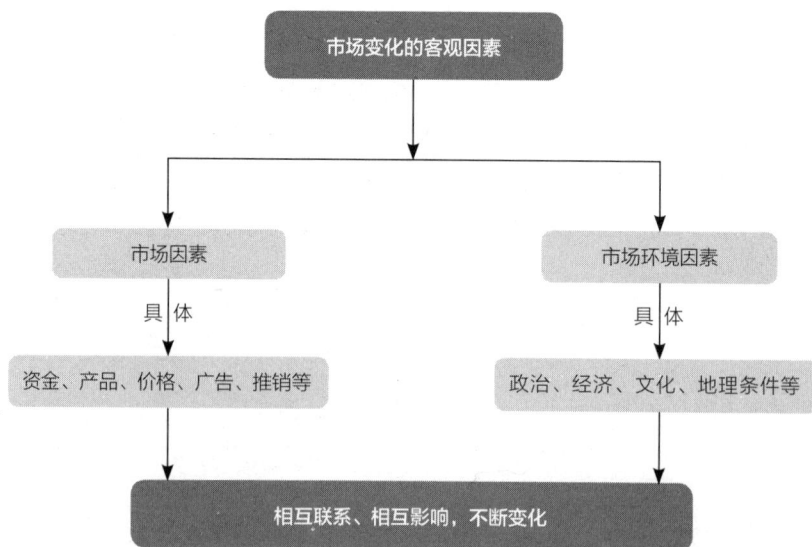

▲ 图 1-2 市场变化的客观因素分析

正是因为市场的这一客观情况，关于其情况的调研是任何处于市场这一环境中的活动所必须的。在智能手机普遍应用的社会环境下，与企业产品或品牌有着紧密联系的微信、APP 和自媒体平台的软文的内容构建和效果实现，也必须适应市场的变化，并进行积极且广泛的市场调研，只有这样，才能达到软文营销的目的，如图 1-3 所示。

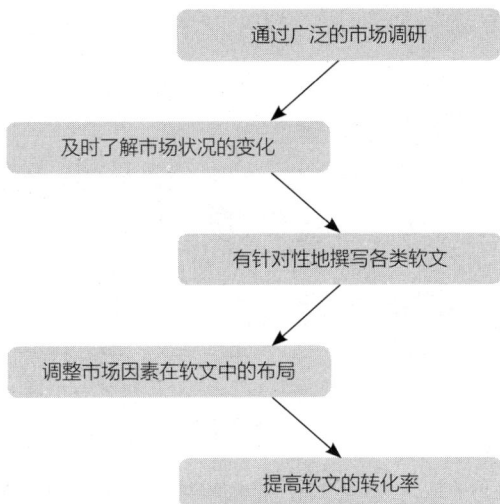

▲ 图 1-3 达到营销的目的软文撰写分析

综上所述，所谓"市场调研"，即为了达到营销目的而进行的对营销信息的分析、甄别工作。对市场调研的含义分析如图 1-4 所示。

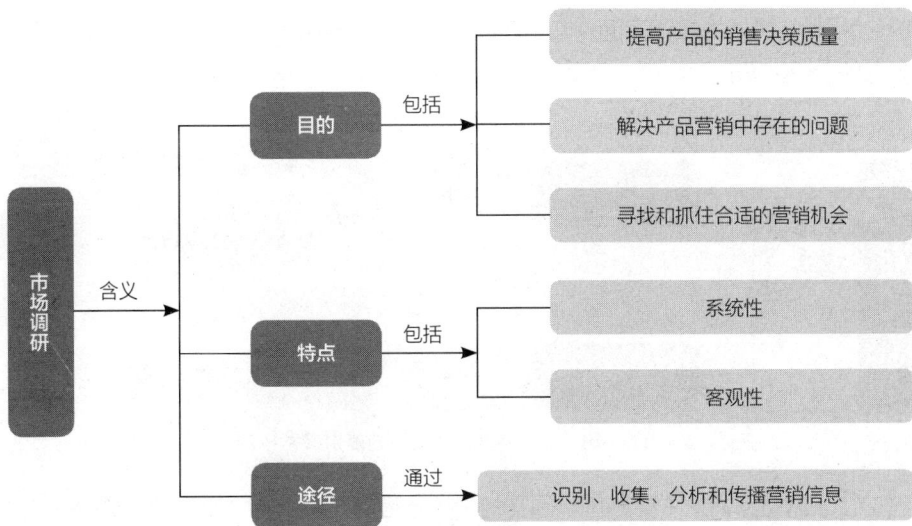

▲ 图 1-4 市场调研的含义分析

1.1.2 市场调研的作用

市场调研作为市场预测和经营决策过程中重要的组成部分，一直有着举足轻重的地位，它是企业进行营销策划和运作过程的基础，对企业产品和品牌的推广有着非常重要的作用。

市场调研所具有的重要作用可从广义和狭义 2 个方面进行分析，如图 1-5 所示。

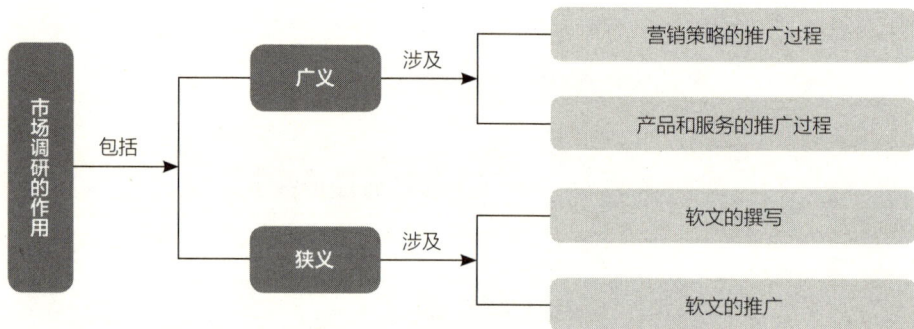

▲ 图 1-5　市场调研的作用分析

由图 1-5 可知，从广义上来说，市场调研所得出的结果作为参考标准贯穿整个营销策略以及产品和服务的推广过程；从狭义上来说，市场调研在软文营销中的作用的直接体现是软文的撰写和推广过程。

而就其狭义的作用而言，其作用又主要表现在以下 3 个方面。

（1）**参考依据**。这主要是基于软文策划过程而言的。市场调研作为软文营销过程的开始阶段，能够为接下来的软文策划提供科学的依据和富有价值的参考信息，具体分析如图 1-6 所示。

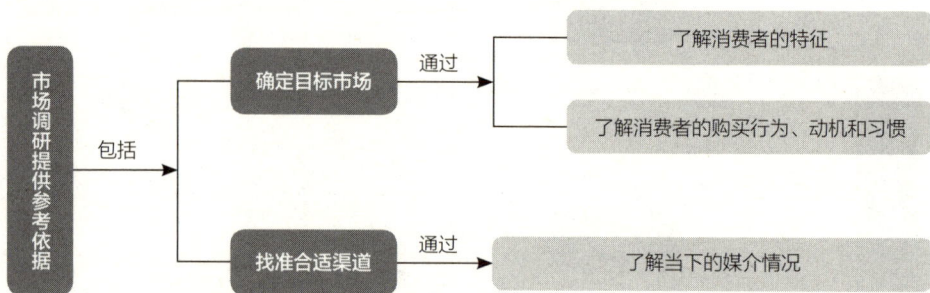

▲ 图 1-6　市场调研为软文策划提供参考依据

（2）**素材库**。这主要是基于软文的设计过程而言的。软文设计的完成是建立在大量的素材基础之上的，只有拥有丰富的生活素材，软文设计才能更快地找到灵感，才能设计出具有创意的软文作品。而生活素材的获得必须是深入社会和实践调研的结果，市场调研的广泛性、系统性和客观性决定了其所获得的数据信息是最好的生活素材来源，能够为软文设计的创意提供重要支撑。

（3）**评估标准**。这主要是基于软文的效果测定而言的。软文营销效果的实现是撰写和推广软文的最终目的，也是企业、商家和平台运营者最关心的问题。从软文的营销效果来说，其效果的考查主要表现在两个阶段，即软文发布之前的效果预测阶段和发布结束后的效果检验阶段，而这两个阶段的市场调研结果是评估其效果的标准，具体分析如图 1-7 所示。

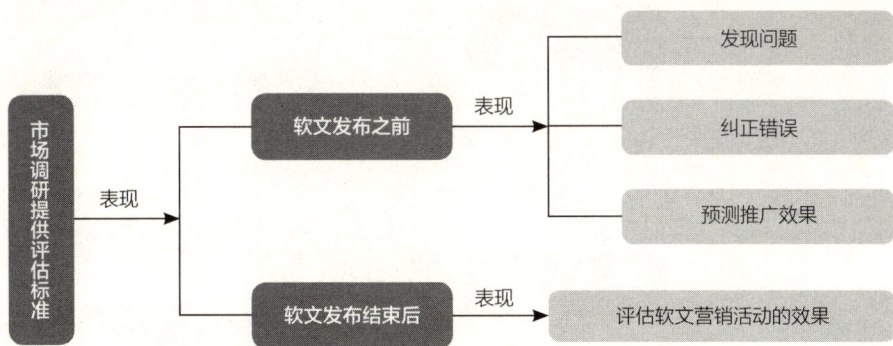

▲ 图 1-7　市场调研为软文发布提供效果预测与评估

1.1.3　市场调研的方法

由上述内容可知，市场调研对软文营销的目的实现具有极大的支撑和参考作用，那么接下来要思考的就是怎样进行市场调研和利用什么方法进行市场调研。市场调研的方法主要有 6 种，具体如下。

1. 抽样调查方法

抽样调查，顾名思义，即在整个样本中抽取一部分样本进行调查，然后通过推算得出结果的调查方法。这一市场调研方法又可分为随机抽样调查和非随机抽样调查，具体内容如下。

（1）**随机抽样调查**。这一调查方法也称为概率抽样调查，是在整个样本中以随机的方法抽取一部分样本而进行的调查，具体介绍如图 1-8 所示。

（2）**非随机抽样调查**。这一调查方法是在不遵循随机原则的情况下，在总体样本中按照调查人员的主观感受或其他条件抽取部分样本而进行的调查，具体介绍如图 1-9 所示。

```
随机抽样调查 ──包括──> 特点 ──具体──> 样本比较分散，总体中的每个个体都有
                                      抽到的可能，且可能性一样高

              优点 ──具体──> 所得出的结果误差较小

              缺点 ──具体──> 实施起来比较费时费力

              方法 ──包括──> 简单随机抽样    分层抽样
                            系统抽样        整群抽样
```

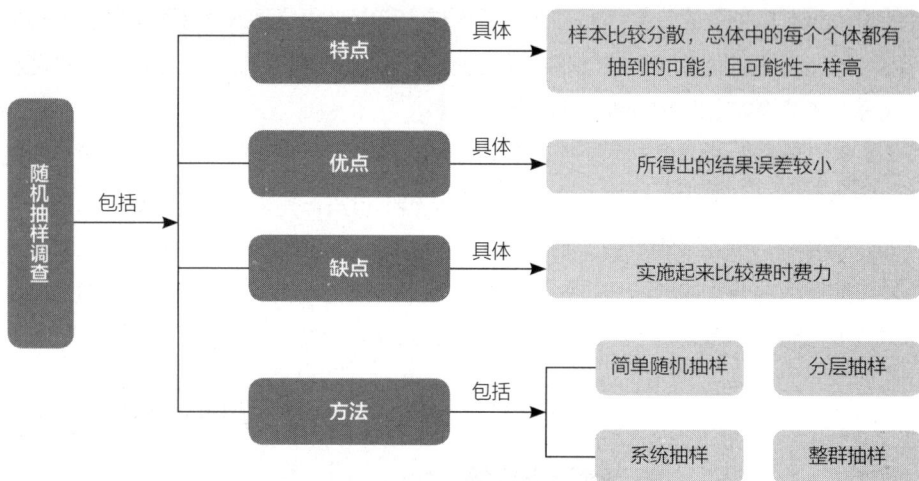

▲ 图 1-8　随机抽样调查分析

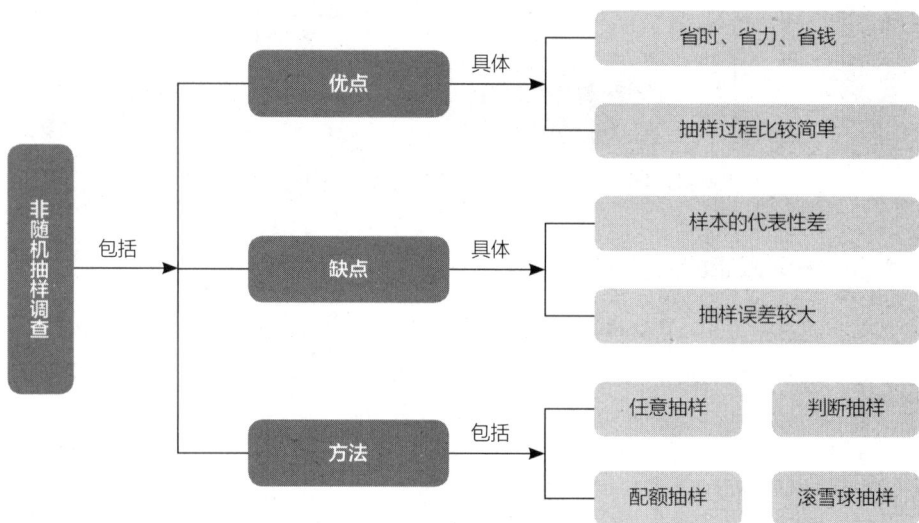

```
非随机抽样调查 ──包括──> 优点 ──具体──> 省时、省力、省钱
                                      抽样过程比较简单

                缺点 ──具体──> 样本的代表性差
                              抽样误差较大

                方法 ──包括──> 任意抽样    判断抽样
                              配额抽样    滚雪球抽样
```

▲ 图 1-9　非随机抽样调查分析

2. 问卷调查方法

　　所谓"问卷调查"，即调查人员把要调查的内容做成问卷形式而进行的调查方法，是一种比较实用且常见的调查方法。通过这种方法进行调查，可以基于被调查者的问卷答案而收集市场资料，且具有 3 个方面的优势，如图 1-10 所示。

　　尽管采用问卷调查的方法具有诸多优势，但在具体实施过程中，还应该注意几个方面的问题，具体内容如图 1-11 所示。

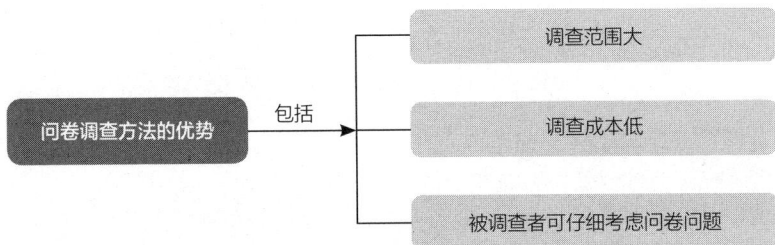

▲ 图 1-10　问卷调查方法的优势

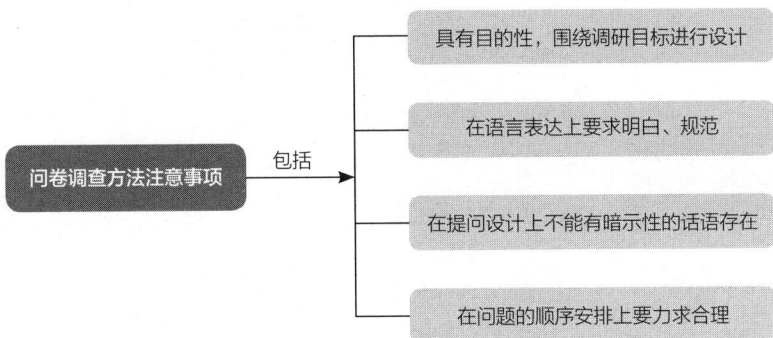

▲ 图 1-11　问卷调查注意事项

其中，在问题的排序安排上要力求合理，实质上是要求调查的问题有一个由浅入深的过程，必须是循序渐进的，具体如下。

- 从一般性问题到特殊性问题。
- 从接触性、过渡性问题到实质性问题。
- 从简单的问题到具有一定难度的问题。

3. 典型调查方法

所谓"典型调查"，即一种以典型对象为调查目标，然后在得出结果的基础上推算出一般结果的调查方法。

这是一种在对象选择上具有鲜明特征的调查方法，是基于一定目的和标准特意选择的，因而在调查结果上能够突出显示其调查的作用，如图 1-12 所示。

典型调查方法有一个需要特别注意的问题，那就是需要重点把握好调查对象的典型程度——典型程度把握得越好，调查结果也就越符合现实，其所产生的误差也就越小。当然，这种具有突出特点和作用的调查方法也具有极大的优势，具体内容如图 1-13 所示。

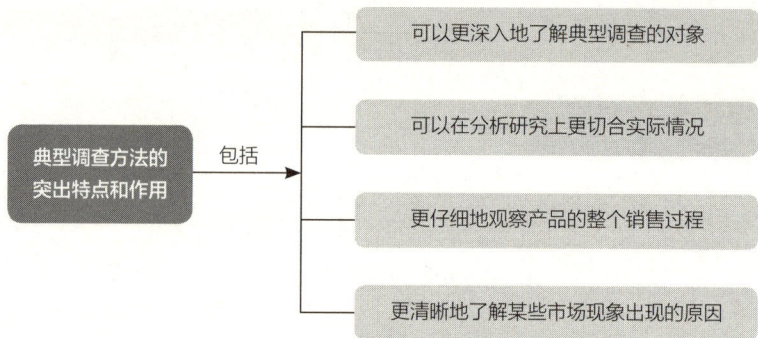

▲ 图 1-12　典型调查方法的突出特点和作用

▲ 图 1-13　典型调查方法的优势分析

4．全面调查方法

所谓"全面调查"，与其他方法不同的是"全面"二字，要求的是全面性的普查式调查，其调查结果最突出的特点是全面而精准。因此，对市场营销而言，全面调查的对象是产品的所有目标消费者。它主要分为两种类型，如图 1-14 所示。

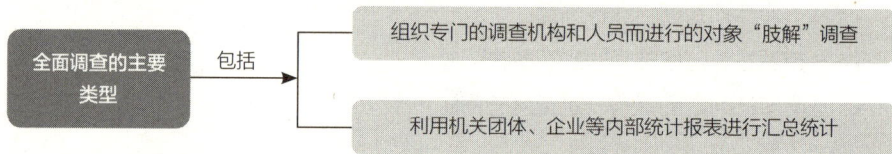

▲ 图 1-14　全面调查的主要类型

5．访问调查方法

访问调查就是对被调查者进行直接询问而收集资料的方法，具体方法如图 1-15 所示。

在图 1-15 所示的 3 种访问调查方法中，具体特点如下。

（1）入户上门访问在资料收集的真实性和全面性方面较有保证，且这种收集还伴有详细的记录可供查询。

（2）就调查过程的简便性而言，电话远程访问有着明显的优势，但这种访问调查方法由于持续时间短，无法实现深入的询问和调查，只能在常规性问题上对调查结果有所帮助。

（3）而街头拦截访问，一般来说，不适于用在软文营销中，且这种方法在实际操作过程中被拒绝的概率比较大，较难以获取资料。

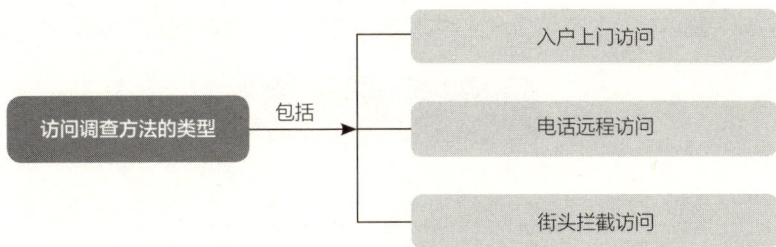

▲ 图 1-15 访问调查方法的类型

6. 文献调查方法

随着互联网和移动互联网技术的发展，在软文营销中使用文献调查方法越来越简便，特别是在大数据技术飞速发展的环境下，企业极易获取大量的企业、消费者资料和信息，这种调查方法的应用也就变得更加实用。

其中，文献资料的来源主要包括两种——企业内部资料和其他外部资料。企业内部资料，即企业自身所拥有的消费者资料、以往营销记录等；其他外部资料，即咨询公司、市场调查公司、网络等提供的资料和出版物上的资料，以及社会团体和组织提供的各种资料等。

1.2 确定调研对象，做好自己定位

在了解了市场调研的含义、作用和方法的情况下，接下来就是进行市场调研了。在此，微信、APP 和自媒体平台运营者需要做好两个方面的准备工作，即对外的调研对象确定和对内的运营定位，如图 1-16 所示。

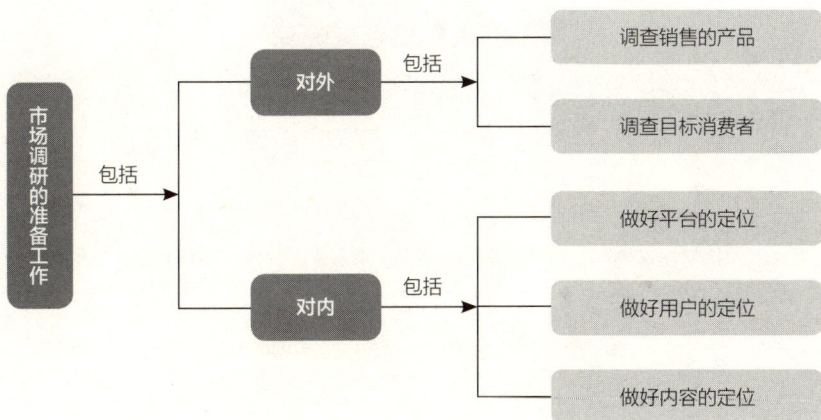

▲ 图 1-16 市场调研的准备工作

1.2.1　调查销售的产品

调查销售的产品，其实质是了解销售产品的众多方面，它是市场调研的一个重要组成部分和关键内容。关于销售产品的调查，其具体内容如图 1-17 所示。

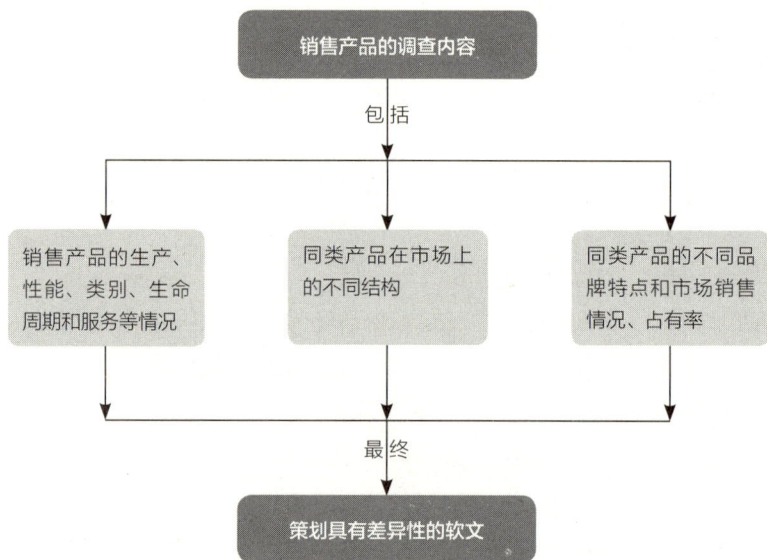

```
        ┌──────────────────────┐
        │    销售产品的调查内容      │
        └──────────────────────┘
                  包 括
   ┌──────────────┬──────────────┬──────────────┐
┌──────────┐  ┌──────────┐  ┌──────────┐
│销售产品的生产、│  │同类产品在市场上│  │同类产品的不同品│
│性能、类别、生命│  │的不同结构    │  │牌特点和市场销售│
│周期和服务等情况│  │          │  │情况、占有率   │
└──────────┘  └──────────┘  └──────────┘
                  最 终
        ┌──────────────────────┐
        │    策划具有差异性的软文    │
        └──────────────────────┘
```

▲ 图 1-17　市场调研的销售产品调查内容分析

在市场调研的销售产品调查中，其过程需要体现一个由此及彼、由己及人的逐渐深入的感觉，也就是先要在自身产品上下功夫进行调查，然后再与市场上的其他同类产品进行对比，才能达到最佳的调查效果。在此，重点介绍对自身产品的调查，主要内容如图 1-18 所示。

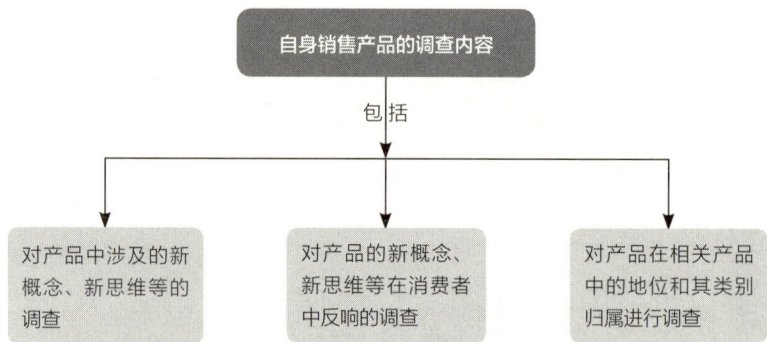

```
        ┌──────────────────────┐
        │   自身销售产品的调查内容    │
        └──────────────────────┘
                  包 括
   ┌──────────────┬──────────────┬──────────────┐
┌──────────┐  ┌──────────┐  ┌──────────┐
│对产品中涉及的新│  │对产品的新概念、│  │对产品在相关产品│
│概念、新思维等的│  │新思维等在消费者│  │中的地位和其类别│
│调查      │  │中反响的调查   │  │归属进行调查   │
└──────────┘  └──────────┘  └──────────┘
```

▲ 图 1-18　自身销售产品的调查内容分析

关于自身产品的调查内容的 3 个方面，具体分析如下。

1. 产品的全新概念

所谓"产品的全新概念"，即在产品和服务领域中将要展现的具有全新意义的新概念、新思维等，以及基于该新概念、新思维，产品和服务能够带给消费者相关的全新生活享受，如雕爷牛腩"轻·奢·餐"的新概念和可口可乐（如图 1-19 所示）体现的"积极乐观，美好生活"的新思维。

▲ 图 1-19 产品和服务中的新概念

在快餐和正餐之间，雕爷牛腩打造了我国"轻奢餐"品牌，全面诠释其"无一物无来历，无一处无典故"的美食理念。而可口可乐，基于"积极乐观，美好生活"的口号，打造了"畅爽'开始'"的主题品牌。

2. 产品样品的检测

对产品的新概念、新思维等在消费者中的反响调查也是对产品样品的检测内容的一个方面，通俗地说，产品样品的检测即所谓的回访过程。从具体涉及的内容来说，它还包括消费者对产品的喜好反应和售后出现的问题等。从软文营销的角度来说，对产品样品的检测结果是判断其营销理念是否继续坚持的标准，如图 1-20所示。

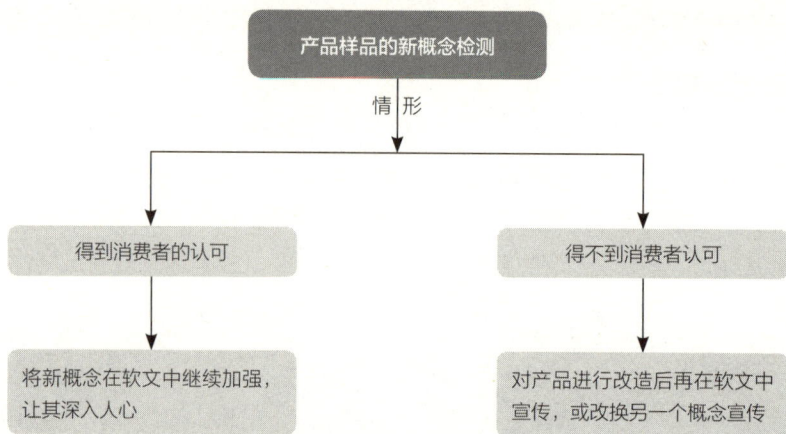

▲ 图1-20　新产品样品检测的新概念反应调查

从这一方面来说，小米的"高性价比"是运用得非常成功的一个案例，如图1-21所示。

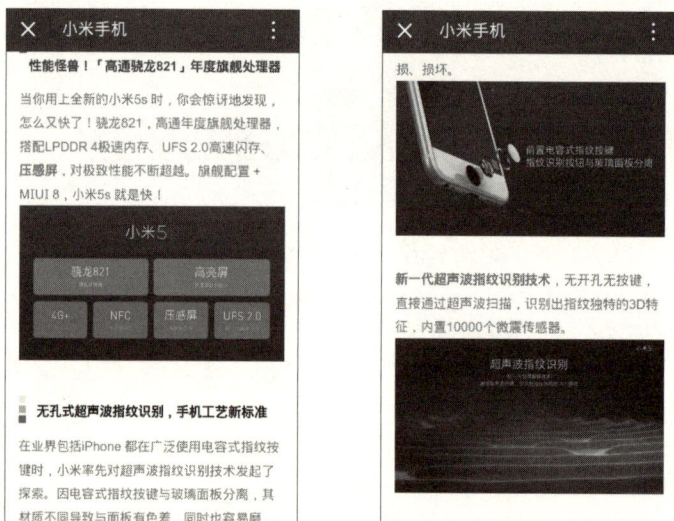

▲ 图1-21　小米手机的"高性价比"概念体现

3. 体系和类型调查

对产品而言，它总有着其所属体系和类型，因而，对销售产品的调查也应该包括对产品体系和类型的调查，具体内容如图1-22所示。

产品的体系和类型调查内容

包 括

体系 ｜ 类型

调查1：在相关产品中所处的地位，是主导产品？还是从属产品？还是配合产品？
调查2：销售产品的替代功能怎么样？

销售产品究竟属于何种类型的产品：
• 日用产品？
• 快消品？
• 高端产品？

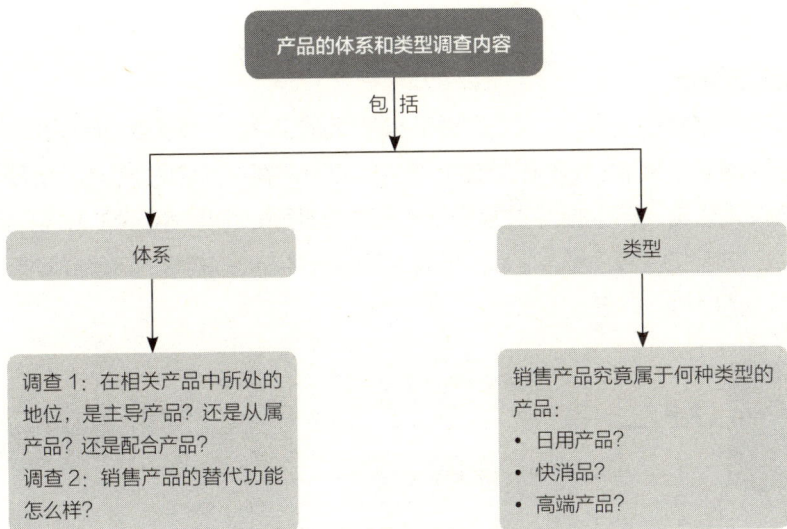

▲ 图 1-22　产品的体系和类型调查分析

只有在保证了产品体系和类型调查结果准确的情形下，才能使产品的软文策划和设计更具有目标性和针对性，才能为产品的软文营销提供帮助。

1.2.2　调查目标消费者

从理论上来说，对销售产品而言，每一个社会成员都有可能是消费者，但在实际应用中，任何产品都不可能把所有人当作其目标消费者，它应该有一个特定的产品服务人群或范围，这些特定的服务人群就是该企业产品的目标消费者。而目标消费者的确定，是需要进行深入的市场调研才能得出准确结果的。针对目标消费者进行的调查，主要包括两个方面，如图 1-23 所示。

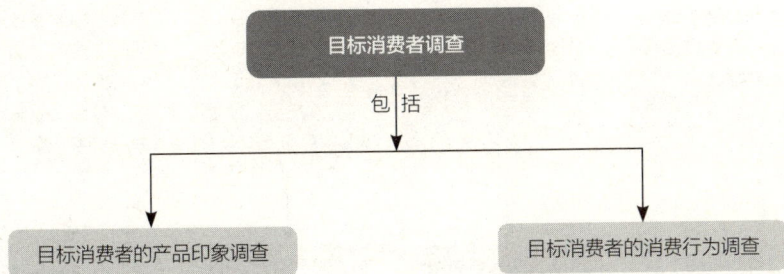

目标消费者调查

包 括

目标消费者的产品印象调查 ｜ 目标消费者的消费行为调查

▲ 图 1-23　目标消费者调查分析

13

关于目标消费者调查的两个方面，具体内容如下。

1. 产品印象调查

目标消费者对产品的印象，主要包括其对产品的了解度、好感度和具体看法等，这是由产品的客观质量和主观质量决定的。其中，产品的客观质量是产品本身所具有的，是无法改变的事实，所以在此，主要介绍产品的主观质量对消费者印象的好坏影响。

所谓"产品的主观质量"，即能够满足目标消费者心理需求的产品或服务价值，具体内容如图 1-24 所示。

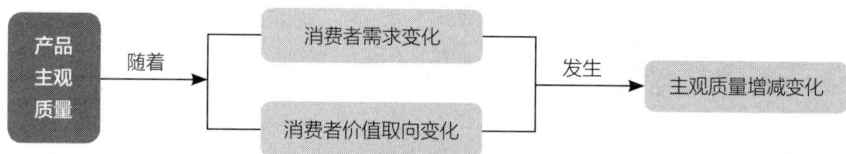

▲ 图 1-24　目标消费者的主观质量变化情况分析

2. 消费行为调查

关于目标消费者的消费行为的调查，主要从 4 个方面着手，具体如图 1-25 所示。

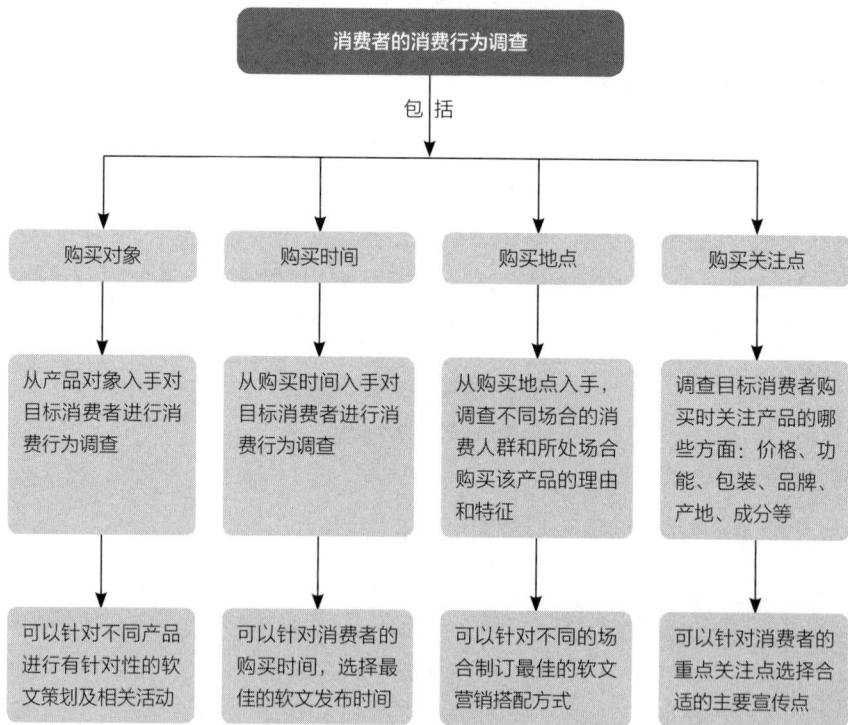

▲ 图 1-25　目标消费者的消费行为调查分析

1.2.3 做好平台的定位

在微信、APP 运营中，首先应该确定的是，企业所要运营的平台是一个什么类型的平台，以此来决定平台的基调。平台的基调主要包括 5 种类型，如图 1-26 所示。

图 1-26 平台的类型

在做平台定位时，应该根据自身条件的差异选择具有不同优势和特点的平台类型，具体分析如图 1-27 所示。

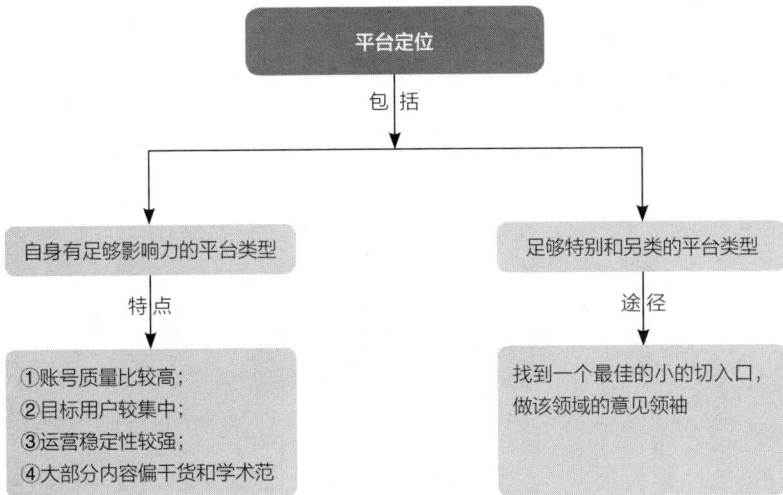

图 1-27 平台定位

在微信、APP 运营中，平台定位主要可通过以下 5 种途径更好地实现：

- 网红；
- "90 后"创业奇才；
- 行业意见领袖；
- BAT 背景；
- 学术范。

另外，在定位平台、选择平台类型的同时，还应该对平台的自定义菜单进行相应规划，以便能够清楚地告诉用户"平台有什么"。对自定义菜单进行规划，其实质就是对其功能进行规划，它可从 4 个维度进行思考和安排，如图 1-28 所示。

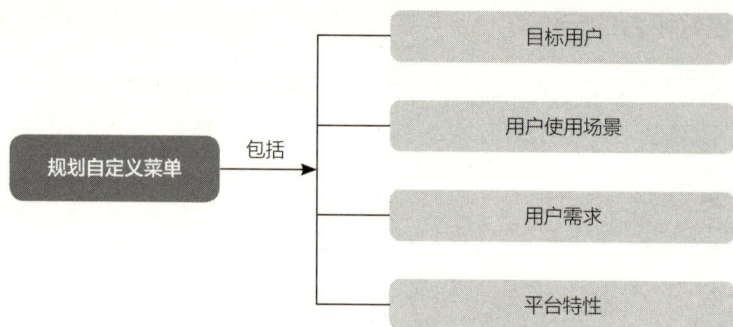

▲ 图 1-28　规划自定义菜单的思考维度

　　值得注意的是，做好平台定位是非常重要的，要慎重对待。因为只有做好了平台定位，并对其基调进行了确定，才能做好下一步要进行的用户运营，制定好内容运营策略，最终促成平台更好发展。

1.2.4　做好用户的定位

　　在企业的微信、APP 和自媒体平台运营中，确定明确的目标用户是其中至为重要的一环。而在进行平台的用户定位之前，首先应该做的是了解微信、APP 平台针对的是哪些人群，他们具有什么特性等。关于用户的特性，一般可细分为两类，如图 1-29所示。

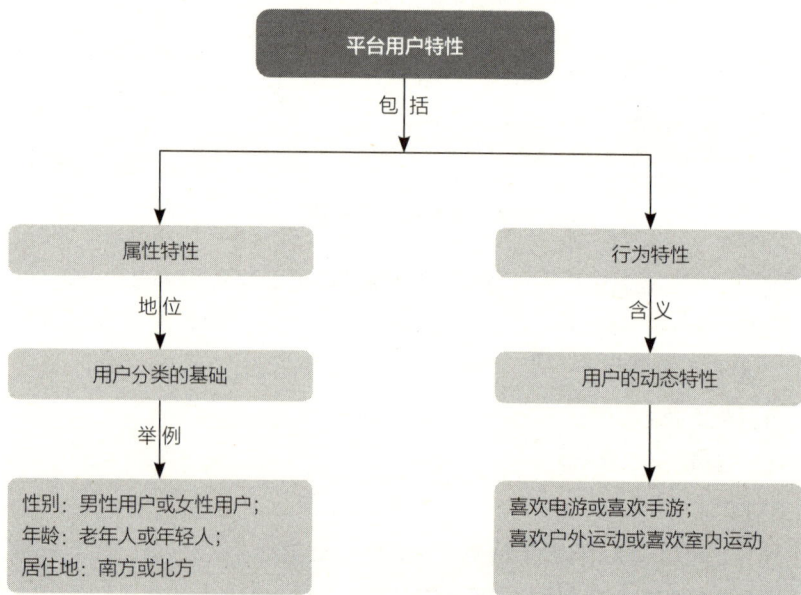

▲ 图 1-29　平台用户特性分类分析

在了解了用户特性的基础上，接下来要做的是进行用户定位。在用户定位的全过程中，一般包括 3 个步骤，具体内容如下。

- 数据收集。可以通过市场调研的多种方法来收集和整理平台用户数据，再把这些数据与用户属性关联起来，如年龄段、收入和地域等，绘制成相关图谱，就能够大致了解用户的基本属性特征。图 1-30 所示为某产品的用户年龄段分析。
- 用户标签。获取了用户的基本数据和基本属性特征后，就可以对其属性和行为进行简单分类，并进一步对用户进行标注，确定用户的可能购买欲和可能活跃度等，以便在接下来的用户画像过程中对号入座。

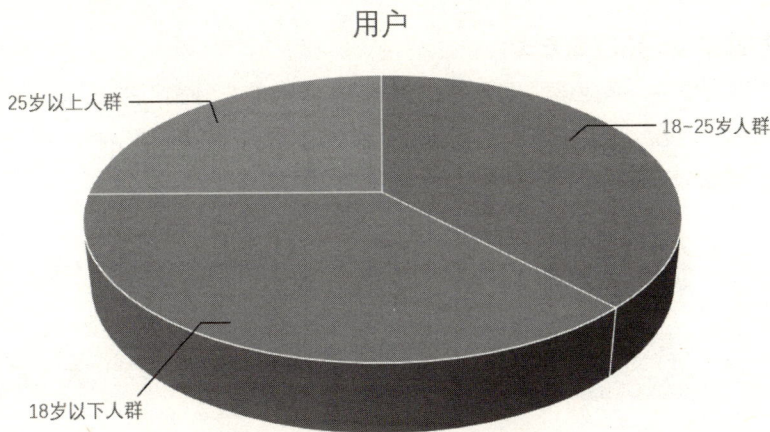

▲ 图 1-30　某产品的用户年龄段分析

- 用户画像。利用上述内容中的用户属性标注，从中抽取典型特征，完成用户的虚拟画像，构成平台用户的各类用户角色，以便进行用户细分。

1.2.5　做好内容的定位

所谓"内容定位"，即微信、APP 和自媒体平台能够提供给用户什么样的内容和功能。在平台运营中，关于内容的定位主要应该做好 3 个方面的工作，具体如下。

1. 明确内容的发展方向

明确内容的发展方向是平台内容供应链在初始时期的工作，是做好内容定位的前提和准备，具体分析如图 1-31 所示。

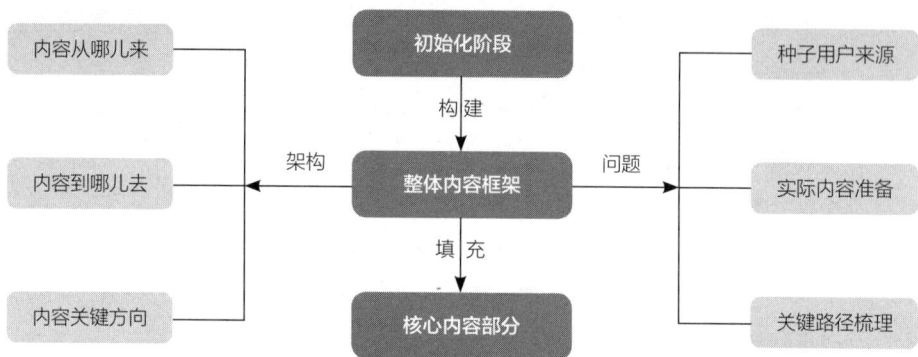

▲ 图 1-31　明确内容发展方向的具体分析

2. 明确内容的展示和整合方式

在内容定位中,还应该明确运营阶段的内容展示方式。在打造的优质内容的支撑下,怎样更好地展示平台内容,逐步建立品牌效应,是扩大平台影响力的重要条件。关于平台内容的展示方式,一般分为 4 种,如图 1-32 所示。

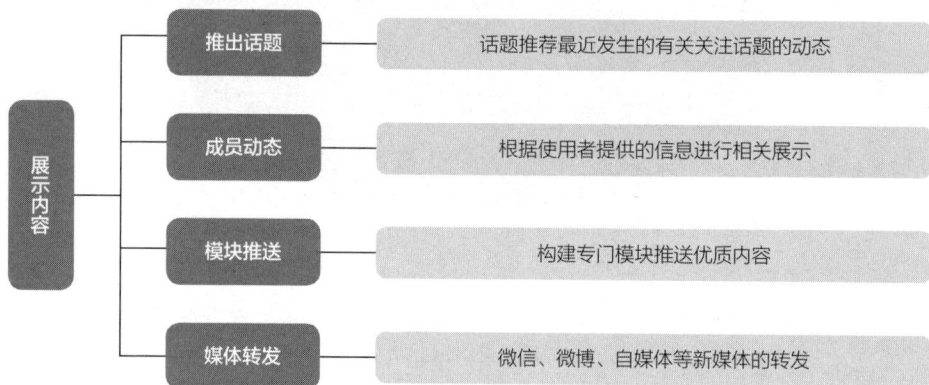

▲ 图 1-32　优质内容的展示方式分析

在内容展示过后,接下来更重要的是要明确内容的整合方式,具体分析如图 1-33 所示。

💡 专家提醒

随着智能化趋势的加强,未来可能会出现自运营模式的 APP 产品。所谓自运营是指建立一些机制和规则,用户通过遵守和利用这些机制,使 APP 平台的日常运营不再过多地依赖运营人员的引导,从而实现用户自主运营的手段和目标。

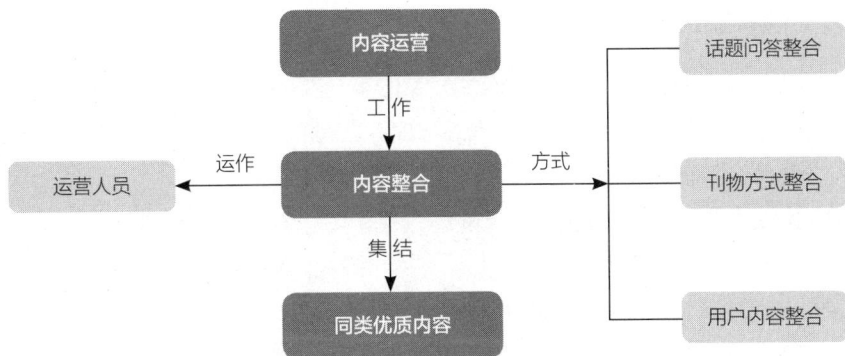

▲ 图 1-33 明确平台内容的整合方式

3. 明确内容的互动方式

除了做好初始阶段和运营阶段的内容定位，还应该明确宣传阶段的内容定位，即怎样进行平台内容的互动。

企业与用户进行交流，更有利于微信、APP 和自媒体平台内容的传播，用户的接受能力也更强，从而提高用户对微信、APP 和自媒体的信任度与支持度。在明确内容的互动方式的过程中，需要把握几个关键点，如图 1-34 所示。

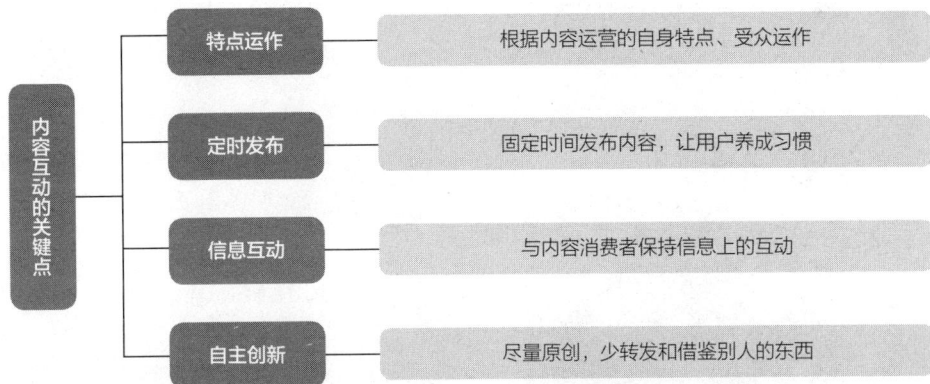

▲ 图 1-34 把握平台内容的互动方式的关键点分析

1.3 微信、APP 软文的 12 个入门技巧

当人们谈论了越来越多的软文写作技巧之后，有时候也需要问一下自己：为什么要这样做，而不是换一种方法？这样做的理由是什么？背后又有什么原则或逻辑依据？下面就来看看软文写作中常用到的一些入门级实用性技巧。

1.3.1 读者放在第一位

软文要对读者有价值。撰写一篇优秀软文的第一步，就是寻找用户感兴趣的话题。可以搜索相关的资料进行整理，最终消除与读者之间的陌生感。让读者对软文产生认同感，从而取得读者的信任。

要始终记得撰写的软文是给读者看的，这是软文写作的生命力。读者的身份不同，职业不同，对软文的需求也不同。

要保证写出来的软文满足读者的期待，就需要根据对象来设定软文的风格。针对读者的不同职业，软文可以使用与之相关的专业语言，如对年轻读者就尽量采用当下较流行的语言。这样做的好处是能引起广大人群的追捧，为软文创造更好的传播效应。

例如一篇标题为"睡不好就变老，10 种食物帮你一夜安眠"的美容软文，标题中就针对美容的目标客户群用了"变老"这样对于年轻女性最有杀伤力的字眼，在软文内容中，也可以多用一些能吸引年轻女性注意力的词汇，这样可以在一定程度上引起读者的重视，如图 1-35 所示。

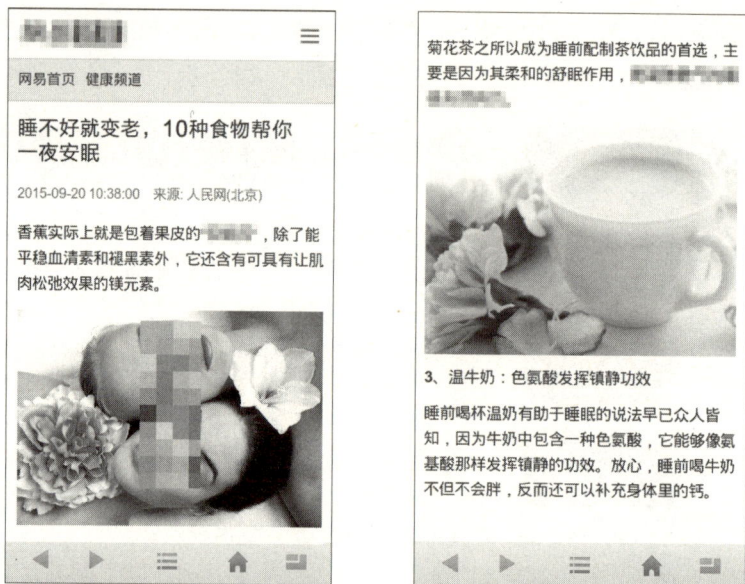

▲ 图 1-35 "睡不好就变老，10 种食物帮你一夜安眠"的美容软文

1.3.2 针对消费者利益

企业在软文营销活动中仅进行"分解产品属性"是不够的，还需要把对消费者有利的地方指出来。

在生活中无数销售员败在了不会站在消费者的角度去思考，他们只会详细地介绍产品，殊不知这样做迎来的是顾客的抱怨，"你说的这些特点都不错，可是对我来说有什么用呢？"

在生活中无数的应聘者不会站在别人的角度想问题，他们只会详细地介绍自己的经历，可想而知，只能得到招聘单位的抱怨，"你的社团、实习经历都不错，可是对我们公司有什么用呢？"

所以说，如果企业想要把软文营销做得长久并有效率，必须要想出好的、写出好的软文并转变思维，不能一味地向消费者描述一个产品，而是要告诉消费者这个产品对他们有什么作用。

1.3.3 软文必须具有价值

软文，就是附着于其他产品上并且借助其他产品进行宣传的文章。

例如，宣传摄影技巧，需要借助拍摄的各种照片；宣传出版的书籍，就需要借助出版社等。

优秀的软文，除了要提及需要宣传的内容外，还要充分体现以下 4 个价值，如图 1-36 所示。

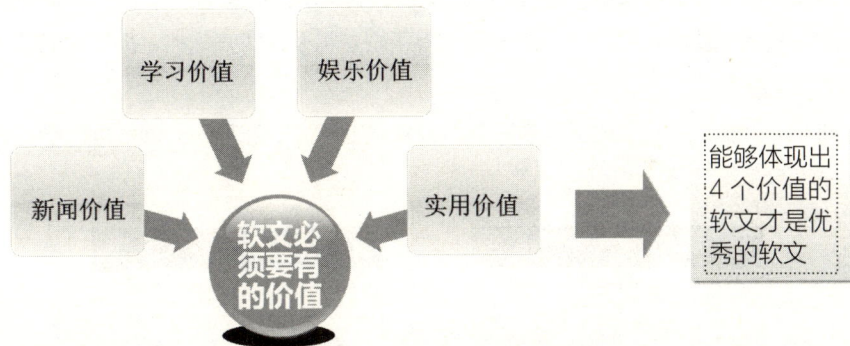

▲ 图 1-36　软文的价值

这种软文不仅能够起到宣传作用，还能够增强软文的阅读性，让读者在阅读文章时，感觉愉悦。

1. 新闻价值

软文的新闻价值是指把需要宣传的点，附着在某个新闻内容中，能够让读者阅读新闻时了解其中的一些宣传点或表达的寓意。这样的软文，读者乐于阅读，软文转化率也高，而且很容易被搜索引擎收录，这样被用户阅读的概率也会随之大增，如图 1-37 所示。

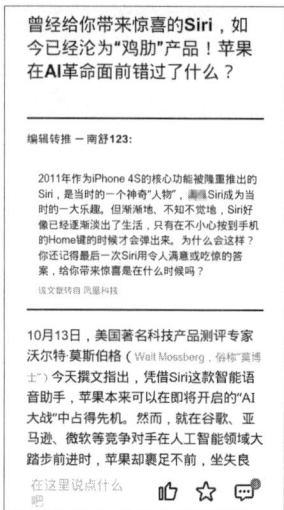

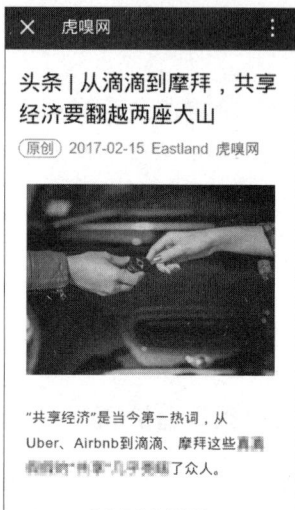

▲ 图 1-37　具有新闻价值的软文

2. 学习价值

　　软文的学习价值是指软文要宣传的点是附着于某个知识点或知识体系上的，能够让读者阅读软文时获得知识。这样的软文，针对的知识面比较狭窄，对于不需要此类知识的读者就会缺少吸引力，不过一旦读者正好是需要这类知识的，那软文的宣传效果就会大大提升。

　　图 1-38 所示为一个关于视频的微信公众号的软文，在其中，读者可以学到有关视频编辑的许多知识。

▲ 图 1-38　具有学习价值的软文

3. 娱乐价值

软文的娱乐价值是指在某个娱乐点或者搞笑点上附着软文，能够让读者在娱乐之中不知不觉地接受软文。这样的软文宣传效果会差一些，读者往往一笑而过，不会太过在意。

4. 实用价值

软文的实用价值是指读者看过软文之后，能够改善生活的某一方面或者带来某些实际用处，如图 1-39 所示。

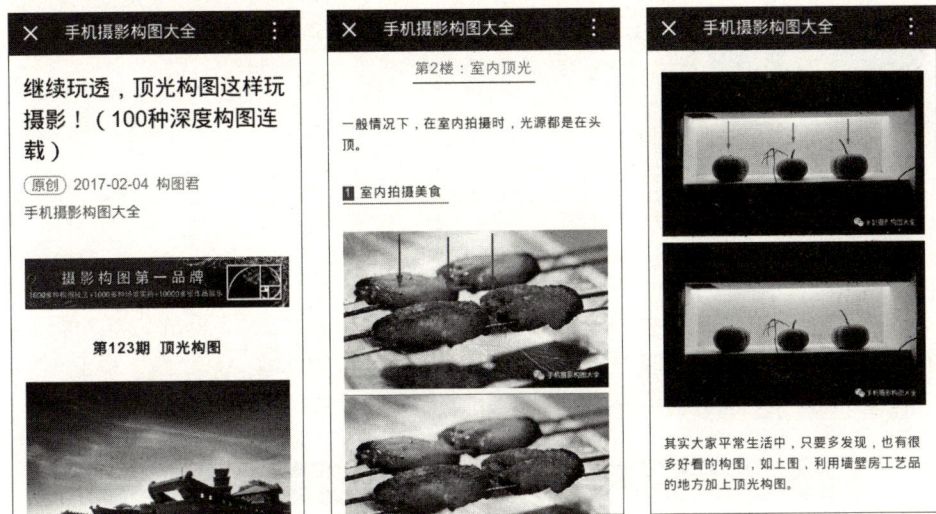

▲ 图 1-39 具有实用价值的软文

这样的软文转化率极高，读者往往对软文中提到的具体实例非常重视，愿意通过搜索引擎搜索相应的关键词了解相关信息。

1.3.4 切入点很重要

所谓切入点，就是作者写这篇软文是从什么方向写，从什么角度写，或者说写的软文主题是什么。软文不同于其他文章，有一个点切入进去才好进行产品的宣传与推广。

例如"如何把产品通过网络销售出去"这篇软文的切入点就是"网络销售"，通过"网络销售"这个概念，将想宣传的产品结合进去。

1.3.5 紧跟时事要点

所谓"时事要点"，即可以引起众多人热切和重点关注的中心事件或信息等，如

图 1-40 所示。

由于微信、APP 和自媒体平台具有即时性的特点，因而使得时事要点的传播有了可能。特别是微信，它作为社交平台，有着相互传播的途径，因而在微信这一运营平台上，在软文中紧抓时事要点，利用微信公众号和朋友圈等平台进行传播，有利于软文的扩展。

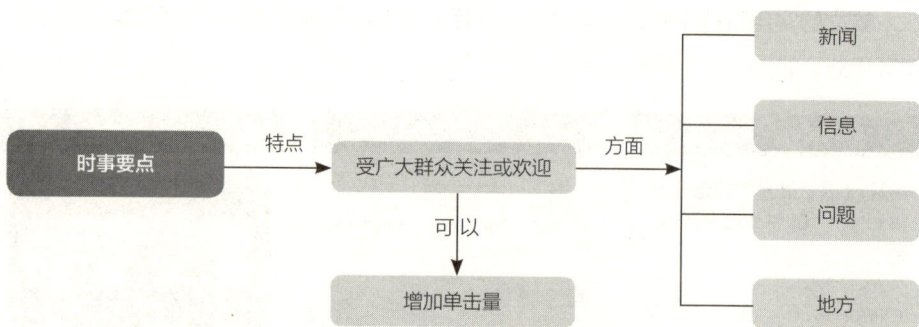

▲ 图 1-40　"时事要点"简介

尤其是，人们通常不会每天都关注时事要点，但一定会看朋友圈的动态，基于人们对时事要点的兴趣，如果有人能主动推送的话，好友也会单击浏览。图 1-41 所示为微信平台上的时事要点软文。

▲ 图 1-41　微信平台上的时事要点软文

因此，在软文中巧妙地植入时事要点，是微信、APP 平台软文营销的一个非常值得借鉴的技巧。

1.3.6 写作要有要点

微信、APP和自媒体平台的正文想要吸引用户的眼球，就需要有一定的内容要点，这是保证一篇软文有着优质内容的关键。通过要点的呈现，读者可以明白软文所要表达的中心思想。

然而，并不是所有的具有要点的软文都能引起读者的关注，因而还要从搜索引擎的算法和受众需求两个方面进行探索。

就搜索引擎的算法而言，与其相契合是软文写作的目的，力求将软文排在关键词搜索的前列。就以百度搜索引擎为例，它更加看重软文对产品、对所处的行业的看法和说法。谁有原创性的观点，或许现在影响还很小、做得也不够好，但是至少有观点。百度喜欢这一点，企业排名就会靠前。

这也是有要点和思想性的软文能够被搜索引擎算法，接纳的基本逻辑。

就受众需求而言，让一篇软文从众多的推送内容中脱颖而出的关键途径，就是商家传输的消息和受众切身利益息息相关。也就是说，商家抓住了受众的需求，也就抓住了受众的眼球。

因此，通过多种技巧把软文要点以符合受众需求的方式表现出来，可以达到事半功倍的传播效果，具体介绍如下。

（1）**要点植入的地域差异化**。通常，用户更关心的是自己身边发生的事情，商家可以根据本地和外地的差异，制作不同的微信、APP内容。

（2）**要点植入的实用性**。从实用性的角度提供价值是指商家为用户提供对他们日常生活有帮助的内容。例如，途牛旅游网为用户推出的机票、火车票、汽车票、酒店预订等功能的服务，就是一些非常实用的服务功能，图1-42所示为途牛旅游网的微信公众平台界面。

（3）**要点植入的趣味性**。受众都喜欢有趣的信息，微信如果能做到这点，对宣传效果必定大有裨益。而对于商家而言，将内容娱乐化是抓住用户屡试不爽的方法，具体的做法就是将内容转化为用户喜欢的带有趣味性的形式，让用户在感受趣味性内容的同时，接受企业的宣传信息。

（4）**要点植入的独特性**。怎样让推送的要点内容具有独特性？答案就是要形成企业自己的个性。在报道方式、内容倾向和编排撰写上，自成体系，与他人的微信、APP平台上的内容有较明显的差异，做到与众不同，以此提高自己平台的识别度。

（5）**要点植入的震撼性**。运营者在编写内容时做到意外性和稀缺性，能够提升内容的震撼性。什么是意外性和稀缺性？就是让人感到意外，同时题材也十分稀缺的内容。对于越是少见的内容，用户越是感兴趣，它的传播价值也就越大，所谓的独家新闻也就是这个道理，运营者可以借鉴一二。

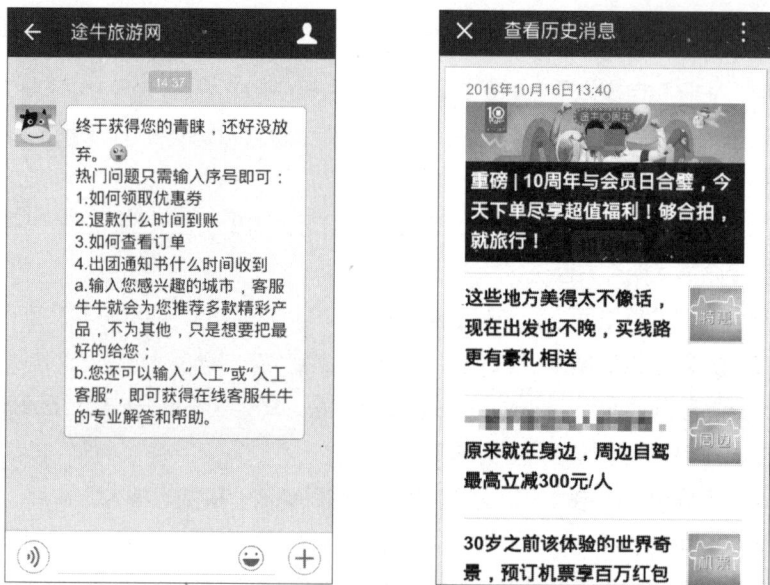

▲ 图 1-42 途牛旅游网微信公众平台界面

1.3.7 培养场景感觉

企业在进行软文营销的过程中，可以通过"定位到使用情景"来撰写软文，这样可以更好地获得消费者的喜爱和理解，因为面对产品，消费者有以下 3 种模式。

- 当被要求描述一款产品，大部分人首先会想到，"这一个 XX。"（定位到产品属性）

- 然后会想到，"这是一款专门为 XX 人群设计的产品！"（定位到人群）

- 最后会想到，"这是一款可以帮你做 XX 的产品。"（定位到使用情景）

实际上，针对互联网产品的特点（品类复杂、人群分散），企业应该更多地把产品定位到使用情景上。

例如企业描述一款产品为"这是一款智能无线路由器！"（产品类别），消费者不一定会知道这款产品具体是做什么的。但是如果企业描述说，"你可以在上班时用手机控制家里的路由器自动下片"（使用情景），很明显有需求的消费者就比较容易心动。

所以，最重要的问题并不是"我是谁"的问题，而是"我的消费者用我的产品能做什么"的问题。

还拿生活中的广告——劲酒和脑白金相对比，它们分别描述自己的产品，"劲酒：劲酒虽好，可不要贪杯喔。""脑白金：今年过节不收礼，收礼就收脑白金！"，可以明显地看出脑白金可以用来送礼，尽管广告本身没有技术含量，可是脑白金还是非常深入人心的。

所以，可以很明显地看出，用"定位到使用情景"的方式来撰写软文，是非常有必要的，且效果非常显著。

1.3.8　向竞争对手学习

沙丁鱼性喜密集群栖，而且有不爱动的惰性。当它们被捕捞上船之后，常常因为挨得太紧而窒息死亡。由于渔船每次出海的时间都比较长，少则两三天，多则六七天。所以等到归来时，大多数沙丁鱼早已死了，而死了的沙丁鱼价格要低很多。渔民们想了无数的办法，但都失败了。

然而，令人奇怪的是，有一条渔船总能带回来比别人多很多的活的沙丁鱼上岸，由于活沙丁鱼比死鱼贵出好几倍，这条渔船自然赚了很多钱。人们纷纷猜测：原因何在？这条渔船的内部有什么秘密吗？可是对这个问题，渔船的船长却一直三缄其口，人们也始终百思不得其解。

直到这位船长去世之后，人们才终于发现了他成功的秘密。他们打开渔船上的鱼槽，发现与其他渔船上鱼槽不同的是，里面多了几条大鲶鱼。原来，鲶鱼来到一个陌生的环境之后，会四处游动，到处挑起摩擦。而习惯群栖的沙丁鱼受到这个"异类"的冲击，自然也会变得紧张起来，四处游动。这样，就大大提高了捕捞上来的沙丁鱼的成活率。

后来，人们就从这个故事里总结出了一条规律，这就是"鲶鱼效应"：引入外界的竞争者，往往能激发内部的活力。软文写作也是一样，从竞争对手那里获得灵感，也是软文写作的招数之一。

从消费者的角度来说，他们总是喜欢拿不同的产品进行比较，因此企业在做软文营销时，需要明确以下两个问题。

- 问题一，"我想让消费者拿我的产品跟什么对比？"
- 问题二，"我的竞争对手到底是谁？"

在无数的行业创新产品的时候，都会涉及与竞争对手相比较，企业只要运用得当，就能很好地进行软文营销。

由此可见，企业要想构思好的软文、好的宣传，要先找到企业产品真正的竞争对手，才能成功地运营软文营销。

那么，软文编辑者应该怎么做呢？

（1）**访问对手网站**。所谓知己知彼，百战不殆，经常访问对手网站可以时刻了解对手的动向，然后可以结合自身情况，做出相应调整。

（2）**对比双方产品**。企业可以将同行业产品放在一起进行对比，无形中推荐自己的产品，如图 1-43 所示。

▲ 图 1-43　软文中同行业的产品对比

1.3.9　篇幅需要小而美

在如今快速的生活节奏下，读者已经习惯了快餐式的阅读，看到大篇幅的文字就头疼，即使阅读也很难读完整篇内容，更何况是让其读广告了。并且大篇幅的软文增加了版面费用，效果却反而不好，可谓是得不偿失，如图 1-44 所示。

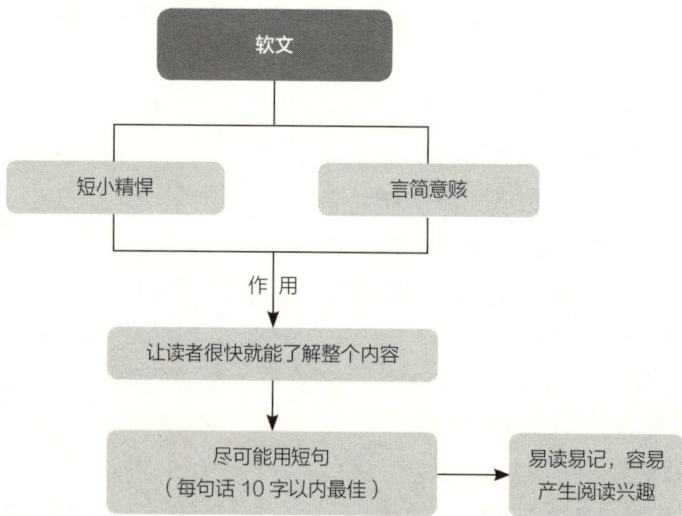

▲ 图 1-44　小而美的软文篇幅分析

当然，只写出一篇让人读得尽兴的软文是不够的，还需要能够对软文的篇幅有比较准确的把握，能够在文章的高潮部分，将编写软文的主题充分地嵌套进去。

搜狐网新闻中心总监徐一龙认为：

- 新媒体文本字数需要恰当，800字就够了；
- 简洁明了，还得学会讲故事；
- 新媒体的文字要更直接和真实。

这样，才能够精准戳中消费者的痛处，挠中时代的痒处，作为软文写作，确实可以参考。

1.3.10 学会使用新媒体的文字

如果说，新媒体文本的成功，只是遵循了新闻报道黄金时代的基本规律，那么为什么它们的文本能给人完全不同的感受呢？

笔者经常阅读一个主打评论的微信公众号，这个原本定位于财经领域的公众号，也常常评论时政问题。笔者喜欢这个公众号，不是因为它的文本简洁有力，而是因为犀利。

犀利不是文本标准，它是一种风格或者一种尺度，可风格和尺度最终会影响到文本。软文撰写者想表达一个什么东西，可以绕七八圈才能或明或暗地点到（这可不是设置悬念哦），无论是什么级别的文字大师，都会为每句话的遣词造句而苦恼。

所以，当软文撰写者去总结新媒体文本为何成功时，就会发现，在文本之上而又严重影响文本的一个因素，就是新媒体的文字更加直接和真实。

表达的内容和表达的方式，是一种互相影响的关系，就像宋词的豪放派与婉约派，它们既是风格，也是内容。

昔日的微博和今日的公众号，都有着或多或少的超出传统媒体的表达空间，不利用这种空间进行文本的探索着实是浪费。

但如上所言，这种文本的探索和独特性，是有局限的。

1959年，作家卡波特受雇于纽约一家杂志社，到美国中部堪萨斯州的霍康姆小镇采访一个案件。当他深入地接触了这个案件之后，他给杂志社打电话，表示他没法为杂志社撰写报道了，这个内容值得写成一本书。

6年后，非虚构写作的经典著作《冷血》问世，一本书和一篇杂志的长文，会差很多，而绝非文本。新闻的文本发生过许多变化，但所有变化，真正遵循的标准是如何更充分、真实地表现这个世界。

新媒体确实改变了这个世界，但刊发在新媒体上的文章，却从来没有改变写作的规则。所以，软文撰写者大可利用新媒体文字的直接性和真实性，以故事的形式，将软文删减至800字即可。

1.3.11　引起共鸣，激发人的感情

中国古代有一个伟大的战略思想，即"攻城为下，攻心为上"，它也是现代营销的重要策略之一。

攻心术营销的主要特点，就是针对读者的不同心理，引起读者共鸣，以情动人，冲淡软文的商业味，创造一种温馨的购买氛围，引起顾客的购买欲望。

白居易曾说：动人心者莫先乎情。所以世界上没有什么比"情"更能震撼人心了。而攻心术营销所实施的战术，就是动情法，通过打动消费者的情感来实现攻心。中国青少年发展基金会为发起组织的"希望工程"所做的广告，实施的就是动情法。

而一些广告语也采用攻心动情法，如下面几例房地产广告语。

- 别墅是您的，花园是您的，设施也是您的。
- 加上爱，就成一个家。
- 沙田告诉您回家之路。
- 只要您比我住得舒适幽雅——美丽空间正等待着您。
- 群星与您相伴，共享美好人生。

这几则房地产广告语，都可以震动人们的心灵，造成一种无法抵抗的吸引力和鼓动性。

1.3.12　发表有看点的成功案例

如今是一个自媒体盛行的时代，也是一个软文写作必须具有互联网思维的时代，更是一个产品的价值需要用成功事实来证明的时代，所谓的"事实胜于雄辩"，说的就是这个道理。特别是通过互联网进行的产品介绍和推广，是不能带给消费者实际触感的视屏产品，更是需要这一策略的支持。

因此，在软文中可以适当发表一些运用了所推送的产品或技巧已经获得了成功的案例来进行佐证，增加说服力，以期获取读者更多的信任度和好感度。

具体说来，做软文，就应该以买点、看点等为中心主题，在构建的怎么推销、哪里推销等的产品营销框架中，以具体的事实为依据，全面呈现一个满是看点的成功应用案例，在读者的代入感思维中，带给读者信任，吸引读者关注产品和品牌，进而达到产品和品牌的营销目的。

这主要是因为软文不是美文，不是小说，不是论坛上无用的文章，它的作用就是"卖"，所以，激发读者的购买冲动，才是软文写作唯一的出路。而"有看点的成功案例"，恰是支撑其实现的有力杠杆。

1.4　100000+ 软文编写的 12 大注意事项

与硬广告相比，软文不仅可以提高品牌的知名度、美誉度，同时发在门户站点的软文更能增加网站外链，提升网站权重。然而，想要撰写出一篇好的软文并非易事，它对写作者的专业知识和文笔功夫有着很高的要求。

不少微信、APP 运营人员和文案编辑人员在创作软文时，往往因为没有把握住软文编写的重点事项而以失败告终。下面就盘点一下软文编写过程中需要注意的 12 大事项。

1.4.1　缺乏整体策划方案

软文营销的确需要发布软文，软文发布就是把软文发到一些网络新闻媒体上，比如有资金支持的可以发布到新浪、163、QQ 等门户网站；也可以发布到一些地方门户网站，还可以发布到 A5、chinaz 等站长网站，也可以发布到 SNS 社区网站，当然最简单的是发布到相关论坛。

软文发布只要有媒体资源就可以做到，但微信、APP 平台上的软文推送远远不止这些。

如果把平台软文运营比作一顿丰盛的午餐，那么，软文的干货内容就是基本的食材，软文的编写是食材的相互组合和制作，软文的发布就是餐盘的呈现顺序和摆放位置。这些都是需要有一个全盘的策划的，平台软文营销也是如此。

微信、APP 和自媒体平台软文营销，需要有一个完整的整体策划，需要根据企业的行业背景和产品特点策划软文营销方案，根据企业的市场背景做媒体发布方案，文案创意人员策划软文文案等，而不仅仅是软文发布这个动作。关于整体的软文策划流程，具体介绍如图 1-45 所示。

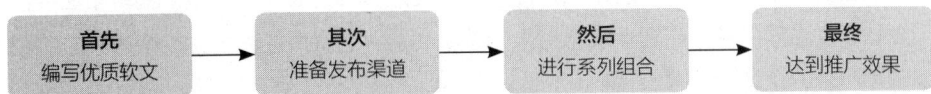

首先 编写优质软文	→	其次 准备发布渠道	→	然后 进行系列组合	→	最终 达到推广效果

▲ 图 1-45　整体软文策划介绍

1.4.2　内容没有中心主题

有的文案人员在创作软文时，喜欢绕弯，可以用一句话表达的意思非要反复强调，不但降低文章的可读性，还可能会令读者嗤之以鼻。尽管软文是广告的一种，但是它追求的是"润物细无声"，在无形中将所推广的信息传达给目标客户，过度地说空话、绕圈子，会有吹嘘之嫌。

此外，软文的目的是推广，因而每篇软文都应当有明确的主题和内容焦点，并围绕该主题和焦点进行文字创作。然而，有的站长在创作软文时偏离主题和中心，乱侃一通，导致读者一头雾水，营销力也就大打折扣。

1.4.3　过度追求软文数量

软文相对其他营销方式成本较低，成功的软文也有一定的持久性，一般软文成功发布后就会始终存在，除非发布的那个网站倒闭了。当然始终有效，并不代表马上见效，于是很多客户一天就发几十篇新闻稿软文到门户网站。

事实上，软文营销并不需要每天发很多很多，更重要的是质量，一篇高质量的软文胜过十几篇一般的文章。

针对"求量不求质"的平台运营操作误区，企业应该怎样避免呢？办法有两个，具体如下。

- 加强学习，了解软文营销的流程，掌握软文撰写的基本技巧。
- 聘请专业的软文营销团队，因为他们不像广告公司和公关公司那样业务范围比较广，他们专注于软文撰写，软文质量很高。

此外，对于一些低质量软文站点也要取缔，而常用的评判该类站点软文质量高低的工具是"百度绿萝算法"。

百度绿萝算法是百度于 2013 年 2 月 19 日上线的一种搜索引擎反作弊的算法。该算法主要打击超链中介、出卖链接、购买链接等超链作弊行为。该算法的推出有效地制止了恶意交换链接、发布外链的行为，有效净化了互联网生态圈。

1.4.4　利用文章忽悠用户

可能有些人认为，写软文就是利用文字来忽悠、引导客户一步步走进企业品牌或产品设置的陷阱中，其实，这是一种错误的平台运营和企业营销方法。编写和在平台上发布软文注重的并不是短期忽悠得来的营销利益，而是建立在企业品牌形象上的长期营销和发展利益，如图 1-46 所示。

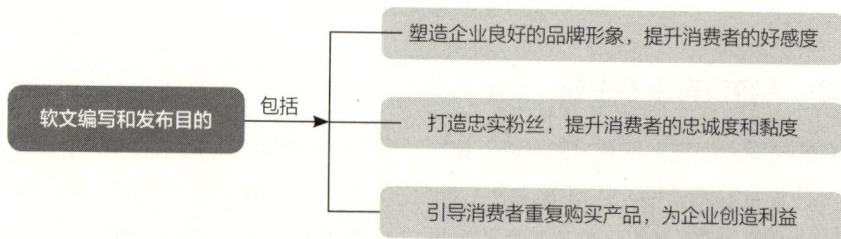

软文编写和发布目的　包括

塑造企业良好的品牌形象，提升消费者的好感度

打造忠实粉丝，提升消费者的忠诚度和黏度

引导消费者重复购买产品，为企业创造利益

▲ 图 1-46　企业运营平台编写和发布软文的目的分析

因此，企业在编写和发布软文时，应该从 3 个方面着手，为实现软文编写和发布目的而努力，如图 1-47 所示。

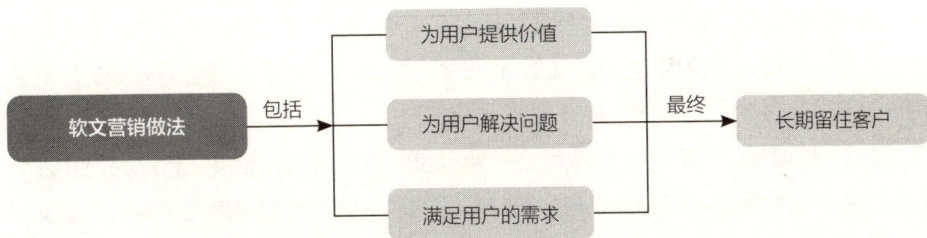

▲ 图 1-47 企业运营平台正确的软文营销做法介绍

其中，软文的内容是决定成败的关键要素，好的软文要求具有以下两个特性。

- 实用性。
- 针对性。

因此，发布软文图文时，一定要深思熟虑，要学会筛选有用的、有价值的信息进行发布，要对目标消费者进行分析，知道大家的喜好，有针对性地进行营销与推广，少发心灵鸡汤，多发实用的经验和干货内容。

1.4.5 闭门造车编写软文

软文，是关于企业产品和品牌的文章，这些产品和品牌是处于具体市场环境中的产品，其所针对的目标也是处于市场环境的具有个性特色的消费者，因此，不了解具体的产品、市场和消费者情况是行不通的，其结果必然是失败的。因而，在编写和发布软文时，必须进行市场调研，了解产品情况，才能写出切合实际、能获得消费者认可的软文。

在软文编写过程中，关于产品的了解应该掌握的具体事项如图 1-48 所示。

而从消费者角度来说，应该了解消费者的各种需求，关注消费者感受。营销定位专家特劳特曾说过："消费者的心是营销的终极战场。"那么软文也要研究消费者的心智需求，也要从这里出发，具体内容如下。

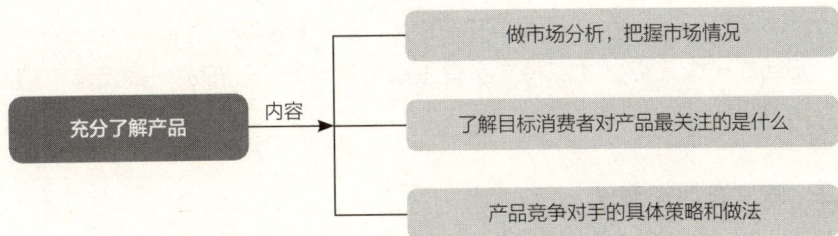

▲ 图 1-48 充分了解产品的具体内容介绍

（1）**安全感**。人是趋利避害的，内心的安全感是最基本的心理需求，把产品的功用和安全感结合起来，是说服客户的有效方式。

例如，新型电饭煲的平台销售软文介绍，这种电饭煲在电压不正常的情况下能够自动断电，能有效解决用电安全问题。这一要点的提出，对于关心电器安全的家庭主妇一定是个攻心点。

（2）**价值感**。得到别人的认可是一种自我价值实现的满足感。将产品与实现个人的价值感结合起来可以打动客户。脑白金打动消费者的恰恰是满足了他们孝敬父母的价值感。

例如，销售豆浆机的软文可以这样描述："当孩子们吃早餐的时候，他们多么渴望不再去街头买豆浆，而喝上刚刚榨出来的纯正豆浆啊！当妈妈将热气腾腾的豆浆端上来的时候，看着手舞足蹈的孩子，哪个妈妈会不开心呢？"一种做妈妈的价值感油然而生，会激发为人父母的消费者的购买欲望。

（3）**支配感**。"我的地盘我做主"，每个人都希望拥有自己的支配权利。支配感不仅是对自己生活的一种掌控，也是源于对生活的自信，更是软文要考虑的出发点。

（4）**归属感**。归属感实际就是标签，无论你是成功人士、时尚青年，还是小资派、非主流，每个标签下的人都有一种特色的生活方式，他们使用的商品、他们的消费都表现出一定的亚文化特征。

例如，对追求时尚的青年，销售汽车的软文可以这样写："这款车时尚、动感，是玩车一族的首选。"对于成功人士或追求成功的人士可以这样写："这款车稳重、大方，开出去见客户、谈事情比较得体。"

1.4.6　软文内容全而不精

软文写作不需要很有特点，只需要有一个亮点即可，这样的文章才不会显得杂乱无章，能扣住核心。

如今，很多的软文在传达某一信息时，通篇就像记"流水账"一般，毫无亮点，这样的文章其实根本就没有阅读价值，并且这样的文章字数较多，往往导致可看性大大降低，让读者不知所云。不管是怎样的软文，都需要选取一个细小的点来展开文章脉络，归结成一个亮点，才能将文字有主题地聚合起来，形成一篇阅读价值高的软文。

1.4.7　软文布局无章法

软文撰写者千万不要毫无章法地撰写软文，将软文布局看得非常轻，这样是不行的。一般来说，普通软文的结构分为3个层次，如图1-49所示。

如果软文撰写者需要撰写新闻软文的话，又分为6个层次，如图1-50所示。

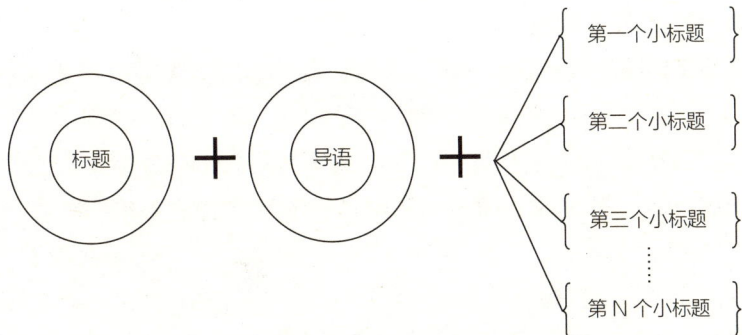

▲ 图 1-49　普通软文的结构

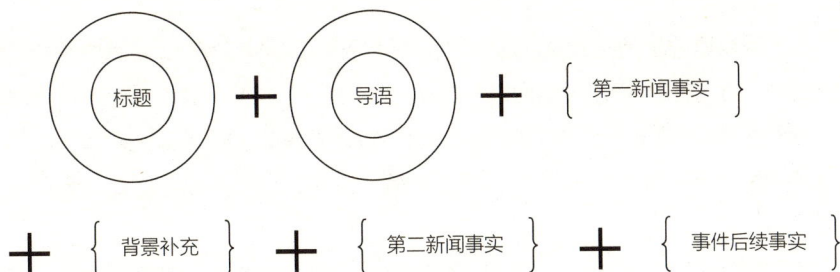

▲ 图 1-50　新闻软文的结构

专家提醒

　　导语应高度提炼，以打动读者往下看。正文亦以分析评论为主，第一、第二、第三条理清晰，逻辑严密，必要时，可在文后单独追加解释性内容。

1.4.8　常见的书写错误多

　　众所周知，报纸杂志在出版之前，都要经过严格审核，保证文章的正确性和逻辑性，尤其是涉及重大事件或是国家领导人，一旦出错就需要追回重印，损失巨大。

　　软文常见的书写错误包括文字、数字、标点符号以及逻辑错误等方面，软文撰写也必须严格校对，防止以下错误出现。

　　（1）**文字错误。**软文中常见的文字错误为错别字，例如一些名称错误，包括企业名称、人名、商品名称、商标名称等。对于软文尤其是营销软文来说，错别字可能会影响软文的质量，这种错误在报纸中显得尤为致命。

　　例如，报纸的定价，有些报刊错印成了"订价"，还错误地解释为"订阅价"而不是报纸完成征订后的实际定价，好像发布广告时是一个价格，订报纸时又是另一个价格，这必定是不符合实际的。

（2）数字错误。 参考国家《关于出版物上数字用法的试行规定》《国家标准出版物上数字用法的规定》及国家汉语使用数字有关要求，数字使用有三种情况：一是必须使用汉字，二是必须使用阿拉伯数字，三是汉字和阿拉伯数字都可用，但要遵守"保持局部体例上的一致"这一原则，在报刊等文章校对检查中错得最多的就是第三种情况。

例如"1 年半"，应为"一年半"，"半"也是数词，"一"不能改为"1"；再如，夏历月日误用阿拉伯数字："8 月 15 中秋节"，应改为"八月十五中秋节""大年 30"应为"大年三十""丁丑年 6 月 1 日"应改为"丁丑年六月一日"。还有世纪和年代误用汉字数字。如"十八世纪末""二十一世纪初"，应写为"18 世纪末""21 世纪初"。

（3）标点错误。 无论是哪种文章中，标点符号错误都是应该要尽力避免的。在软文创作中，常见的标点错误包括以下几种。

一是引号用法错误。这是标点符号使用中错得最多的。不少报刊对单位、机关、组织的名称，产品名称、牌号名称都用了引号。其实，只要不发生歧义，名称一般都不用引号。

二是书名号用法错误。证件名称、会议名称（包括展览会）不用书名号。但有的报刊把所有的证件名称，不论名称长短，都用了书名号，这是不合规范的。

三是分号和问号用法常见错误，这也是标点符号使用中错得比较多的。主要是简单句之间用了分号：不是并列分句，不是"非并列关系的多重复句第一层的前后两部分"，不是分行列举的各项之间，都使用了分号，这是错误的。

还有的两个半句，合在一起构成一个完整的句子，但中间也用了分号。有的句子已很完整，与下面的句子并无并列关系，该用句号，却用成了分号，这也是不对的。

（4）逻辑错误。 所谓逻辑错误是指软文的主题不明确，全文逻辑关系不清晰，存在语意与观点相互矛盾的情况。

1.4.9 软文内容版面错乱

如果在软文内容的布局和书写上没有出现大问题，但是内容呈现出来却是错乱的，此种情况下，也是无法阅读的，且极其容易影响读者的阅读兴趣。

况且，在手机界面上，由于其屏幕相对于 PC 端来说明显小得多，本来阅读就比较困难，如果还出现了排版错乱的问题，就阅读而言更是雪上加霜。

因此，在撰写软文时，还需要考虑读者的视觉效果，一个比较舒适的视觉环境，能让读者多一丝的耐心停留在一篇文章上。

因此，**最好每个自然段，不超过 150 个字，一般以 3 行 1 段，2 ～ 3 个句号，**

来给读者阅读喘息的机会。

当然并不是每一篇文章都是这样，撰写软文并不具有固定的写作手法，每篇软文都有自己独特的写作技巧，而这些技巧要看软文撰写者有没有抓住，若是没有把握，则可以按照"3 行 1 段 不拢长"的做法进行。

另外，在手机界面发布的软文，尤其应该注意文字之间的间距，具体如下。

- 字符与字符之间应该留出更多的空白位置。
- 行与行之间应该加大相隔间距。
- 段落与段落之间（3 ~ 4 行文字之后）应该留出一定的间隔。

1.4.10 缺乏与粉丝互动

随着智能手机的普遍应用和移动互联网的发展，微信公众号平台和 APP 平台逐渐增多，在目标消费者一定的情况下，平台关注的目标消费者将会以分散性扩展的方式选择自己满意的平台。因此，想要保持平台的粉丝不减少甚至是增多，就有必要优化平台，尽量争取粉丝的长期关注，其中，首选办法是尽量加强平台的互动性。

否则，在缺少互动性的情况下，平台运营有可能出现减粉的状况，甚至有可能影响平台的正常运营。

因此，必须在运营微信、APP 平台时想办法来改善竞争局势下的平台与粉丝的互动情况，如图 1-51 所示。

▲ 图 1-51 增加互动的作用分析

1.4.11 忽视平台功能服务

关于微信，其官方曾发布了明确定位，即"微信不是营销工具，是服务工具"。由此可见，服务才是微信存在的宗旨，是借用微信平台进行产品或品牌宣传的内容定位。因此，在微信平台上，服务这一关键要素在软文编写过程中不容忽视，应该加以重点关注，当然，APP 平台同样应该对服务这一方面予以重视。

特别是在微信公众号平台、APP 平台和自媒体平台逐渐增多的竞争环境中，粉丝有了更多的选择权，有什么理由让粉丝选择你呢？除了上文中所提及的增加互动外，还有一个非常重要的方面，那就是平台有必要在服务上下功夫，具体内容如下。

- 及时回复粉丝提问，帮助粉丝解决问题。
- 了解粉丝对平台服务、功能体验的感受，并进行改善。

- 与粉丝平等对话，切忌以高高在上的态度对待粉丝。

1.4.12 缺乏长期坚持理念

对于软文营销推广，有的平台一天发好多篇，天天在发；但也有的平台一年只发一次、两次。笔者了解到，许多人认为软文可以做些口碑，但是直接带来客户还是少的，因此，只是在工作之余才发几篇文章。

其实，软文营销是一个长期过程，别想着只发一篇软文就能带来多少流量，带来多少效益。也不应是"三天打鱼，两天晒网"，不是今天发 10 篇，下个月想起来了再发几篇，毫无规律。

软文营销，从其实质上来说，并不是直接促成成交的推广，但长期有规律的软文发布可以提升企业品牌形象，提高潜在客户的转化率。潜在客户一般是通过广告认识企业，但最终让他们决定购买的往往是长期的软文催化，当客户长期见到这个品牌的软文，就会不知不觉地记住它，潜意识里会形成好印象，最后当客户需要相关产品时，就会购买了。

因此，在微信、APP 和自媒体平台运营中，软文的编写和发布需要长期坚持，对软文营销而言"坚持就是胜利"，并不只是说说而已，它要求去具体实施，并在这一过程中达到胜利的目标。对于坚持而言，它有两个方面值得运营者注意，如图 1-52 所示。

▲ 图 1-52 软文销售过程中的坚持解读

关于上图中提及的坚持的两个注意事项，具体分析如下。

（1）**方向的正确性**。只有保证在坚持的过程中方向的正确性，才不会有与目标南辕北辙的情况出现，才能尽快地实现营销目标，如图 1-53 所示。

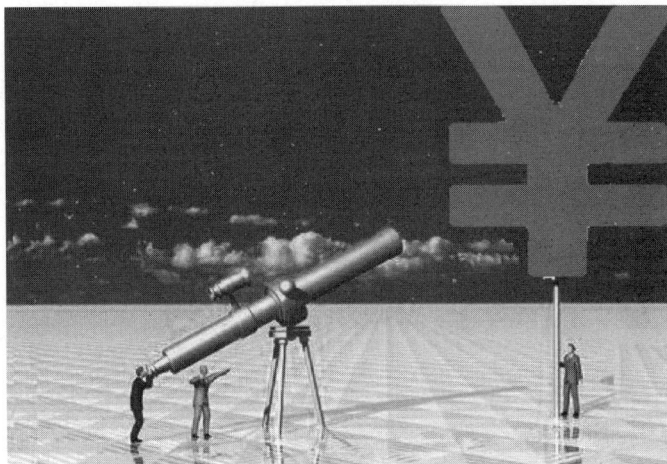

▲ 图 1-53　选择正确的方向

　　在微信朋友圈营销中，方向的正确性具体可表现为市场大势的判断和营销技巧、方式的正确选择上。

　　（2）**心态与行动的持续性**。在营销过程中，必须在心态上保持不懈怠、在行动上继续走下去才能更好地获得成功。在微信朋友圈中营销也是如此，需要企业或商家长久、坚持不懈经营才能有所斩获，具体内容如图 1-54 所示。

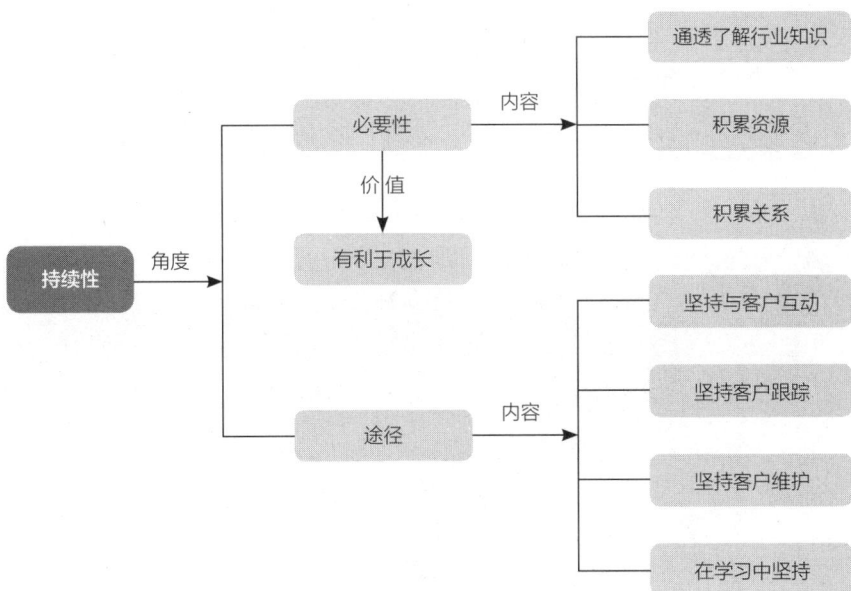

▲ 图 1-54　心态与行动上的持续性分析

第 2 章

标题：
决定打开率、阅读量的关键

在撰写软文之前，编辑者首先应明白其主题内容，并以此拟定标题，从而让标题与内容能够紧密相连。

无论撰写软文的主题内容是什么，最终目的还是吸引用户去阅读、评论和转载，从而带来软文外链，所以撰写一个有吸引力的标题是很有必要的。

要点展示

　　≫　100000+ 标题的 6 个高质量细节
　　≫　100000+ 标题必懂的 8 个用户心理
　　≫　100000+ 标题的 26 个命名技巧

2.1 100000+ 标题的 6 个高质量细节

如今是一个快节奏的时代，人们通常以第一印象来判定对一个事物是否继续深入了解下去，人们在选择阅读书籍时就是如此。

而对于软文来说，"第一印象"就落在了标题上。通常情况下，软文的标题是最先接触读者的，如果将两篇内容一样而标题表现形式、价值不同的软文同时放在读者的面前，可想而知，读者必然会选择那个标题能吸引他的文章，一个有趣的标题必然比普通标题要有意思得多。

而想要使软文的标题能够吸引读者，其在质量方面的高要求是必须的，基于这一问题，主要应该注意以下 6 个方面的细节问题。

2.1.1 标题的字数限制

在自媒体平台不断发展的情况下，标题的字数也有着向越来越多的方向发展的趋势，那么，这一趋势对平台软文来说，究竟是否符合其发展规律和有着社会适用性呢？然而，过犹不及，对于微信、APP 和自媒体平台软文标题来说，在一个适度范围内的标题字数才能更吸引读者，也就是说，软文的标题字数应该限制在一定的范围内。

就人们的阅读习惯和平台的运行方式来说，假如软文的标题超过三行，在大多数情况下，读者是不会去单击阅读的。

在智能手机品类多样的情况下，不同型号的手机显示的软文标题字数也是不一样的。一些图文信息在自己手机里看着是一行，但在其他型号的手机里可能就是两行了，在这种情况下，标题中的有些关键信息就有可能隐藏起来，不利于读者了解软文的描述重点和对象。因此，在制作标题的时候，应该保持软文标题的字数无论在什么样的手机上显示的都是一行。那么，一行具体是多少字数呢？

可能有细心的读者早发现了，在手机上的订阅号界面中能显示的纯文字型的标题字数一般为 15 个字。如果一篇文章的标题长度超过 15 个字，那么标题后面的字就都会被隐藏，显示出来的是"……"这样的形式，如图 2-1 所示。

因此，在制作标题内容时，在重点内容和关键词的选择上要有所取舍，把最主要的内容呈现出来即可，如图 2-2 所示，切忌以段落形式制作标题。

分析：

从图 2-2 中的软文标题，读者可以很容易地获知软文

▲ 图 2-1　公众号文章标题的隐藏显示

所描述的内容和所要表达的中心思想。就前一篇软文《让模糊的视频画面一秒变清晰》而言，重点和关键词在于"视频""模糊"和"清晰"3个词，其内容也就不言自明了；就后一篇软文《这样构图，呈现平常公园不平常的美！》而言，"构图"与"公园"很好地点明了软文描写的重点在于以公园为摄影取景对象时的构图方法和技巧。

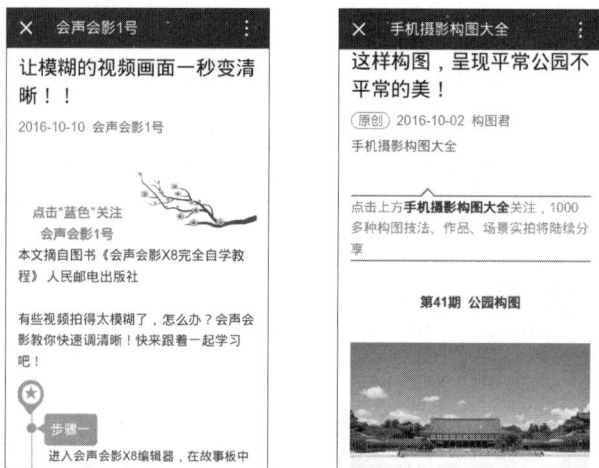

▲ 图 2-2　软文标题呈现重点和关键词

文章标题过长会使得重要标题信息被隐藏，从而影响订阅者点开文章观看的次数，所以微信公众平台的文章编辑者需要学会控制文章标题的字数，尽量将标题的文字数量控制在正常显示的情况下，也就是 15 个字左右。

标题本身就是一篇文章的内容精华的提炼，字数过长会显得不够精练，同时也会让读者失去点开文章阅读的兴趣，因此适当的长度才是最好的。

但是，有时候文章编辑者也可以借助标题由于显示限制而出现的"……"来引起订阅者点开文章阅读的好奇心，不过这就需要文章编辑者在取标题的时候注意把握好这个引人好奇的关键点。

2.1.2　标题的模式打造

上一节已经提及，软文标题的字数应该有所限制，然而，在内容的表达上又要突出主题和文章中心，这就需要从这两个对立的方面来实现完美的统一，从而清楚、简洁地表现文章内容。基于此，标题的表现模式是有一定的类型和方法可以选择的，具体内容如下。

1. 问题引导模式

在拟写标题时，利用问题进行引导，可以更好地吸引读者的注意，还能让读者带着疑问去阅读。让读者带着问题去阅读，既可以引导读者继续阅读的行为，还能清楚、明白地告诉读者文章所讲解的中心内容。

这种类型的标题模式，多用于以生活技巧、惊奇事件等为中心的文章，如图 2-3 所示，以提高读者对事件本身的关注度。

▲ 图 2-3　标题的问题引导模式

2. 事件陈述模式

这是一种针对那些本身有着足够的吸引力的事件或故事而采用的拟写模式，当读者看到标题时，就能够调动他们内心的诸如感动、愤怒等方面的情绪，同时产生阅读的兴趣。

这种类型的标题模式，多用于讲述感人的故事、重大突发事件等的文章，如图 2-4 所示，能够把事件完整、直接地呈现给读者，以引起读者的关注。

▲ 图 2-4　标题的事件陈述模式

3. 联想调动模式

当读者在阅读一篇软文时，能够在看到标题的时候产生各种联想，并把有关的事物联系起来，这样的标题效果即可称之为成功了。这种类型的标题模式，是比较常见的且在吸引读者注意力方面非常有效的模式，如图 2-5 所示。

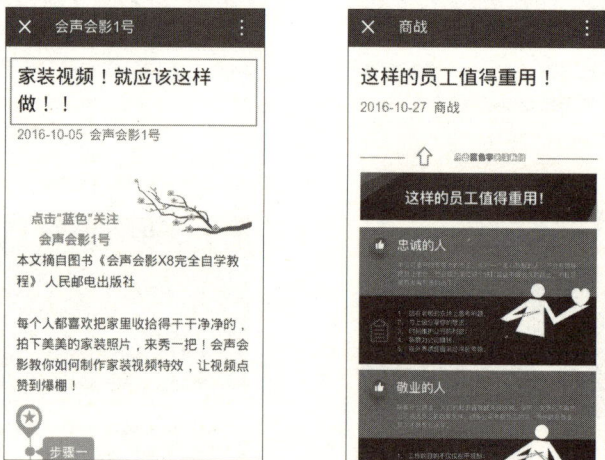

▲ 图 2-5　标题的联想调动模式

4. 数据呈现模式

数据的应用，带给读者的第一印象就是严谨、科学，因此，在拟写标题时适当地引用数据，能够增加文章的可信度，如图 2-6 所示。

特别是一些娱乐性较强的软文，在标题上采用夸张的数据呈现，可以在一定程度上更好地吸引读者的关注。

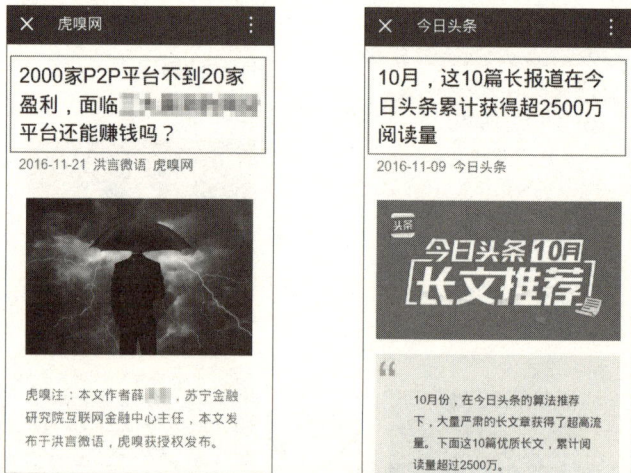

▲ 图 2-6　标题的数据呈现模式

当然，数据呈现并不是任意的，尤其是对注重科学和真实性的一般学术性文章和新闻事件，在数据的引用上要慎之又慎，否则可能误导读者，造成诸多不利的影响。

5. 利弊告知模式

我们在浏览软文时，经常会看到如"XX 做很危险"等类似的标题，一般都会忍不住单击查看，可见，这也是一种能够吸引读者关注的标题模式。

这种类型的标题模式，一般多用于生活类和产品推介类方面的文章，如图 2-7 所示，通过在标题上简明扼要地呈现利弊，可以很好地达到提升读者兴趣的目的。

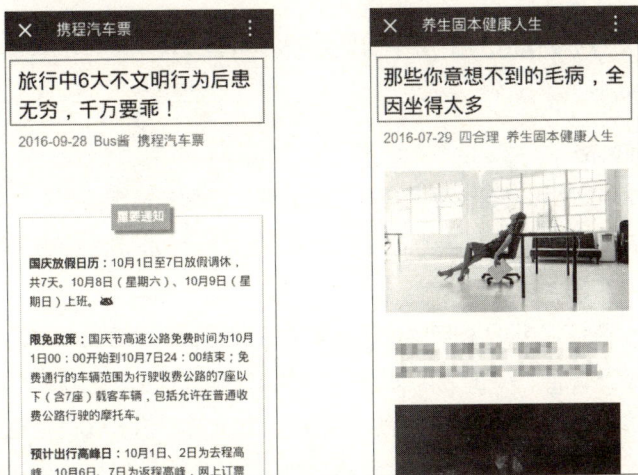

▲ 图 2-7　标题的利弊告知模式

2.1.3　标题的风格表达

微信、APP 和自媒体平台上的文章编写者在给文章取标题的时候，还需要考虑到标题是否与微信、APP 和自媒体平台的整体风格统一、协调。标题与微信、APP 和自媒体平台整体风格的统一与否，会影响到订阅者对这个公众号的整体评价，以及订阅者浏览、阅读文章时的感受。

举个例子，当你订阅了一个以传播搞笑视频、话题、笑话为主的整体形象类似于嘻哈风的小青年型的微信公众号时，你却看见该公众号每天推送的文章标题都是正经型的，而且文章的内容、用字遣词都是正儿八经如同一位西装革履的白领一族，相信大部分订阅者都会产生一种别扭的、自己是不是点开错了公众号的感觉，时间一长可能就忘记该公众号的存在，或者立刻就取消关注了。

让微信公众号文章的标题与微信公众号的整体风格保持统一是保持微信、APP 和自媒体平台特色以及吸引订阅者的长期关注的一种方法，而要做到标题与整体风格的统一需要考虑两个方面，具体内容如图 2-8 所示。

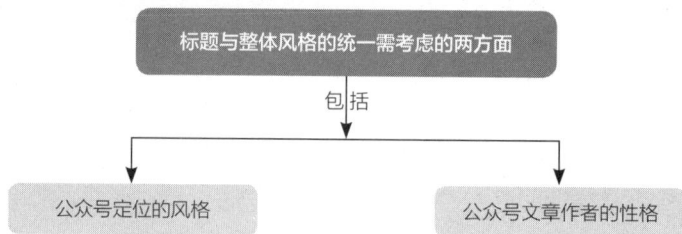

▲ 图 2-8　标题与风格的统一需考虑的两方面

关于保持文章标题与微信、APP 和自媒体平台整体风格的统一需要考虑的两个方面，具体内容如下。

1. 平台定位的风格

每个微信、APP 和自媒体平台在创立的时候，创建者肯定都会对其要传播的内容有一个大致的规划和界定，而这些内容的方向确定就已经为微信、APP 和自媒体平台的风格定下了一个基调。

例如，一个微信、APP 和自媒体平台如果主要是以分享油画、水墨画等艺术品鉴赏为主，那么这个微信、APP 和自媒体平台的整体基调就是文艺与高雅的。因此，该平台推送的文章其标题也要跟整体基调相呼应，以文艺、艺术气质为主，这样才会让订阅者在浏览、阅读文章内容时感觉到比较舒服。图 2-9 所示是一个以推送油画相关内容为主的微信公众号的软文标题。

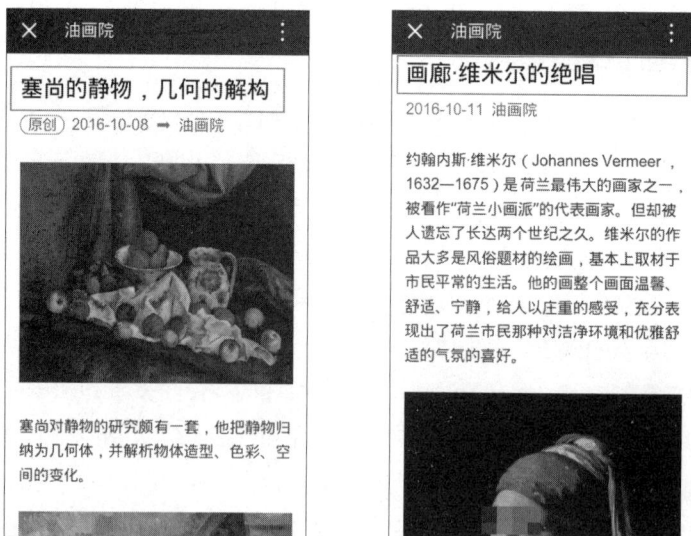

▲ 图 2-9　以推送油画相关内容为主的微信公众号的软文标题

2. 平台文章作者的性格

每个软文编写者都会有自己的性格，而这种性格会在他所写出的文字中传递出来，这也就是所谓的写作风格。性格活泼的人，写出的文字也会给人一种比较热闹的感觉，那么他取的标题可能就会比较偏向于活泼、开朗，如："天哪，原来 XX 还可以这么玩"。

微信、APP 和自媒体平台上文章的作者性格在很大程度上也会影响到标题的风格类型，也会在潜移默化中奠定微信、APP 和自媒体平台的一个语言风格。

在考虑平台标题与整体风格统一时，要做好上述所说的两个方面的统一，这样才能真正做到整体的统一，形成属于微信、APP 和自媒体平台独有的特色。

2.1.4 凸显产品的特征

软文发布的目的就在于吸引读者的注意力，最终促进企业产品的销售。针对这一目的，在软文标题的拟写过程中，应该注意将产品的最大亮点展示出来，这样可以让读者在看到标题的时候就能够感受到软文中所提及的产品具有怎样的特点，是否符合用户和读者的需要，是否能满足他们的心理需求。

在软文标题的特征凸显这一层面上，可从多个角度来考虑，其中，最能够打动读者的一般是体现出最新动态的产品特征。这是因为，人们都有一种追求新奇的心理需求，总是希望能够见证超越历史的某一时刻、某一事件，因而在软文标题中添加表现"最新"含义的词语，如：开始、惊现、创新、终于等，如图 2-10 所示，往往更能吸引读者的眼球，引发巨大的轰动，获得更多的转载机会。

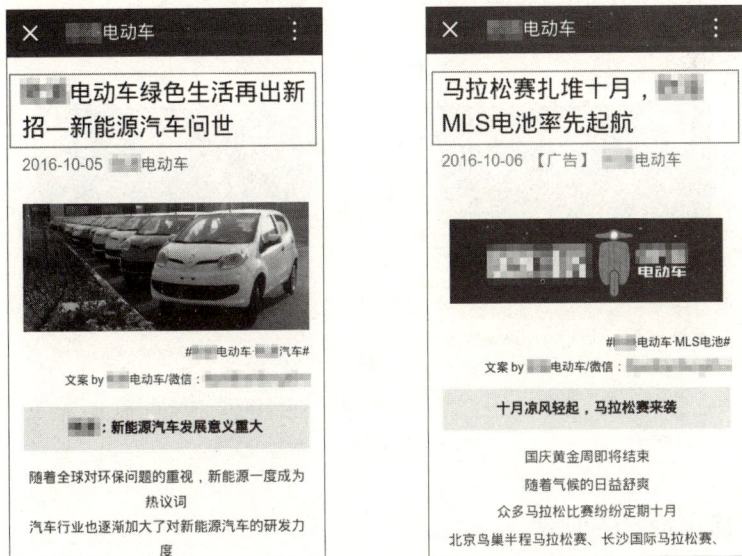

▲ 图 2-10 凸显产品特征的标题

2.1.5　添加生活的元素

产品软文的读者是一般的消费者，因此，在语言上要求是形象化和通俗化的。从通俗化的角度而言，就是尽量拒绝华丽的辞藻和大量的不实用的描述，照顾到绝大多数读者的语言理解能力，利用通俗易懂的语言来描述产品。否则，软文就无法达到带动产品销售的目的，无法实现软文及其产品的商业价值。

为了实现通俗化，软文编辑者可从 3 个方面着手，如图 2-11 所示。

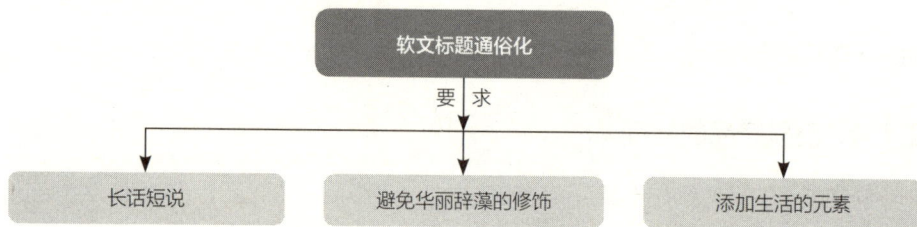

```
        ┌──────────────────┐
        │   软文标题通俗化   │
        └──────────────────┘
            要　求
   ┌──────────┼──────────┐
┌────────┐ ┌──────────────┐ ┌──────────────┐
│ 长话短说 │ │避免华丽辞藻的修饰│ │ 添加生活的元素 │
└────────┘ └──────────────┘ └──────────────┘
```

▲ 图 2-11　软文标题通俗化要求分析

其中，添加生活的元素是一种常用的、简单的使标题通俗化的方法，也是一种行之有效的营销宣传方法。利用这种方法，可以把专业性的、不易理解的词汇和道理通过生活元素形象、通俗地表达出来，如图 2-12 所示，在标题中运用通俗化的语言陈述产品的作用和功能，在让消费者更容易理解的同时带动产品消费。

▲ 图 2-12　语言通俗化的软文标题

2.1.6　应用绝妙的典故

软文，从其实质来说，是一种广告性质的文章，其目的在于促进产品销售。为了模糊其广告性,软文编辑者进行了多种尝试,其中之一就是利用典故,特别是在标题中巧妙地运用典故,可以在 3 个方面提升软文的营销价值,如图 2-13 所示。

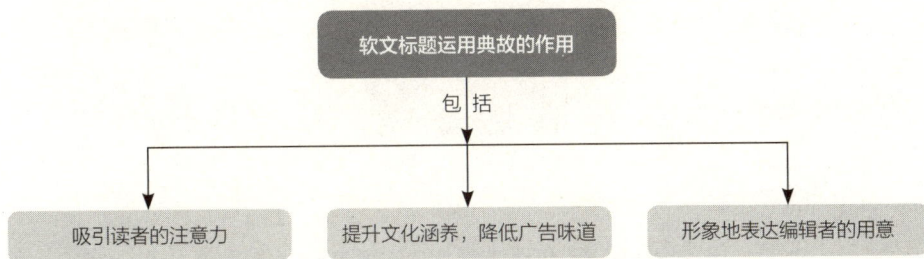

▲ 图 2-13　软文标题运用典故的作用分析

从图 2-13 可知,在软文标题的写作中,可以适当地运用成语典故,一方面赋予软文深层次的内涵和历史厚重感,可以让读者更容易忽略软文的广告意味,从而更快、更容易接受商家或企业所推送的产品信息。另一方面,在吸引了读者注意力的情况下,运用典故的标题可以很好地增加单击阅读的次数,将其转化为更多的转载量,最终促成营销的实现。

图 2-14 所示为巧妙运用典故的软文标题案例。

▲ 图 2-14　巧妙运用典故的软文标题

2.2　100000+ 标题必懂的 8 个用户心理

一个成功的标题能成功吸引读者的一个重要原因,就是能满足读者的各类心理需求,具体如图 2-15 所示。

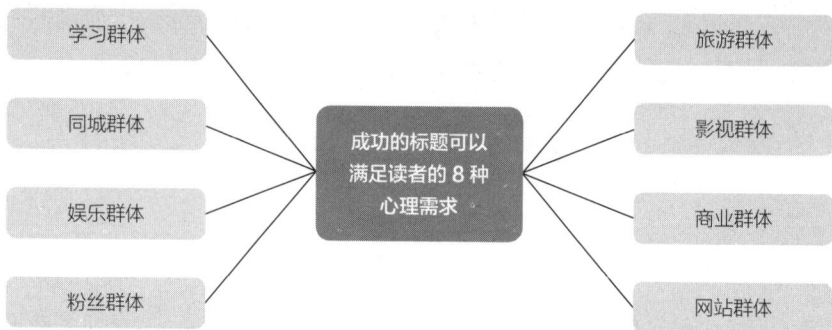

▲ 图 2-15　成功的标题可以满足读者的 8 种心理需求

2.2.1　用户的猎奇心理

一般来说，大部分人对世界和未知事物都充满好奇心，对于那些未知的、刺激的东西都会有一种想要去探索、了解的欲望。因此，在写软文标题的时候就可以抓住读者的这一特点，将标题写得充满神秘感，满足读者的猎奇心理，这样就能够获得更多读者的阅读，文章被分享与转发的次数也就会越多。

这种能满足读者猎奇心理的微信、APP 和自媒体平台文章，它的标题都是带一点神秘感，让人觉得看了之后就可以了解事情的真相，如图 2-16 所示，这就是能满足读者好奇需求的文章的标题。

▲ 图 2-16　能满足读者猎奇心理的标题

2.2.2　用户的窥探心理

人们有时候很矛盾，不想让自己的秘密、隐私被人知晓，但是又会有窥探他人或者其他事物的秘密的欲望。

因此，微信、APP和自媒体平台的文章编写者在编写软文标题的时候，可以适当地利用人们的这种窥探秘密的欲望，写出能够满足读者窥探心理需求的标题，从而吸引读者点开文章进行阅读。

能够满足读者窥探心理的微信、APP和自媒体平台文章的标题，通常都会让人产生一定的联想。如图2-17所示，文章的标题叫作《十年后，最便宜的是车子房子，最贵的竟然是……》，文章标题让人产生联想，引导读者去阅读软文，以便探寻真相，还有如《把汽水倒入方便面里，下一秒惊呆了……》等。

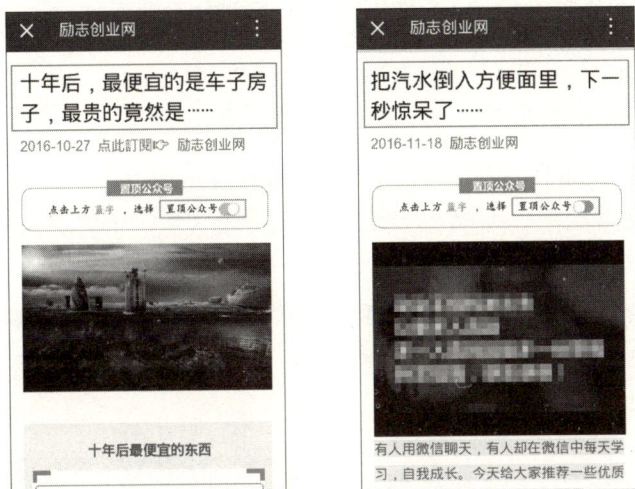

▲ 图2-17　能满足读者窥探心理的标题

2.2.3　用户的消遣心理

现如今，大部分人有事没事都会掏出自己的手机看看，逛逛淘宝，浏览微信朋友圈，从关注的微信、APP和自媒体平台浏览信息，寻求乐趣，以满足自己的消遣心理。

一部分人会点开微信、APP和自媒体平台上各种各样的文章，都是出于无聊、消磨闲暇时光、给自己找点乐趣的目的。那些以传播搞笑、幽默内容为目的的文章会比较容易满足读者的消遣心理需求，如冷笑话、幽默与笑话集锦等。这一类平台的文章的标题给读者的感觉就是比较开心、愉快，如图2-18所示。

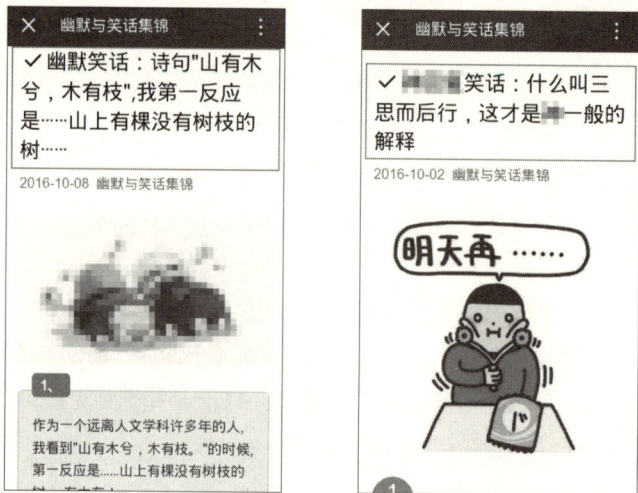

▲ 图 2-18　能满足用户的消遣心理

2.2.4　用户的感动心理

大部分人都是感性的，容易被情感所左右，这种感性不仅仅体现在真实的生活中，还体现在他们看见倾注了感情的文章中，这也是很多人看见有趣的文章会捧腹大笑、看见感人的文章会心生怜悯甚至不由自主落下泪水的一个原因。

一个成功的微信、APP 和自媒体平台的文章标题，就需要做到能满足读者的感动心理需求，打动读者，引起读者的共鸣。图 2-19 所示的标题就是能满足读者感动心理需求的标题。

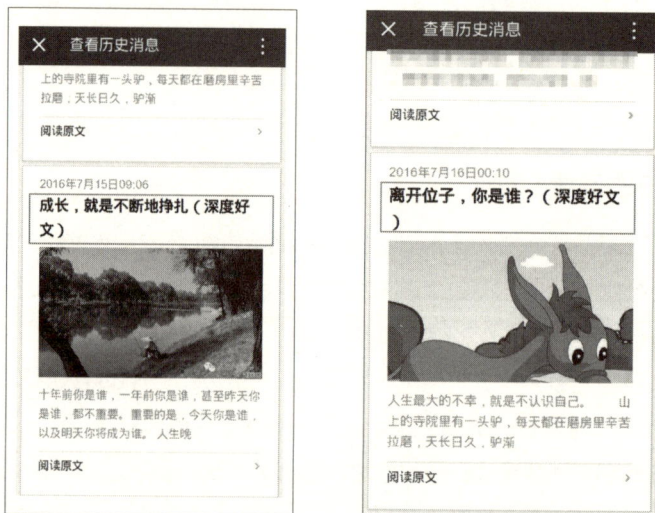

▲ 图 2-19　能满足读者感动心理需求的标题

2.2.5　用户的求抚慰心理

在这个车水马龙、物欲横流的社会，大部分人都为了自己的生活在努力奋斗着，或者漂流在异乡，与身边人的感情也都是淡淡的，生活中、工作上遇见的糟心事也无处诉说。渐渐地，很多人养成了从文字中寻求关注与安慰的习惯，当他们看见那些传递温暖的文章、含有关怀意蕴的文章时，都会忍不住去点开阅读。

因此，微信、APP 和自媒体平台文章的编辑者在写标题时，便可多用一些能够温暖人心、给人关注与关怀的词语，满足读者的求抚慰需求。

能够满足读者求抚慰需求的文章的标题，应是真正发自肺腑的情感传递。最好文章内容也充满关怀，这样才能让读者不会感觉被欺骗。图 2-20 所示的几篇文章的标题就是典型的能满足读者求抚慰心理需求的标题，这种标题给人的感觉就像是一个老朋友，暖人心。

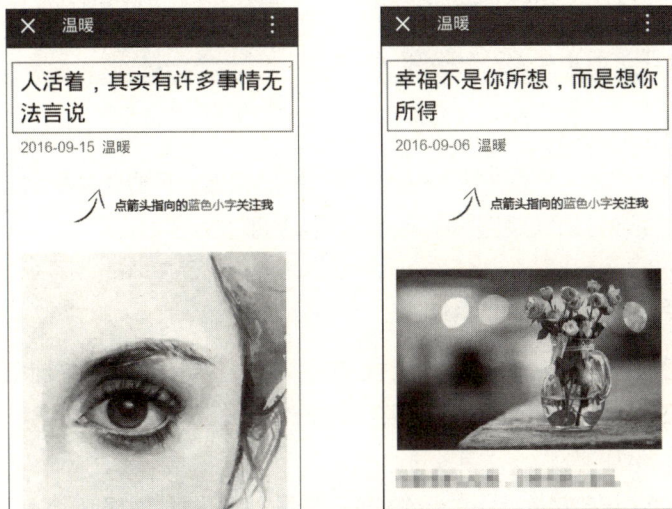

▲ 图 2-20　能满足读者求抚慰心理需求的标题

2.2.6　用户的学习心理

有部分人在浏览网页、手机上的各种新闻、文章的时候，抱有通过浏览学到一些有价值的内容，扩充自己的知识面，增加自己的技能等目的。因此，文章编辑者在编写微信、APP 和自媒体平台文章标题的时候，就可以将这一因素考虑进去，让自己编写的标题给读者一种能够满足学习心理需求的感觉。

能满足读者学习心理需求的文章标题，在标题上就可以看出文章中所蕴藏的价值，如图 2-21 所示，名为"会声会影 1 号"的公众号的文章标题，它主要传播的是学习会声会影这一款软件的干货知识，能帮助想学习这方面知识的读者提供很多学习资源。

▲ 图 2-21　能满足读者学习心理需求的文章标题

这种能满足读者学习心理需求的公众号、APP 文章，只要读者阅读之后觉得真的有用，就会自主地将文章传播开来，让身边更多的朋友知道。

2.2.7　用户的私心心理

人们总是会对跟自己有关的事情多上点心，对关系到自己利益的消息多点注意，这是人类很正常的一种行为，文章标题满足读者私心心理需求其实就是指满足读者关注与自己相关事情的需求。

微信、APP 和自媒体平台文章的编辑者在写文章标题的时候就可以抓住人们的这一点需求，将文章标题打造成这种类型的，引起读者的关注。

但是需要注意的是，如果一篇文章取了这样的标题，文章里面的内容就要是真正能与读者的实际利益有关，不能一点实际价值都没有。

因为，如果每次借用读者的私心心理需求来引起读者的兴趣，可实际却没有满足读者的需求，这样的标题用多了读者就会对这类文章标题产生免疫，在看见标题的第一眼就知道文章的内容没有一点用处。久而久之，不仅会让读者不看该类文章，更甚者会引起读者的反感心理，从而取消关注微信、APP 和自媒体平台。

图 2-22 所示的文章标题就是能满足读者私心心理需求的标题，它能引起读者的兴趣，从而进一步点开文章阅读。

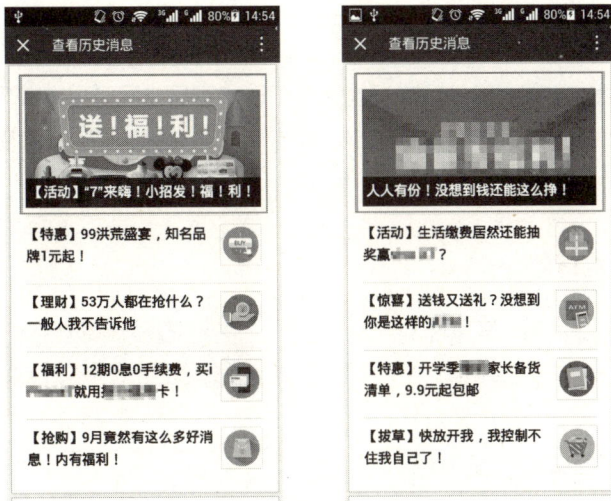

▲ 图 2-22　能满足读者私心心理需求的文章标题

2.2.8　用户的追忆心理

很多人都有怀旧情结，对于以往的岁月都会去追忆一下。童年的一个玩具娃娃、吃过的食品看见了都会忍不住感叹一下，发出"仿佛看到了自己的过去！"的感言。人们对于那些追忆过往的文章会禁不住想要点开去看一眼，所以平台文章的编辑者可以写一些这种能引起人们追忆往昔情怀的标题，满足读者的怀旧心理需求。

能满足读者怀旧心理需求的文章标题，在文字上大多会有一些代表年代记忆的字眼，如图 2-23 所示。

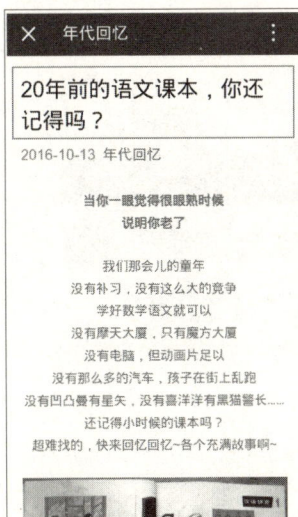

▲ 图 2-23　能满足读者怀旧心理需求的文章标题

55

2.3 100000+ 标题的 26 个命名技巧

标题是一篇软文的灵魂，软文标题针对不同的产品或服务写作技巧上面是有所不同的，所以需要针对这些因素进行思考，然后写出更多优秀标题。下面来了解软文标题写作和命名的一些技巧。

2.3.1 福利式标题

福利式的标题是指在文章标题上向读者传递一种"阅读这篇文章你就赚到了"的感觉，让读者自然而然地想要去阅读文章。福利式标题的表达方法有两种，如图 2-24 所示。

关于福利式标题的两种命名技巧，具体内容如下。

▲ 图 2-24 福利式软文标题的两种表达手法

1. 直接表达

这一种福利式标题会在文章标题上直接写有"福利"二字，让读者一看就知道该文章具有福利。如图 2-25 所示，即为直接表达的福利式软文标题。

2. 含蓄表达

这一种福利式标题不直接将"福利"二字写在标题上，而是通过与"福利"一词具有一样表达意思的其他词语传递文章里所具有的福利。例如：实用法则、导航等词。如图 2-26 所示，即为间接表达的福利式的软文标题。

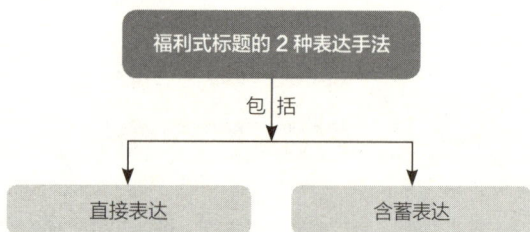

▲ 图 2-25 直接表达的福利式软文标题

▲ 图 2-26 间接表达的福利式软文标题

2.3.2 数字式标题

数字式标题是指在标题中体现具体的数据，一般来说，数字对人们的视觉冲击效果是不错的，一个巨大的数字能让人们产生心灵的碰撞，很容易让人产生惊讶之感，人们一般都会通过数字，想要得知数字背后的内容。下面就来欣赏几则数字式软文标题，如图 2-27 所示。

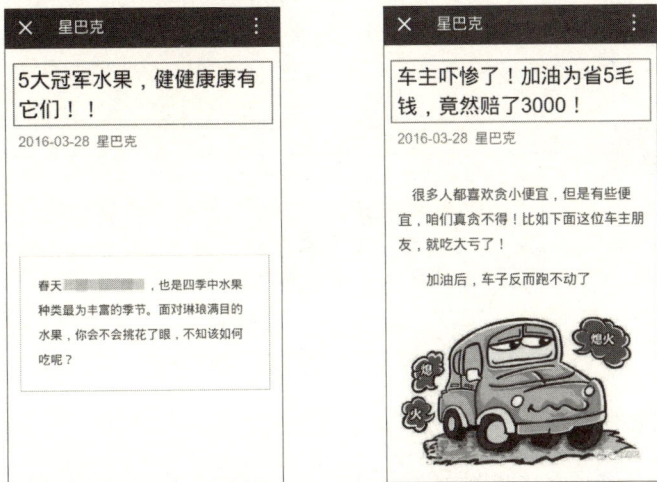

▲ 图 2-27 数字式软文标题

2.3.3 夺眼球式标题

夺眼球式标题是以吸引读者目光来达到增加单击量目的的标题，给人一种不可思议的感觉，在写作思路上不走寻常路，与平常的事实、道理相背离，如图 2-28 所示。

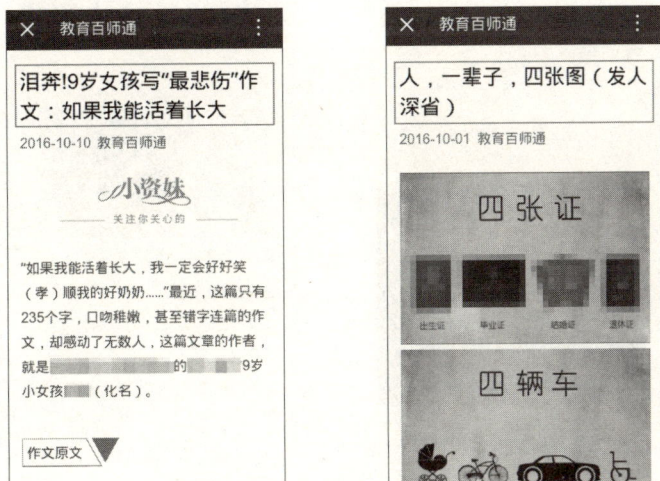

▲ 图 2-28 夺眼球式软文标题

夺眼球式标题与普通的标题很容易就能对比出效果，如普通的标题为"软文写作的一些指导意见"，夺眼球式标题为"他靠一篇软文赚了 800 万元！"，哪一个更引人注意呢？对于普通读者来说，能与物质上挂钩的话题，一般都能轻而易举地吸引到读者的注意力。

拟写夺眼球式的软文标题，一定要放大读者内心的渴望点，若读者需要减肥，那就要点出快速减肥、高效减肥；若想育儿，那就要体现出育儿技巧、轻松不费力等，使得读者的自身需求与企业软文标题主题高度契合，从而起到吸引读者注意力的作用。

> 💡 **专家提醒**
>
> 夺眼球式标题也可以用数据来吸引人，特别适用于电商标题，如："月销1000 万元的 ×× 产品"，不过现在这种标题应用过于频繁，且本身重点还是要以产品自身的优势为主，所以要尽量从分析消费者心态、目的的角度来设置夺眼球式标题。

2.3.4　趣味性标题

趣味性标题是指在标题中使用一些有趣、可爱的词语，让整个标题给人的感觉是轻松、欢快。

这种充满趣味性的标题会给读者营造一个愉悦的阅读氛围，因此就算文章中的内容是产品宣传的广告，也不会让读者很反感。图 2-29 所示即为趣味性标题案例。

▲ 图 2-29　趣味性软文标题

2.3.5　速成型标题

速成型标题是指从标题上给读者传递一种只要阅读了这篇文章就可以掌握某些技巧或者知识的信心，如图 2-30 所示。

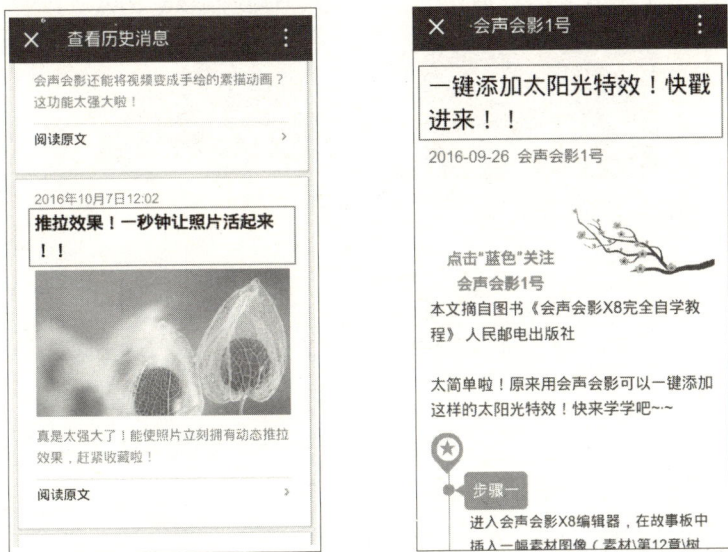

▲ 图 2-30　速成型软文标题

读者在看见这种速成型标题的时候会更有动力去阅读文章中的内容，因为他会觉得学会这个技能很简单，不用花费过多的时间和精力。

2.3.6　悬念式标题

人类天然具有好奇的本能，悬念式标题主要在这点上着力，一下子把读者的注意力抓住，让他们在寻求答案的过程中不自觉地产生兴趣。

悬念式标题是指将文章中最能够引起读者注意的内容，先在标题中做个铺垫，在读者心中埋下疑问，引起读者深思，从而去阅读文章内容，如图 2-31 所示。

悬念式标题的文章在人们的日常生活中运用得非常广泛，也非常受欢迎。人们在看电视、综艺节目的时候也会经常看到一些节目预告之类的广告，这些广告就会采取这种悬念式的标题引起观众的兴趣。利用悬念撰写标题的方法通常有四种，如图 2-32 所示。

悬念式标题主要目的是增加文章内容的可读性，因此微信公众号、APP 文章编辑需要注意的一点是，用了这种类型的标题之后，那么一定要确保文章里面的内容确实是能够让读者感到惊奇、有悬念的，不然就会引起读者的失望与不满，从而会让读者对公众号产生质疑，影响微信、APP 和自媒体平台在读者心中的美誉度。

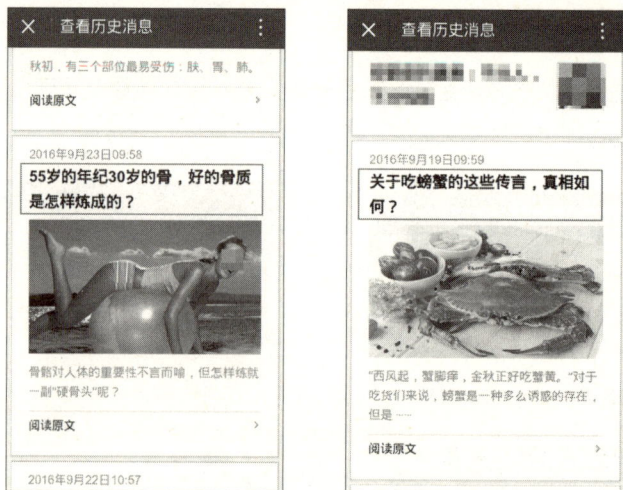

▲ 图 2-31　悬念式软文标题

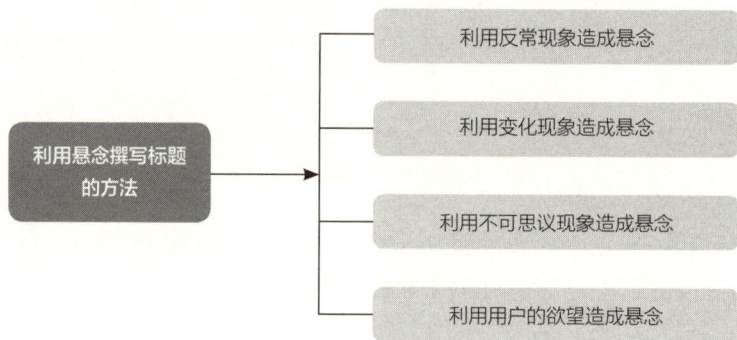

▲ 图 2-32　利用悬念撰写标题的方法

　　微信、APP和自媒体平台文章编辑者在设置悬念式标题之前，需要将答案设置好，然后根据答案再来设置悬念标题，不能只做"标题党"，要做到文章内容能符合标题情况，给读者一个满意的阅读体验。

解析

　　软文的悬念标题仅仅只是为了悬念，这样可以博取大众大概1～3次的眼球，很难长久，如果内容太无趣、无法达到软文引流的目的，那就是一篇失败的软文，会导致软文营销活动也随之泡汤。所以企业在设置悬念式标题的时候需要非常慎重，并且要有较强的逻辑性，切忌为了标题走钢索，而忘却了软文营销的目的和软文的质量。

2.3.7　警告式标题

　　警告式标题是一种有力量且严肃的标题，也就是用标题给人以警醒作用，警告式标题通常将以下 3 种内容移植到平台文章标题中，如图 2-33 所示。

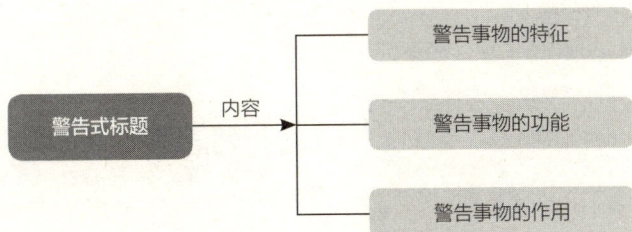

▲　图 2-33　警告式软文标题

　　警告式标题，常以发人深省的内容、严肃深沉的语调给读者以强烈的心理暗示，尤其是警告式的新闻标题，常常因图 2-34 所示的作用而被很多公众号、APP 文章撰写者所追捧和模仿。

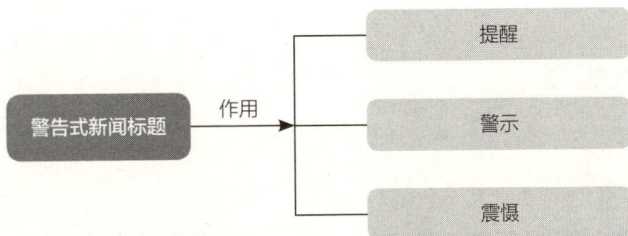

▲　图 2-34　警告式新闻标题的作用

> 📢 解析
>
> 　　微信、APP 和自媒体平台文章编辑者在运用警告式标题时需要注意运用的标题与文章是否相符，因为并不是每一篇文章都可以使用这种类型的标题的。
> 　　这种标题运用恰当，则能加分，起到其他标题无法替代的作用，运用不当的话，很容易让读者产生反感情绪或引起一些不必要的麻烦。因此，文章编辑者在使用警告式新闻标题的时候要谨慎小心，不可草率。

2.3.8　负面体标题

　　运用负面体标题的微信、APP 和自媒体平台文章并不是指传播负面能量，而是指在标题上揭示大众在某件事情上遇到的困难，然后再在标题上提出解决措施，用那些带有负面感的字眼给读者带来思考，然后和自己的实际情况进行比较，从而引发读者想要一窥究竟的欲望。图 2-35 所示即为负面体文章标题的案例。

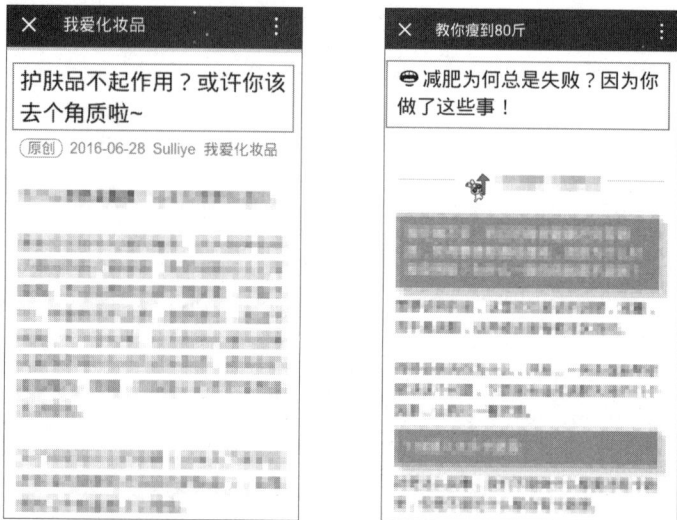

▲ 图 2-35　负面体软文标题

2.3.9　专业性标题

专业性标题是指在标题中嵌入某个方面的专业性词语，让文章看起来更加专业，传递专业价值，如图 2-36 所示。

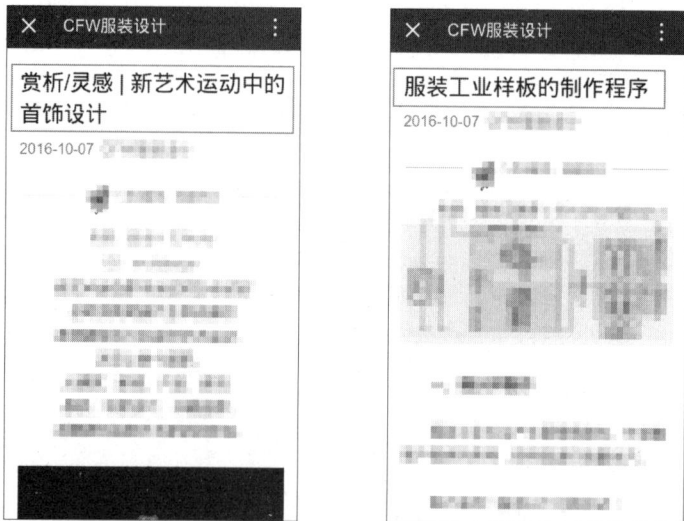

▲ 图 2-36　专业性软文标题

这种专业性标题能够吸引那些名词相关领域的读者，从而达到精准吸粉的目的，这样得来的读者群能够给微信号带来更大的价值，而且这种粉丝的追随度会比其他的粉丝更高。

但是这种专业性的标题相对于其他类型的标题来说，其关注度会偏低一点。因为其专业性使得其受众范围变小了，但是对微信公众号运营者来说也并不是一件坏事，宁缺毋滥，就是对这种现象最好的解释。

2.3.10 急迫感标题

很多人都会有或多或少的有一点拖延症，需要在他人的催促下才愿意动手做一件事。急迫感的文章标题就有一种类似于催促读者赶快阅读的意味在里面，它能够给读者传递一种紧迫感，让读者加快阅读文章的速度。文章编辑在使用急迫体写文章标题的时候，可以加上"赶快行动、过会儿就删"等词语，让读者产生现在不看等会儿就看不了的感觉。图 2-37 所示即为急迫感微信公众号文章标题的案例。

▲ 图 2-37 急迫感软文标题

2.3.11 本地化标题

本地化标题是指在标题写作时，带入当地的地名或者一些大都市的名称，这样就能吸引更多的读者去浏览。

本地化标题其实也带有一点借势的意味在里面，但它借的不是一时的社会热点，而是一个地名的知名度，以此引来大批对这个地方感兴趣的读者。

图 2-38 所示为本地化微信公众号文章标题的案例。

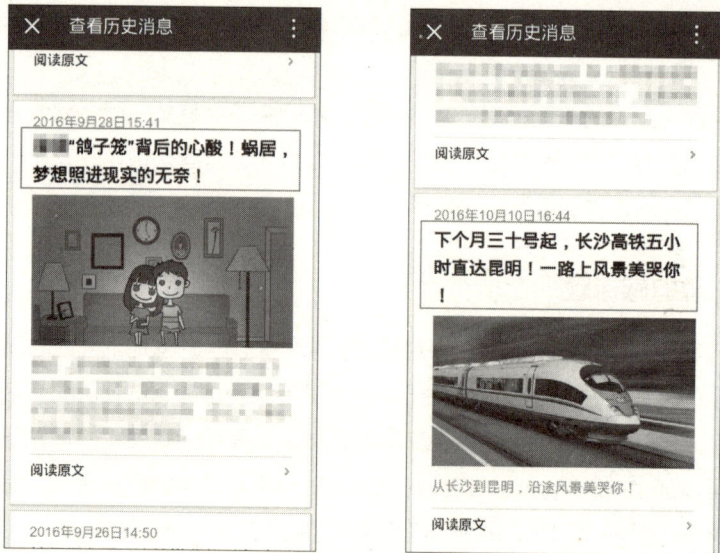

▲ 图 2-38　本地化软文标题

2.3.12　借势型标题

借势是一种常用的软文写作手法，而且借势完全是免费的。借势一般都是借助最新的热门事件，包括《大圣归来》上映、《花千骨》大结局等大软文事件。例如，在电影《捉妖记》热映之际，配合电影宣传的"胡巴公仔"刚推出便火爆热销。

借势型标题是指在文章标题上借助社会上一些时事热点、新闻的相关词汇来给文章造势，增加单击量。

时事热点拥有一大批关注者，而且传播的范围也会非常广，微信公众号、APP 文章的标题借助这些热点就可以让读者轻易地搜索到该篇文章，从而吸引读者去阅读文章里的内容。

跟名人搭边的任何事情，都会引起大众的关注，不管是他们的工作、生活还是他们的兴趣等。如果企业所写的软文主题和名人能搭上关系的话，就能借着名人的知名度，进行一场明星效应风暴，不说有很多人会关注，单单明星粉丝就绝不会放过与他们偶像相关的任何报道。

但是，微信公众号、APP 文章编辑者在采用借势型标题的时候需要注意热点的时效性，要在人们对这一热点关注度最早或者最高的时候将其加入到自己的文章标题中去，这样才能达到最好的借势效果。等到热点过去了再推送这种借势型标题的文章，这效果肯定不佳。iPhone7 上市，电视剧《微微一笑很倾城》大火，如图 2-39 所示，即为借它们的热度编写的借势型标题的案例。

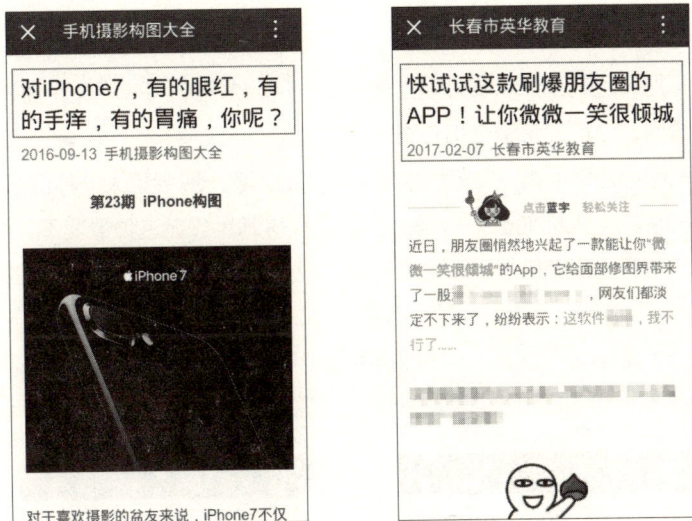

▲ 图 2-39　借势型软文标题

2.3.13　新闻式标题

新闻式标题一般都是比较正规且权威的，常见的新闻式标题有单行、双行等多种形式，只要清楚描述时间、地点、人物等几个基本的要素即可，如图 2-40 所示。

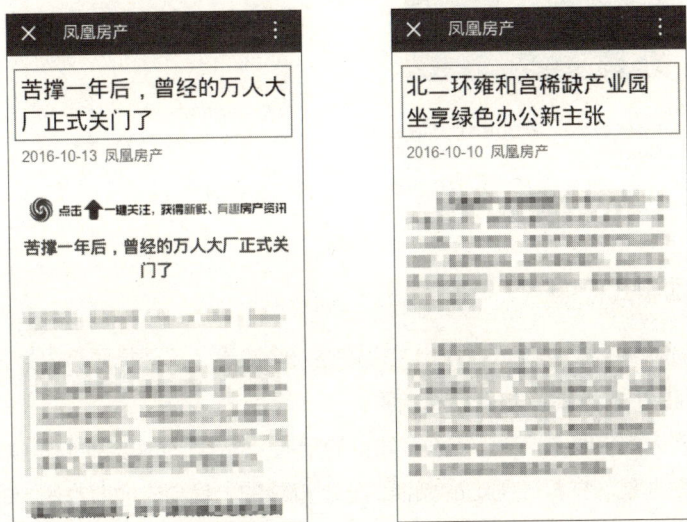

▲ 图 2-40　新闻式软文标题

新闻式标题的特点是"一针见血，具有权威性"，这样编辑出来的文章可以放在网站的"企业新闻"或是"行业新闻"等类似的栏目中，就会显得很有权威性。

2.3.14　独家性标题

独家性标题，也就是从软文标题上体现出一种公众号、APP 平台所提供的信息是独有的珍贵资源，值得读者单击和转发的感觉。

从大众的心理方面而言，独家性标题所代表的内容一般会给人一种自己率先获知、别人所没有的感觉，因而能够在心理上更容易获得满足。在这种情况下，好为人师和想要炫耀的心理驱使读者自然而然地去转发，成为微信公众号、APP 潜在的传播源和发散地。

这一类标题往往以"独家""内部指南""探秘"等为吸睛点，如图 2-41 所示，吸引相关读者去阅读，并最终实现其在吸粉方面的营销目的。

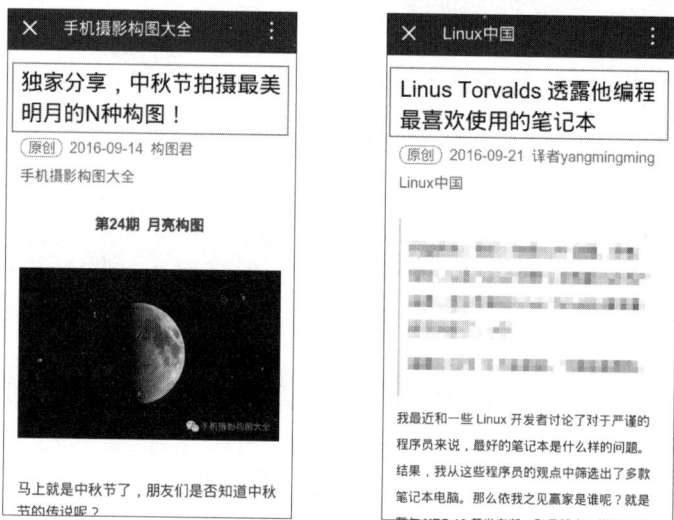

▲ 图 2-41　独家性软文标题

2.3.15　励志式标题

励志式标题实际上就是从自身出发来讲述一个故事，这个标题可以让企业现身说法，讲述成功背后的辛酸、成功的秘诀等。

如今很多人都想致富，却苦于没有致富的定位，而这个时候给他们看励志式软文，让他们知道企业是怎样打破困难的枷锁，走上巅峰的，就会让他们对他人的故事感到特别好奇，从而使这个标题的结构看起来很吸引人。励志式标题模板有两种，一种为"_____ 是如何使我 _____ 的。"

示例：

一个"傻瓜绝技"是如何使我成为成功的销售人员的

一个简单的点子是如何使我成为公司经理的

另一种模板为"我是如何 ＿＿＿＿＿＿ 的。"

示例：

在销售中我是如何从失败中奋起，进而走向成功的

我是如何将一个问题企业变成我的个人财富的

当然模板总归是模板，并不是一定要按照模板出牌，只要能想出更好的点子，也可以使用，如"他53岁开始学习英语，成效惊人""她是如何进入渣打银行工作的？3天，迅速拿到外企offer！"等，下面就来欣赏两则励志式标题，如图2-42所示。

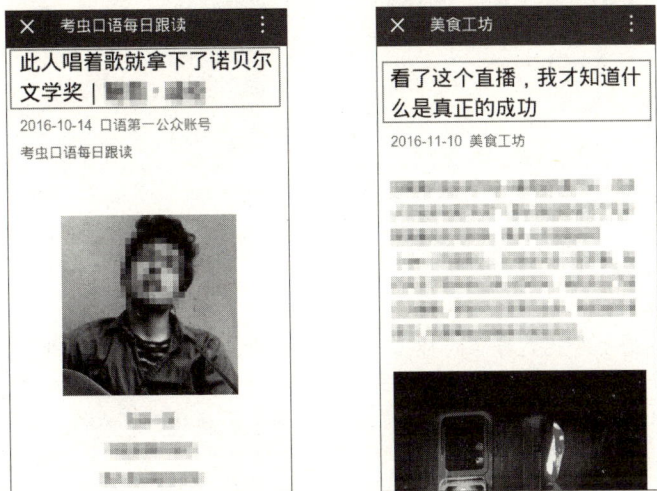

▲ 图2-42 励志式软文标题

上图中的两则励志式标题，拿"获得诺贝尔文学奖"和"获得真正的成功"作为人生成功的效果，为有志之士提供参考。

2.3.16 对比式标题

对比式标题是通过与竞争对手同类产品进行的对比，来突出自己产品的优点，加深读者对产品的认识，如"国内'三大搜索'：三国鼎立or蜀吴曹操""诺基亚的今天难道会是小米的明天""做工和体验才是重点 小米4对比锤子手机"等。

在对比式文章标题中，文章编辑还可以加入其他类型的标题创作方法，这样能使得标题更具吸引力。

例如，加入悬念式标题的手法，能更加突显出标题的特色，吸引读者的注意力，如我国台湾地区的中兴百货的平面海报广告《思想的天使，肉体的魔鬼》《上海只适合XX，不适合XX》等，都是既用了对比，又有悬念，很符合当代消费者的口味。图

2-43 所示为两个对比式微信公众号文章的标题。

▲ 图2-43　对比式软文标题

专家提醒

　　企业在运用对比式标题的时候，一定要注意文中内容要与标题相符合，不能只夸自己产品的优点，一定也要指出对方产品的优点，然后再在对方优点的基础上，指出自身产品的可行之处，方能成为一篇实实在在对比式微信公众平台上的成功文章。

2.3.17　经验式标题

　　在生活中经验式标题特别受读者喜爱，因为读者以带有目的性的姿态去阅读软文，想在软文中吸取某一方面的经验和总结，以达到提高自身能力的目的。

　　这种类型的文章标题对文章编辑者逻辑性的要求很高，通过对大量文章的阅读对比给读者一个眼前一亮的结果，简单而明了，读过之后可以少走很多弯路。

　　另外，需要注意的是，经验式标题下的文章内容，需要具有一定的权威性以及学术性，或者至少经验性较强，切忌出现大量的抄袭，或者是出现在外面随便就能找到的内容。

　　例如，"中国目前十大高新行业排行榜""女人一生一定要做的20件事""必备！5大澳大利亚留学必下APP""创业者什么钱不能拿"，这类标题一般属于经验分享式的软文，吸引人的地方就在于经验大放送、总结归纳性，这是很多读者所喜欢的。如图2-44所示为经验式软文标题案例。

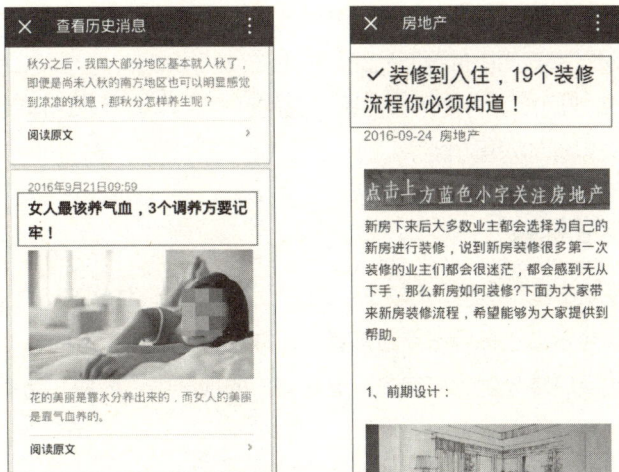

▲ 图 2-44　经验式软文标题

2.3.18　提示式标题

提示式标题，是以劝勉、叮咛、希望等口气来拟定标题，目的在于催促读者采取相应的行动。例如，某软件的标题《Ryver：你应该使用它替代 Slack》，如图 2-45 所示。

▲ 图 2-45　提示式软文标题

这一类标题容易让人产生共鸣，但是需要注意的是在写作这类标题时要绝对谨慎，否则容易引起读者反感。

提示式标题兼具多种优点，主要有以下 3 点：

- 标题主动地劝说或强烈暗示读者去做或去思考某些事情；
- 标题一般直接言明所推荐产品的某种用途或使用方法；
- 标题直接或间接地将使用该品牌产品的利益告诉读者，这样就具有了动之以情、晓之以理的双重功能。

2.3.19 白话式标题

白话式标题就是直奔主题，把软文中的核心主题直接陈述出来，直接把企业品牌、产品以及主打的内容通过标题透露给读者，这样既可以节省读者的浏览时间，又可以使企业的产品或品牌曝光到目标客户或潜在客户的视野中，增加产品销量、品牌关注度、企业美誉度。

下面就来欣赏白话式标题，如图 2-46 所示。

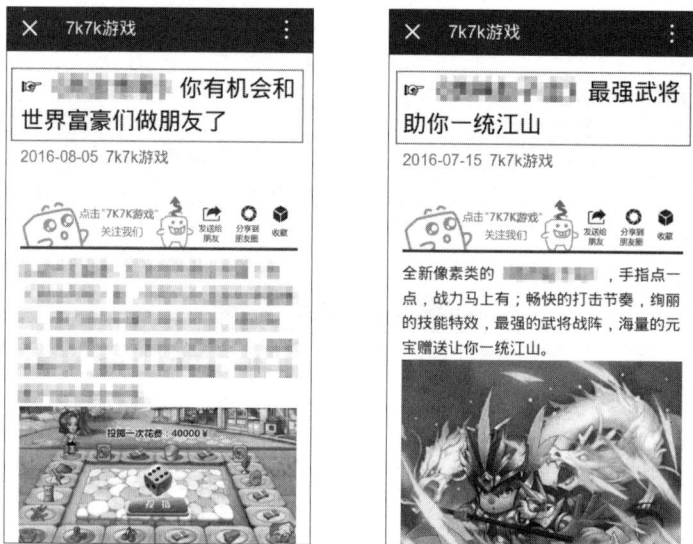

▲ 图 2-46 白话式软文标题

> **专家提醒**
>
> 白话式标题比较适合有一些知名度的企业使用，针对小型企业，如果想要采用白话式标题，则应选用与自己产品相符合的知名度较大品牌的产品做标题内容的主语来进行陈述，或者将热门话题演变成自己的标题。

2.3.20 隐喻式标题

隐喻式标题是以消费者为核心，利用比喻的修辞方法，使标题增加新意，加深读者的印象，引起读者的好感。

隐喻多借助人的本身知识、修养、情操等，对软文标题进行合理的想象与发挥，提高读者的意境，例如，某软文标题《欧美系开架彩妆，这些是平价中的 ×××？！》，用"战斗机"来隐喻避开化妆品开架货雷区的质优价廉的单品，形象生动，可为有这方面需求的读者提供实用性的参考和借鉴，还有《又一 ×× 要倒下！寒冬，真的来了！》等，如图 2-47 所示。

▲ 图 2-47　隐喻式软文标题

2.3.21　观点式标题

所谓的观点式标题，是以表达观点为核心的一种标题撰写形式，一般会在标题上精准到人，会将人名放置在标题上，在人名的后面会紧接着对某件事的个人观点或看法，下面就来看几种观点式标题的常用模式：

- "某某认为 _____"
- "某某称 _____"
- "某某指出 _____"
- "某某资深 _____，他认为 _____"
- "某某：_____"

下面就来欣赏观点式标题案例，如图 2-48 所示。

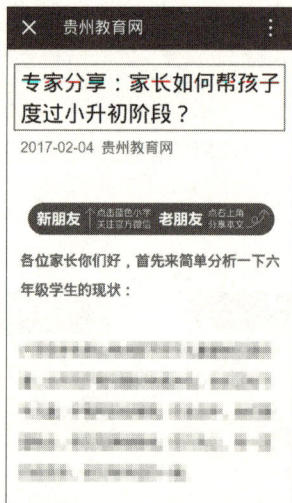

▲ 图 2-48　观点式标题案例

2.3.22　建议式标题

所谓"建议式标题"，就是文章编辑者在标题中向读者传递一种做某事应该采取的方法的建议，这种标题能让读者一目了然地知道文章中的主体内容，并且以传递知识为噱头，吸引读者的注意力。图 2-49 所示为一些很常见的建议式微信公众号文章的标题。

▲ 图 2-49　建议式软文标题

2.3.23　指导式标题

　　所谓指导式标题，就是针对某一个具体的事情，给出一定的解决问题的建议、方法。这类标题会扣上"怎样""某某的养成之道""方法"之类的字眼，这一类标题能吸引大部分的新人或者对未知领域感兴趣的读者的目光。

　　微信、APP 和自媒体平台文章的编辑者在编写这类标题时需要注意内容的专业性，广告插入要适当，排除硬广植入的情况；不要产生直接复制粘贴别人文章的行为，这样才可编写出一个优秀的指导式标题。

　　图 2-50 所示为指导式微信公众号文章标题的案例。

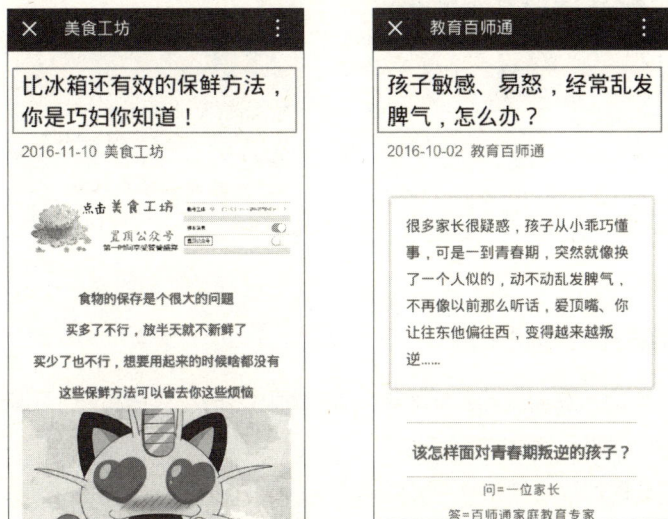

▲ 图 2-50　指导式标题案例

> 💡 **专家提醒**
>
> 　　指导式标题的设置会让读者觉得文章广告性比较弱，从而不会太过于排斥，对于企业来说，是一种很不错的微信公众号、APP 文章标题的类型。

2.3.24　鼓舞式标题

　　鼓舞式标题是用鼓动性的词句，来号召人们快做出购买或行动决定的标题。此类标题，文字要有力量，能起暗示作用，且易于记忆，使消费者易于接受广告宣传的鼓动，产生购买行为。

　　鼓舞式标题在文学修辞上，应力求婉转，以回避一般人都不愿受他人支配的心理特点。

下面来看几种鼓舞式标题案例，如图 2-51 所示。

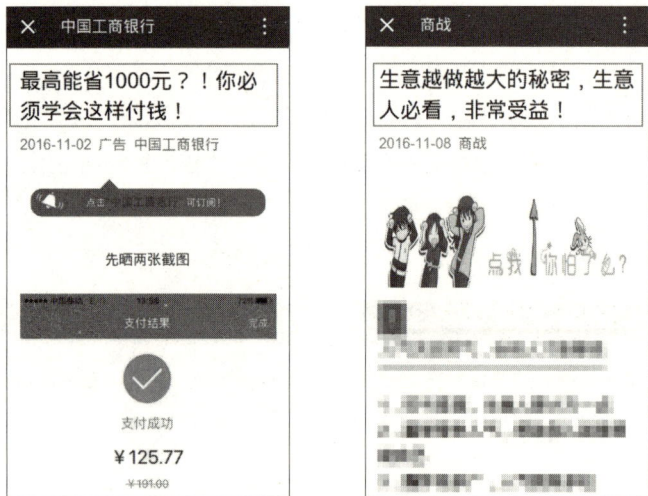

▲ 图 2-51 鼓舞式标题案例

2.3.25 半遮掩式标题

半遮掩式标题是在通过标题向读者传递文章内容时，只透露一点不说完全，给读者留下小悬念，以吸引读者的阅读兴趣。

半遮掩式标题给读者的是一种犹抱琵琶半遮面的感觉，又如雾里看花，朦朦胧胧。这样更能引起读者继续阅读的欲望。图 2-52 所示为半遮掩式软文标题的案例。

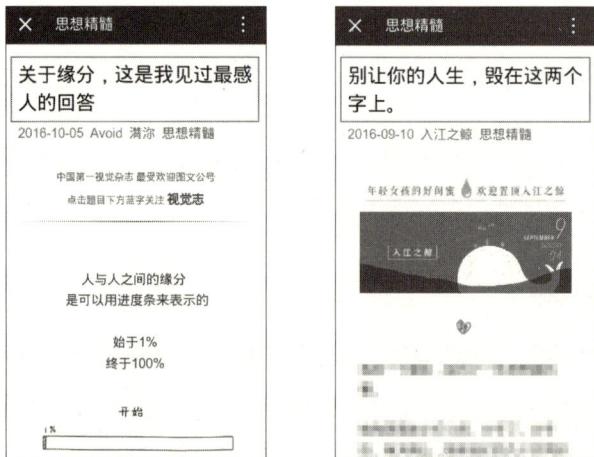

▲ 图 2-52 半遮掩式软文标题

2.3.26　揭露真相式标题

揭露真相式标题是指为读者揭露某件事物或人隐藏的不为人知的秘密的一种标题模式。大部分人都会有一种好奇心或八卦心理，而这种标题则恰好可以抓住读者的这种心理。这种标题能给读者传递一种莫名的兴奋感，能充分引起读者的兴趣。

微信、APP 和自媒体平台软文的编辑者可以利用这种标题做一个长期的专题，从而达到一段时间内或者长期凝聚读者的目的。

图 2-53 所示为揭露真相式软文标题的案例。

▲ 图 2-53　揭露真相式软文标题

第 3 章

正文：
内容是吸留用户的核心因素

学前提示

　　在了解了软文标题的写法及技巧，并顺利地拟定了一个好的软文标题后，接下来就是撰写软文正文了。

　　要写好软文正文，除了需要掌握其内容的表现形式和写作形式之外，还需掌握软文正文的表现技巧。

要点展示

>> 100000+ 内容的 6 种表现形式
>> 100000+ 内容的 10 种写作形式
>> 100000+ 内容的 15 个表现技巧

3.1　100000+ 内容的 6 种表现形式

　　微信、APP 和自媒体平台在编辑正文的时候，其发布编辑的文章内容的形式可以是多样的，而且，这些形式每一样都拥有独属于自己的特色，是其他形式所不可比拟的。因此，微信、APP 和自媒体平台运营者，要将每种形式都掌握。

　　微信、APP 和自媒体平台用来发布正文的这些不同的形式，能给读者带来不同的阅读体验，丰富读者的阅读生活。笔者总结了微信、APP 和自媒体平台发布正文的形式，包括图 3-1 所示的 6 种形式。

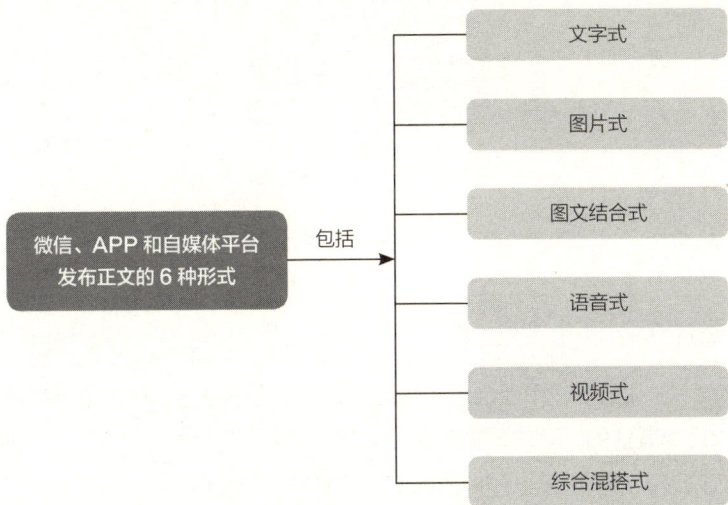

▲　图 3-1　微信、APP 和自媒体平台发布正文的 6 种形式

3.1.1　文字式

　　文字式的微信、APP 和自媒体平台正文指的是整篇文章，除了那些邀请读者关注该微信、APP 和自媒体平台的图片或者是文章尾部的该微信、APP 和自媒体平台的二维码图片之外，文章要表达的内容都是用纯文字描述，没有嵌入一张图片。

　　在微信、APP 和自媒体平台上，有这种形式的正文存在，但不是特别常见。因为这种形式的正文字数很多，篇幅很长，非常容易引起读者的阅读疲劳以及读者的抵触心理。所以，微信公众号、APP 和自媒体平台经营者在推送文章的时候，应尽量少用这种形式来传递正文。

　　图 3-2 所示为微信、APP 和自媒体平台推送的纯文字形式来传递软文正文内容的案例。

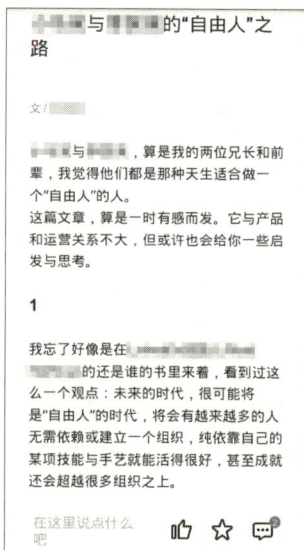

▲ 图 3-2　文字形式传递微信公众平台正文

3.1.2　图片式

微信、APP 和自媒体平台推送的图片形式的正文指的是，在整篇软文中，其正文内容都是以图片表达的，没有文字或者文字已经包含在图片里面了。图 3-3 所示为"微展"微信公众号推送的一篇以图片形式传递正文的文章案例。

▲ 图 3-3　图片形式传递微信公众平台正文

3.1.3 图文结合式

图文结合式，其实就是将图片跟文字相结合的一种形式。微信、APP 和自媒体平台正文的呈现形式可以是一张图，也可以是多张图，这两种不同的图文形式，呈现出的效果也是不一样的。如果微信、APP 和自媒体平台发布的是一张图的信消息，那么点开文章，可以看见的是一张图片配一篇文字，图 3-4 所示为插入一张图的软文正文。

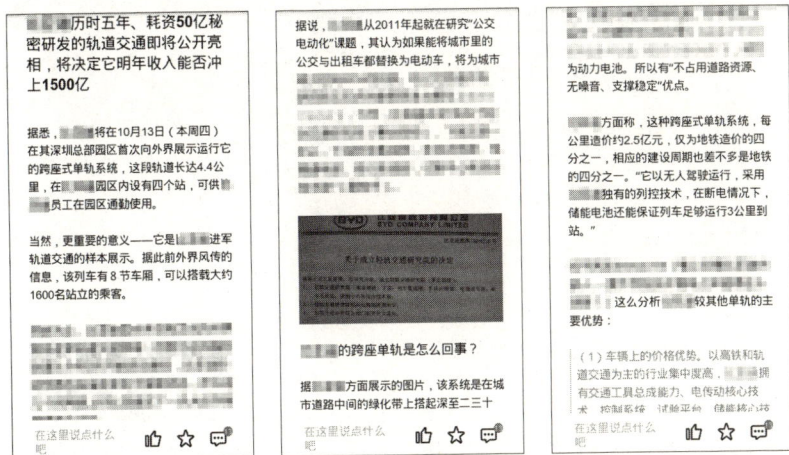

▲ 图 3-4　插入一张图的软文正文

如果微信、APP 和自媒体平台发布的是多张图的信息，那么点开文章看见的就是一篇文章配多张图片。图 3-5 所示为"风光摄影"公众号推送的多张图呈现的软文正文。

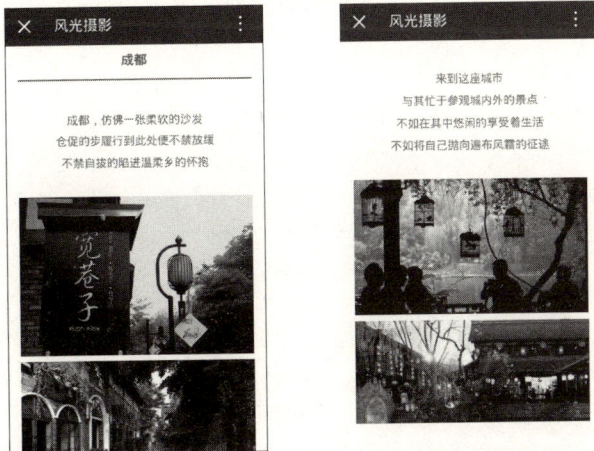

▲ 图 3-5　"风光摄影"公众号推送的多张图呈现软文正文

3.1.4 语音式

语音式传递微信、APP 和自媒体平台正文，是指平台运营者将自己想要向读者传递的信息通过语音的形式发送到平台上。这种形式可以拉近与读者的距离，使读者感觉更亲切。图3-6所示为微信公众号"罗辑思维"以语音形式传递微信公众平台正文的案例。

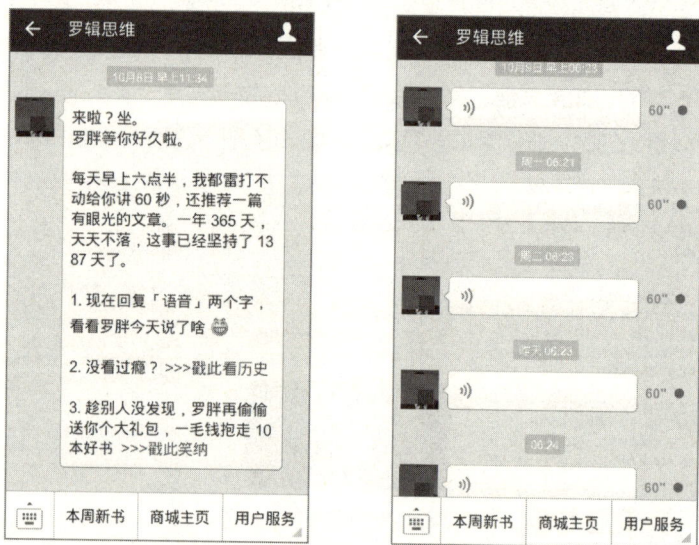

▲ 图3-6 微信公众号"罗辑思维"以语音形式传递正文的案例

关于语音这一内容表现形式，微信、APP和自媒体平台的运营者可以先将语音录到电脑里，然后再进行上传。微信公众平台的"新建语音"页面如图3-7所示。

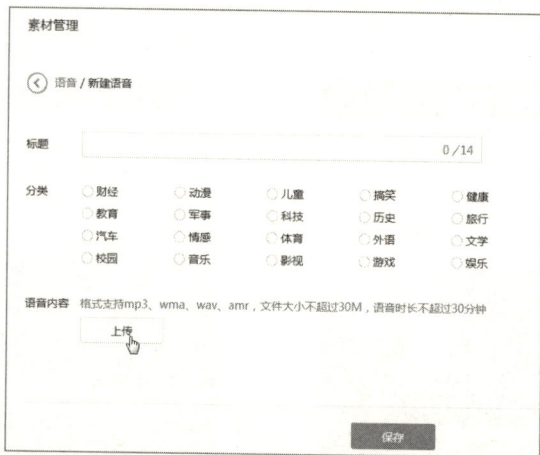

▲ 图3-7 "新建语音"页面

3.1.5 视频式

通过视频形式传递微信、APP和自媒体平台正文是指各大商家可以把自己要宣传的卖点拍摄成视频，发送给广大用户群。它是当下很热门的一种传递微信、APP和自媒体平台正文的形式。

相比文字和图片，视频更具备即视感和吸引力，能在第一时间快速地抓住受众的眼球，从而达到理想的宣传效果。以微信公众平台"一条"为例，它每天都会为用户推送一条 3 分钟左右的原创视频，图 3-8 所示即为"一条"推送的视频内容。

▲ 图 3-8　微信公众号"一条"以视频形式传递正文

微信公众号运营者可以将想要发布的视频上传到微信公众平台上，然后保存到素材库中，在发布视频的时候选择"从素材库中选择"的选项，或者将视频保存到电脑中，然后通过"新建视频"选项来添加视频。"添加视频"的页面如图 3-9 所示。

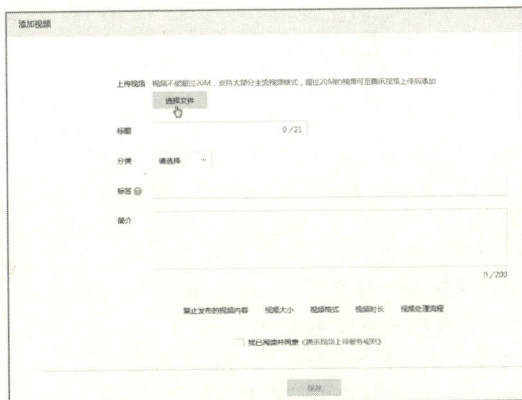

▲ 图 3-9　"添加视频"页面

3.1.6　综合混搭式

微信、APP 和自媒体平台运营者除了可以运用上述几种类型的方法向读者传递微信公众平台正文之外，还有一种形式用于传递平台正文也是非常不错的，那就是综合混搭式。

　　顾名思义，综合混搭式就是将上述传递平台正文的5种形式中的一部分综合起来，运用在一篇文章里。

　　这种形式可谓是集几种形式的特色于一身，兼众家之所长。这种形式能够给读者最极致的阅读体验，让读者在阅读文章的时候不会感觉到枯燥乏味。运用这种形式传递微信公众平台的正文也能够为自己的平台吸引更多的读者，提高平台粉丝的数量。

　　图3-10所示为英语口语教学为主的微信公众号"考虫口语每日跟读"使用综合形式传递微信公众平台正文的案例。

▲ 图3-10　"考虫口语每日跟读"以综合形式传递软文正文

💡 专家提醒

　　需要注意的一点是，微信、APP和自媒体平台以综合形式向读者传递正文内容并不是指在一篇文章中要出现所有的形式，而是只要包含3种或者3种以上形式就可以被称为是以综合形式传递正文。

　　就目前而言，将每种形式都包含在一篇文章里面的微信公众平台还比较少，但一篇文章中包含3种或者3种以上形式还是比较常见的。

3.2　100000+ 内容的10种写作形式

　　一篇软文，无论形式如何变化，软文在根本上还是文章，文章的一些写作形式对于软文也是通用的。比如，软文的正文有故事式正文，也有新闻式正文等。根据软文素材和软文作者写软文的思路的不同，软文正文的形式也有不同。

3.2.1 新闻式

新闻式正文，是指通过模仿新闻媒体的口吻，进行正文的撰写。例如，公司内的大事、公益事业，都可以通过新闻式的正文形式写出来进行发布。

在互联网时代，新闻式正文的主要特点是能够进行二次传播，也就是企业的新闻软文发布出来后，很容易被其他的网站或者平台进行转载，这就是新闻式正文的二次传播特性。

新闻式正文有很多的特点，正是由于这些特点的存在，才使得新闻式正文一直备受欢迎，如图 3-11 所示。

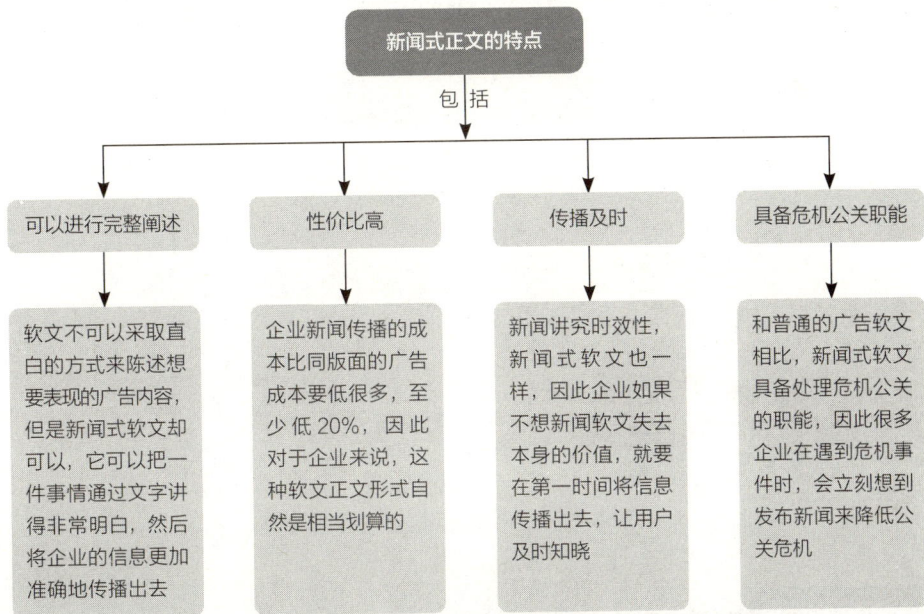

```
                    ┌──────────────────┐
                    │  新闻式正文的特点  │
                    └──────────────────┘
                           包 括
```

可以进行完整阐述	性价比高	传播及时	具备危机公关职能
软文不可以采取直白的方式来陈述想要表现的广告内容，但是新闻式软文却可以，它可以把一件事情通过文字讲得非常明白，然后将企业的信息更加准确地传播出去	企业新闻传播的成本比同版面的广告成本要低很多，至少低 20%，因此对于企业来说，这种软文正文形式自然是相当划算的	新闻讲究时效性，新闻式软文也一样，因此企业如果不想新闻软文失去本身的价值，就要在第一时间将信息传播出去，让用户及时知晓	和普通的广告软文相比，新闻式软文具备处理危机公关的职能，因此很多企业在遇到危机事件时，会立刻想到发布新闻来降低公关危机

▲ 图 3-11 新闻式正文的特点

新闻式软文是一种比较常用的写作手段，主要用来报道企业新闻、动态消息、杰出人物。一般来说，新闻式软文是一种准确、及时而又普遍的写作方式，它要求报道周围的人、周围的事。企业撰写新闻式软文的初衷是"既然做了就要说，并且一定要说出去，让很多人知道"。

对一般企业来说，通过新闻式软文能够扎根于基层、来源于基层、服务于基层，如今不管是中小型企业还是个人组织抑或是网站，都开始像大型企业一样，具有了宣传意识，也逐渐地发现了宣传的重要性。

于是企业开始将自己的动态、消息、人物及时向社会宣传，从而达到获得一定的关注度和知名度的目的。

3.2.2 故事式

故事类的公众平台正文是一种容易被用户接受的正文题材。一篇好的故事式正文，很容易让读者记忆深刻，拉近品牌与用户之间的距离，生动的故事容易让读者产生代入感，对故事中的情节和人物也会产生向往之情，企业如果能写出一篇好的故事式正文，就会很容易找到潜在客户和提高企业信誉度。

对于文章编辑者来说，如何打造一篇完美的故事式文章呢？首先需要确定的是产品的特色，将产品关键词提炼出来，然后将产品关键词放到故事线索中，贯穿全文，让读者读完之后印象深刻。同时，故事类的正文写作最好满足以下的两个要点，如图3-12所示。

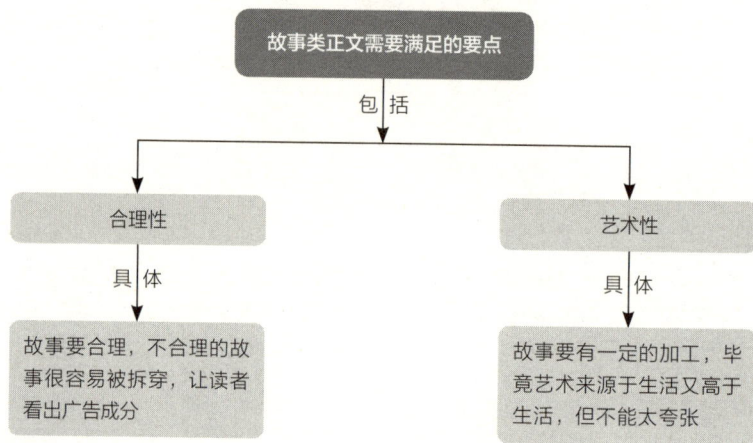

▲ 图3-12 故事类正文需要满足的要点

💡 专家提醒

　　当企业要对某种产品进行公众平台软广告植入文章营销的时候，可以根据企业的目标自编一个故事，在合情合理的前提下，将产品巧妙地融入故事中。

3.2.3 悬念式

所谓悬念，就是人们常说的"卖关子"。设置悬念是常用的一种写作手段。作者通过悬念的设置，激发读者丰富的想象和阅读兴趣，从而达到写作目的。

正文的悬念型布局方式，指的是在正文的故事情节、人物命运进展到关键时设置疑团，不及时作答，而是在后面的情节发展中慢慢解开，或是在描述某一奇怪现象时不急于说出产生这种现象的原因。这种方式能使读者产生急切的期盼心理。

也就是说，悬念式正文就是将悬念设置好，然后嵌入到情节发展中，让读者自己去猜测，去关注，等到吸引了受众的注意后，再将答案公布出来。制造悬念通常有三种常用方法，具体如图 3-13 所示。

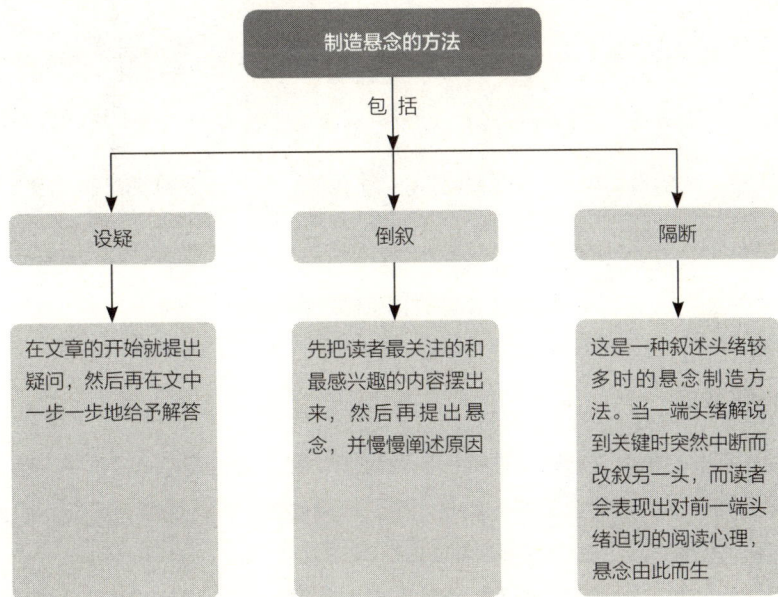

制造悬念的方法

包 括

设疑	倒叙	隔断
在文章的开始就提出疑问，然后再在文中一步一步地给予解答	先把读者最关注的和最感兴趣的内容摆出来，然后再提出悬念，并慢慢阐述原因	这是一种叙述头绪较多时的悬念制造方法。当一端头绪解说到关键时突然中断而改叙另一头，而读者会表现出对前一端头绪迫切的阅读心理，悬念由此而生

▲ 图 3-13 制造悬念的方法

💡 专家提醒

悬念式的软文写作要懂得分寸，问题和答案也要符合常识，不能让人一看就觉得很假。此外，广告嵌入要自然，不会让人觉得反感。

3.2.4 逆思维式

逆向思维就是要敢于"反其道而思之"，让思维向对立面的方向发展，从问题的反面深入地进行探索，树立新思想，创立新形象。

逆向思维式的微信公众平台正文的写作指的是不按照大家惯用的思维方法去写文章，而是采用反向思维的方法去进行思考、探索。人们的惯性思维是按事情的正常发展方向去思考某一件事情，并且寻找该事情的解决措施。但是，有时候换一种思考方向可能事情会更容易解决。

公众平台文章编辑者在写作逆思维式正文时，有 3 种逆向思维方式可以参考，具体如图 3-14 所示。

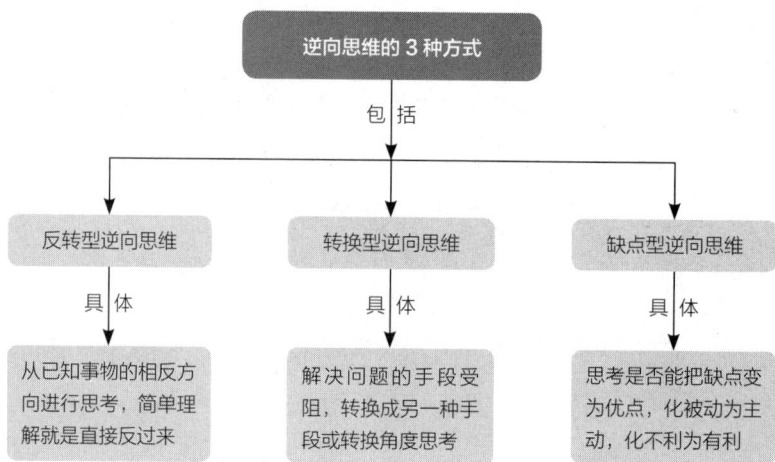

▲ 图 3-14　逆向思维的 3 种方式

3.2.5　创意式

企业从不同的角度进行软文营销的创意写作，可以增加读者的新鲜感。读者一般看到不常见的事物，往往会花费一点时间来"摸清底细"，从而就有可能耐心地通读软文正文，为营销的实现提供很好的助力。

创意式软文的写作，可以通过多种形式来实现。其中，制造商品热卖和紧俏场景、剑走偏锋就是比较有效的方法。关于这两种创意式软文写作形式，具体内容如下。

1. 制造商品热卖场景

"羊群效果""抢"都是如今人们购买商品的特点之一，人们都喜欢跟风，看到哪里人多就会去哪里瞧、望，热卖的东西人们喜欢跟着抢，很多人说好的东西就相信是好的，这是很明显的从众和跟风心理。

所以，**企业可以抓住这些心理，打造体现热卖情景的软文正文，以吸引消费者的眼球呢。用软文撰写出真实的情景、热烈的氛围，营造出产品热销甚至断货的感觉，让消费者在热潮中产生购买冲动和迫切感。**

图 3-15 所示即为一篇制造热卖场景的软文正文。

2. 剑走偏锋

如今，有很多销售行业，为了在偌大的软文营销市场里脱颖而出，就使用了剑走偏锋的形式，来谋取读者的注意力。

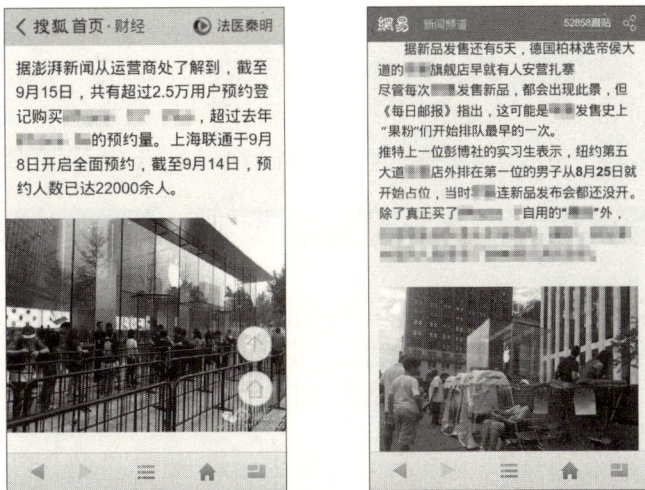

▲ 图 3-15 制造商品热卖情景式软文

剑走偏锋本是剑法评述语。剑与刀的外形虽相似，但因重量不同，招法亦不同：刀身宽厚沉重，刀法以静为主，以后发为主，以守为主。用刀者讲求步法扎实，招式稳重。

剑身细长轻盈，剑法以快为主，先入为主，以攻为主，用剑者讲求身法灵动，招式精奇，讲究奇招制胜。简单说就是：刀招沉猛，剑法轻灵。即便是讲求轻灵的剑法，通常也是以正面攻防为主，闪避游斗为辅。

如果一味讲究奇与偏，也许一下子能让对手手忙脚乱，但总体攻击力有限，时间一长往往处于下风，这样就被称为剑走偏锋。

可以看出，剑走偏锋本是贬义。但随着时代发展，现代社会讲求个性，剑走偏锋的引申义就由贬义向中性甚至褒义方向发展了。不走常规，找一些新的、不同以往的办法来解决问题，以求出奇制胜，这就是现在剑走偏锋的意义。

在软文写作中也是如此，在读者和消费者已经对于如同潮水一般的软文营销有了审美疲劳的时候，就需要想办法给读者和消费者一针强心剂，而剑走偏锋的创意写作，就是最具效果的。

值得注意的是，虽然剑走偏锋的形式具有能吸引到无数的目光的特性，且不说产品销售率是否提高，至少能成功地将软文推广出去，但这种软文写作方法还是要慎用，一不注意，很有可能产生负面效果。

3.2.6 疑团式

疑团式的正文写作形式，是指在描述一个完整的故事时，在开头或关键点通过设置疑团不做解答的方式来布局正文，借以激发读者的阅读兴趣。

疑团式布局的核心是提出一个问题，并且需要提炼一到两个产品的神秘卖点，围绕提出的问题自问自答，需要注意的是回答问题时不能一次性就说完，要根据进度慢慢抖包袱，使读者产生急切的期盼心理，在适当的时机揭开谜底，如图 3-16 所示。

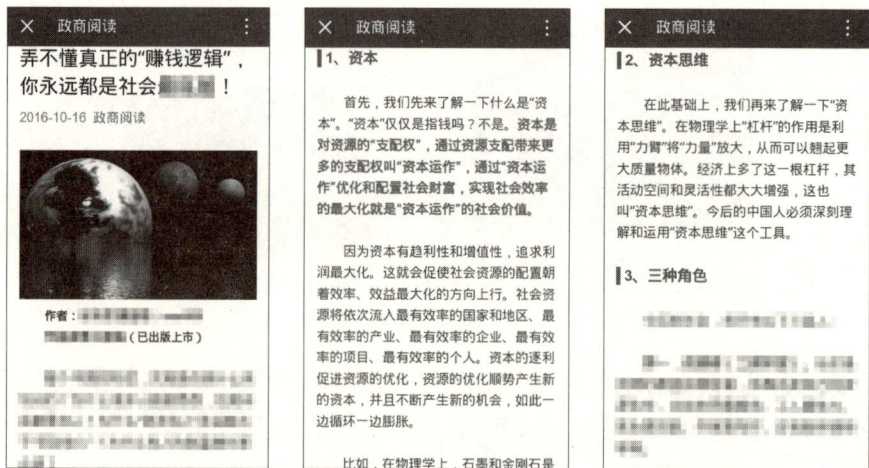

（1）提出疑团　　　　　（2）了解"资本"　　（3）了解"资本思维"和"三种角色"

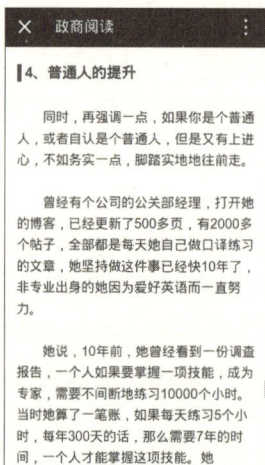

（4）了解"普通人的提升"　　　　　（5）得出结论

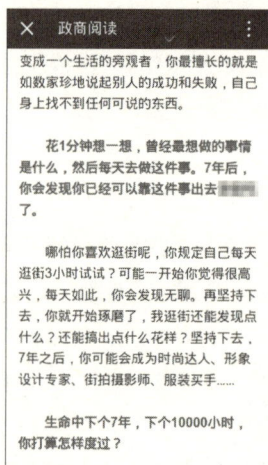

▲　图 3-16　疑团式布局正文

💡 **专家提醒**

通过疑团引起话题和关注是这种文章的优势。但是必须要掌握火候，提出的问题一定要有吸引力，答案要符合常识，不能作茧自缚、漏洞百出。

疑团式布局软文虽然很容易引起读者的注意，可是该怎样才能做到将软文写成说一半留一半，并且还能勾起读者的阅读兴趣呢？其实要做到这一点并不难，只要沿着正确的方向，按照合理的步骤进行下去即可，如图 3-17 所示。

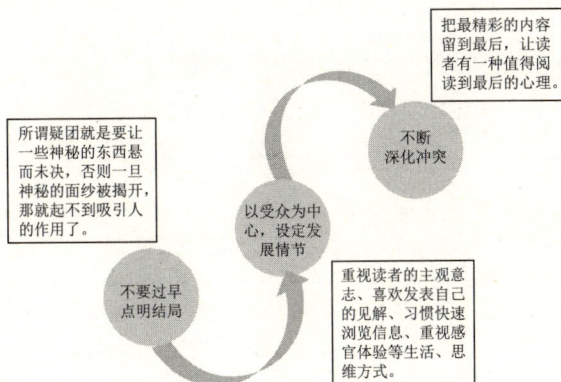

把最精彩的内容留到最后，让读者有一种值得阅读到最后的心理。

所谓疑团就是要让一些神秘的东西悬而未决，否则一旦神秘的面纱被揭开，那就起不到吸引人的作用了。

以受众为中心，设定发展情节

不断深化冲突

不要过早点明结局

重视读者的主观意志、喜欢发表自己的见解、习惯快速浏览信息、重视感官体验等生活、思维方式。

▲ 图 3-17 疑团式正文的写作步骤

3.2.7 层递式

层递式正文布局的优点是逻辑严谨，思维严密，按照某种顺序将内容一步步地铺排，给人一气呵成的畅快感觉。但是层层递进型的正文布局的缺点也很明显，那就是对于主题的推出不够迅速，如果开头不能吸引读者，那后面的内容也就失去了存在的意义。

层递式正文布局，其着重点就在于其层递关系的呈现。论述时的层递主要表现如图 3-18 所示。

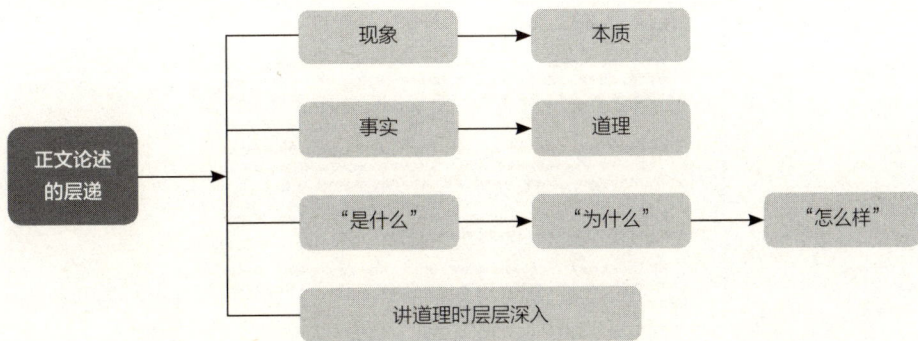

正文论述的层递 → 现象 → 本质

事实 → 道理

"是什么" → "为什么" → "怎么样"

讲道理时层层深入

▲ 图 3-18 软文正文的层层递进布局分析

由此可见，这种正文布局形式适合于论证式的软文，层层深入、步步推进的论证格局能够增加这类软文的表现力。运用层递式结构要注意内容之间的前后逻辑关系，绝不可随意地颠倒顺序。层层递进型的正文布局对于说明某些问题，非常有效。

图 3-19 所示即为一篇论述时层层深入的以层递式布局正文的软文。

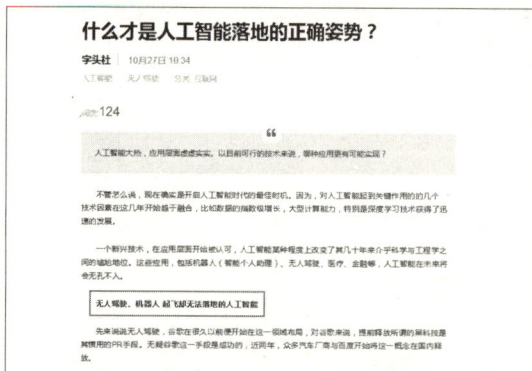

（1）

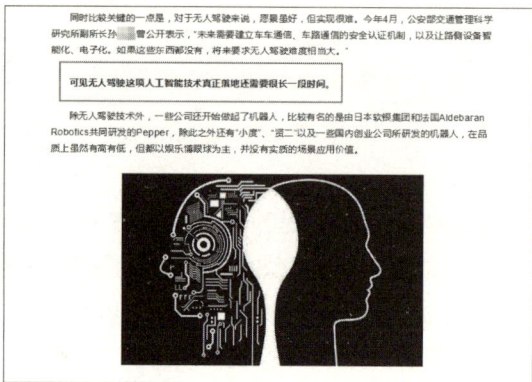

（2）

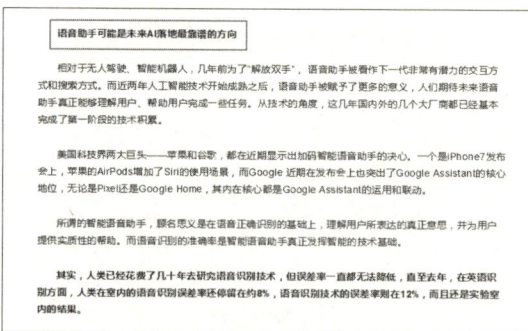

（3）

▲ 图 3-19　层递式正文写作

3.2.8　倒置式

倒置式布局，相当于记叙类文章写作中常用的一种技巧，即"抑扬"，其核心理念是利用"欲扬之，却先抑之；欲抑之，却先扬之"的特点，做到千折百转，避免平铺直叙，使软文产生诱人的艺术魅力的同时，还能突出事物的特点或人物思想情感的发展变化。

杜绝平淡普通的写法，避免读者看完开头就知道结尾的情况发生，就可以通过倒置式软文正文布局来实现。倒置式正文写作可以凭借其欲扬先抑的写作形式塑造不一样的软文环境，显得曲折生动，这样可以给读者留下强烈的印象，增强文章的感染力，从而留住读者的眼光。图 3-20 所示为平淡式与倒置式正文写作软文对比案例。

▲ 图 3-20　平淡布局与倒置式正文写作软文对比

💡 **专家提醒**

所谓"欲扬之，却先抑之；欲抑之，却先扬之"是指，文章可以不从褒扬处落笔，而是先从贬抑处落笔，其中"抑"是为了更好地"扬"，欲抑先扬则正好相反。用这种方法可以使文章情节多变，形成鲜明对比。

3.2.9　总分总式

软文营销的内容运用"总分总式"的布局往往是在开篇就点题，然后在主体部分将中心论点分成几个基本上是横向展开的分论点，最后在结论部分加以归纳、总结和必要的引申。

关于"总分总式"软文正文的写作形式，其具体写法如下。

一个点明题意的开头部分（总 1），简洁醒目，作为文章的总起部分。

主干部（分 1、2、3、4……）作为文章的分述部分，它的几段互相独立，从不同的角度表达中心思想，在编排的先后次序上还需要有一定的斟酌。

结尾（总2）是文章的总结部分，它不仅是主干部分的自然过渡，还会是对主干部分的归纳小结。

图3-21所示为一篇总分总式布局的软文案例。

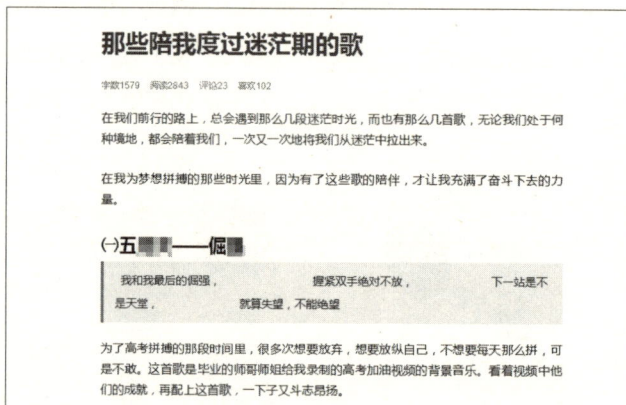

（1）"总1"和"分1"

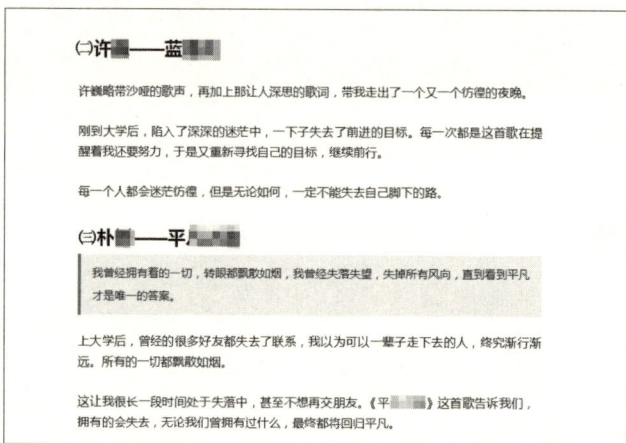

（2）主干部（节选）

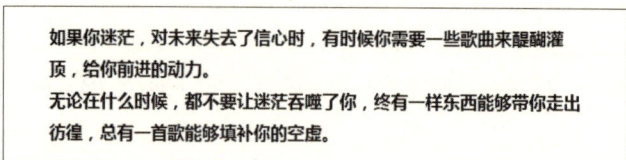

（3）总2

▲ 图3-21 总分总式布局

3.2.10 镜头剪接式

软文营销中的镜头剪接式布局又称为片段组合式，是指根据表现主题的需要，选择几个典型生动的人物、事件或景物片段组合成文。主题是文章的灵魂，是串联全部内容的思想红线，因此，所选的镜头片段，无论是人物生活片段，或是景物描写片段，都要服从于表现主题的需要。

其整体布局为：总—分—总，主体部分由 3 ～ 4 个片段构成，其结构匀称、明晰，结构模式一般为：开头点题定向，领起下文；主体分承，片段组合，各个片段之间既各自独立，又彼此勾连；结尾呼应前文，点明主题。其布局可以通过 4 种形式来表达，具体如下。

（1）**时间式：**以"时间"为主线，简明地记叙在每个"时间段"中的主要事件，而将许许多多的内容作为艺术"空白"留给读者去想象，去再创造。可以围绕"五岁—十岁—十五岁""童年—少年—青年"等几个时间段写人生经历或事件，脉络清楚。

（2）**排比式：**是指文章在表达上常用排比句，在内容上句句紧扣主题，突出中心；在形式上，可使层次更清晰。因此，可以在很大程度上增强语言的气势与节奏感，如图 3-22 所示。

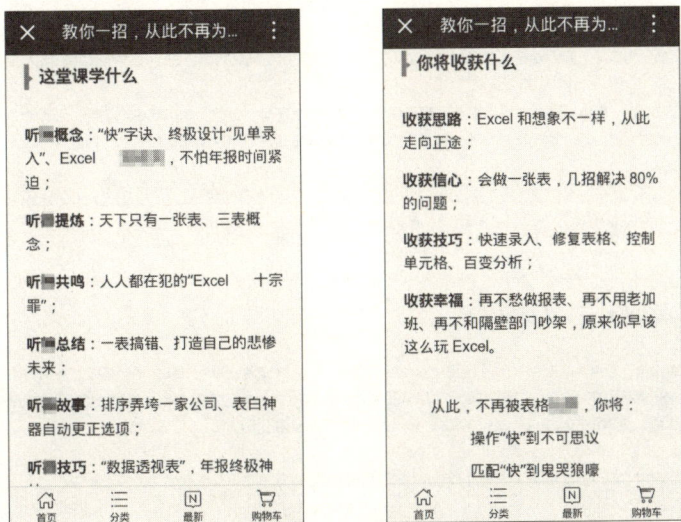

▲ 图 3-22　排比式的镜头剪接

（3）**二级标题式：**小标题的拟写不仅要整齐紧扣主题，并且富有艺术感染力，更要达到能反映作品创作思路的效果。图 3-23 所示为一篇关于百度 2016 年第三季度财报的软文，在内容布局上就采用了标题的写法。

10月28日凌晨，百度发布了截至9月30日的2016财年第三季度未经审计财报。其中显示，百度第三季度总营收为人民币182.53亿元，比去年同期下滑0.7%；第三季度净利润为人民币31.02亿元，比去年同期增长9.2%。

从移动搜索到金融，现行业务优化增长

根据财报显示，截止到2016年9月，移动搜索业务的月度活跃用户人数达到6.60亿人，移动营收占比持续上升达64%，上年同期为54%。百度钱包激活账户数达到9000万，同比增长99%。

（1）

从研发到投资，技术投入全面铺开

根据财报显示，本季度除了实现净利同比增长外，百度在技术方面的投入也成为一大亮点。据悉，百度Q3研发投入高达26.14亿元，占总营收的14.3%，研发强度在全球科技公司中位于前列。事实上，百度本身在人工智能方面就具有先发优势——人工智能技术依仗的基础是高质量大数据，而百度在大数据方面因为有着搜索引擎作为数据来源，其本身获得的数据就是用户主动输入选择而来，质量相比接受App推送的半被动用户数据要高。

经过在人工智能等新兴技术领域的大力投入，百度的人工智能技术已经渗透到旗下核心业务之中，正在逐渐成为百度业务发展的新式引擎。仅以移动资讯领域为例，借助于百度人工智能、自然语言处理、深度学习等技术和过百万的用户标签，手机百度8.0主打个性化，百度资讯流根据不同用户的搜索偏好进行用户画像，为每个人推荐最感兴趣的内容，实现了"千人千面"的定制化效果，三个月内流量增长高达20倍。

可以说，百度人工智能已经贯穿了现阶段百度旗下包括搜索、金融、O2O等核心业务，帮助其构建了一个新的生态闭环，这也正符合不久前百度世界大会上百度首席科学家吴恩达所说的，百度是一家人工智能公司。

（2）

从现在到未来，AI能量势不可挡

事实上，百度人工智能技术不仅正在成为推动现行核心业务高速发展的引擎，同样是押注未来的表现，这一点从百度本季财报中就可看出，以人工智能为代表的新兴业务在快速增长的同时改变了百度整体业务比重，使其正在加速成为由技术和用户体验驱动的新兴业务公司。

而未来，以下几个领域不仅是业界公认的兵家必争之地，更是与百度息息相关的核心业务。

其一，互联网金融领域，这一领域的市场份额和重要性自不必赘述，而现今的大数据和人工智能技术对于把控互联网金融场景中，公认的最关键环节风控有着极其重要的意义，仅就目前而言，基于大数据的不断变化、收集和分析，科技金融主导的风控不仅实现了远超传统金融风控的最快一周的信用考核模型迭代速度，还推动了异地远程授信的实现。在不远的未来，技术对于互联网金融发展的推动作用更加难以估量。

（3）

▲ 图 3-23　二级标题式的镜头剪接（标注：镜头 1/2/3）

（4）**正反对比式：**通过正反两种情况的对比分析来论证观点的结构形式。通篇运用对比，道理讲得更透彻、鲜明；局部运用正反对比的论据，材料更有说服力。

企业在软文营销中使用正反对比法时应注意以下两个问题。

- 正反论证应有主有次，若文章从正面立论，主体部分则以正面论述为主，以反面论述为辅；若文章从反面立论，则以反面论述为主，以正面论述为辅。
- 围绕中心论点选择比较材料，确定对比点。所选对象必须是两种性质截然相反或有差异的事物，论证时要紧扣文章的中心。

镜头剪接式的正文布局形式，可以在较短小的篇幅内，立体而多角度地表现人物，叙述事件，描写商品特点，烘托品牌，其优点具体如下。

- 中心明确，主题清晰，分步骤表达，清晰自然。
- 文章层次清晰，结构严谨，一目了然。
- 选材的灵活性和自由度很大，作者思路容易打开，解决了无话可说、写不下去的问题。
- 片断之间无须衔接，省去了过渡语句，因而作者无须过多考虑结构安排。
- 片断数量可多可少，因此可灵活控制篇幅。

在写作镜头剪接式软文正文时，编辑者应该注意以下问题，具体如图 3-24 所示。

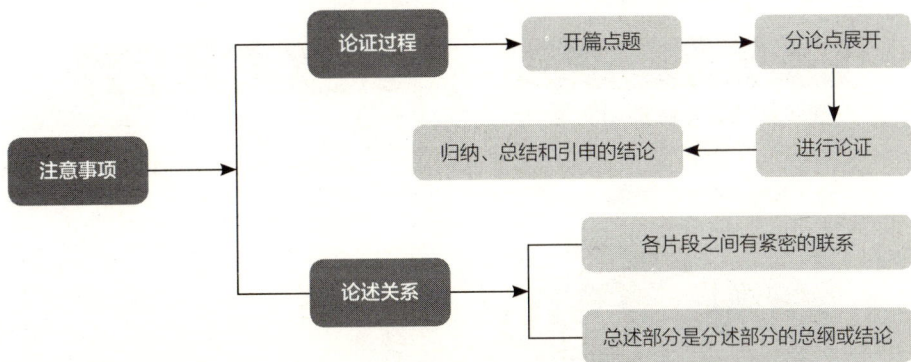

▲ 图 3-24　镜头剪接式正文布局注意事项分析

专家提醒

虽然小标题可以很好地体现出文章的脉络，但是在取小标题的时候还是需要注意以下事项：

- 所选取材料要求典型新颖，别具匠心，不落俗套，有个性特征，能显示作者独特的视角及立意；
- 要用准确精练的语言突出记叙、议论、说明的内容；

- 小标题的拟定要有艺术性、提示性；
- 小标题的拟定要表现软文各部分之间的内在联系，使跳跃的内容连成有机的整体，不再孤立；
- 数量要恰当，小标题一般以 2 ~ 4 个为宜。

3.3 100000+ 内容的 15 个表现技巧

在软文写作和布局过程中，微信、APP 平台运营者要想让软文能够决胜千里，吸引众多的粉丝，就需要掌握一些表现技巧。接下来将为大家介绍 15 个表现技巧。

3.3.1 选择适合的语言风格

微信公众平台文章编辑者在编写文章正文的时候要根据企业所处的行业，以及平台定位的订阅群体选择适合该行业的文章语言风格。

合适的语言风格能给公众平台的粉丝带来优质的阅读体验。以定位为传播搞笑内容为主的公众号为例，它的正文的语言风格就必须要诙谐幽默，并配上一些具有搞笑效果的图片，如图 3-25 所示。

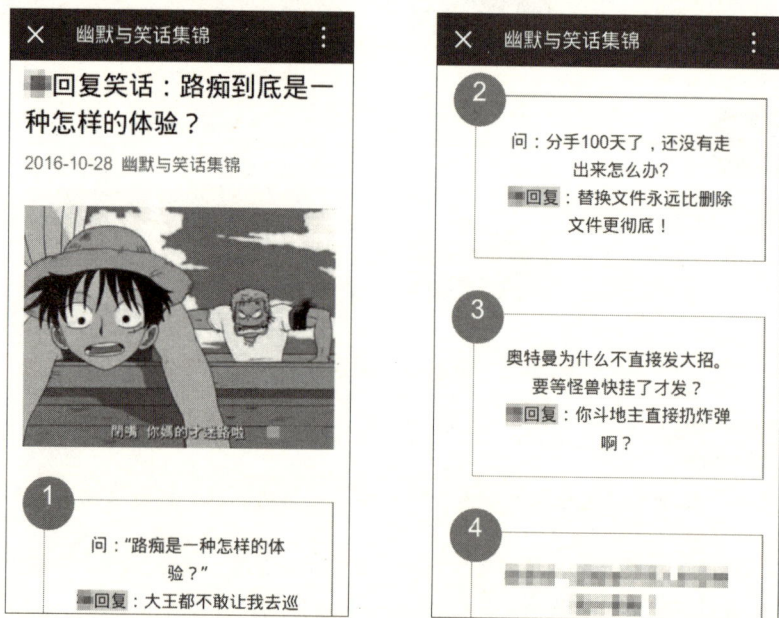

▲ 图 3-25　与平台定位相符的软文语言风格

3.3.2 内容要有阅读场景感

软文并不只是用文字堆砌起来就完事了，而是需要用平平淡淡的文字组合成一篇带有画面的文章，让读者能边读文字，边想象出一个与生活息息相关的场景，如图 3-26 所示，才能更好地勾起读者继续阅读的兴趣。

▲ 图 3-26 组合阅读场景的软文正文

一般软文撰写者在撰写软文场景时，可以从两方面出发，如图 3-27 所示。

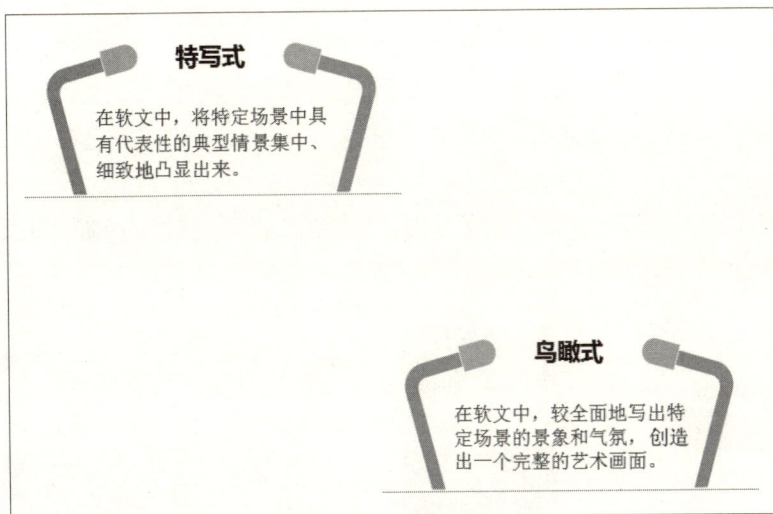

特写式

在软文中，将特定场景中具有代表性的典型情景集中、细致地凸显出来。

鸟瞰式

在软文中，较全面地写出特定场景的景象和气氛，创造出一个完整的艺术画面。

▲ 图 3-27 软文场景的撰写方法

3.3.3　打造独特的个性风格

常言，"文如其人"，指的是作者的文章充分体现出了其性格和文化修养等方面的典型特征，这句话也从侧面证实了作者笔下的文章也是有个性的。而在微信、APP和自媒体平台软文的写作和推送过程中，需要把这种个性特征无限放大，使其清晰地展现在读者面前，这是让文章具有高辨识度的一个重要方法和途径。

图 3-28 所示为某微信账号的两篇软文正文，它充分体现出了一种相同的个性风格，很容易就能让人辨别出来。

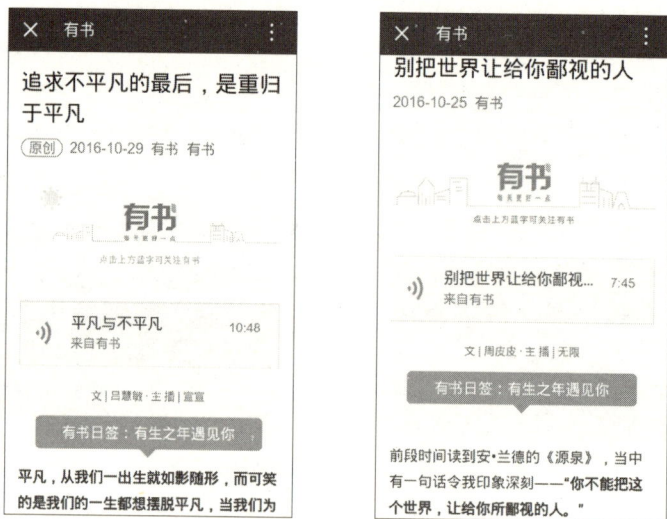

▲ 图 3-28　展现个性风格的软文

另外，从微信、APP 和自媒体平台的软文感召力方面而言，基于同类人之间的人格感召力，打造个性风格无疑是吸引着相同性格特征的人的重要力量。就如，对生活充满自信和希望的人总是乐于与乐观的人相处，而不乐于同时刻伤春悲秋和怯弱的人交谈。

当然，在打造软文独特的个性风格时，也需要注意两个方面的问题，如图 3-29所示，才能在写作时游刃有余，同时吸引更多粉丝注意和关注。

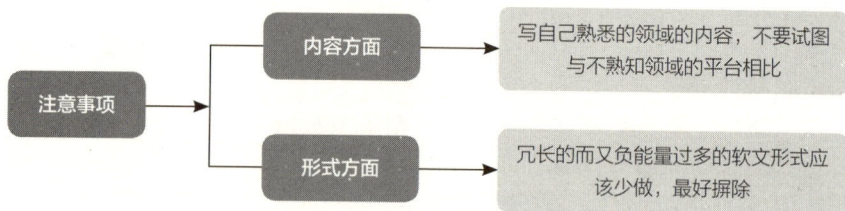

▲ 图 3-29　打造独特的个性风格的软文正文写作注意事项分析

3.3.4 善于利用连载

人们在阅读时，总是趋向于寻找同一类型或主题的文章，力图全方面了解和熟悉有关于该类型和主题的知识。因此，在软文的正文写作上，可从这方面着手，着力打造一些经典的、具有代表性的专题，迎合读者的阅读兴趣和习惯。如在"国庆"假期来临之际，一个名为"手机摄影构图大全"的微信公众号编辑了一系列的关于假期出游拍摄的软文，如图 3-30 所示，全面展示了假期出行期间如何去利用"构图"理念尽情拍摄出绝美的照片。

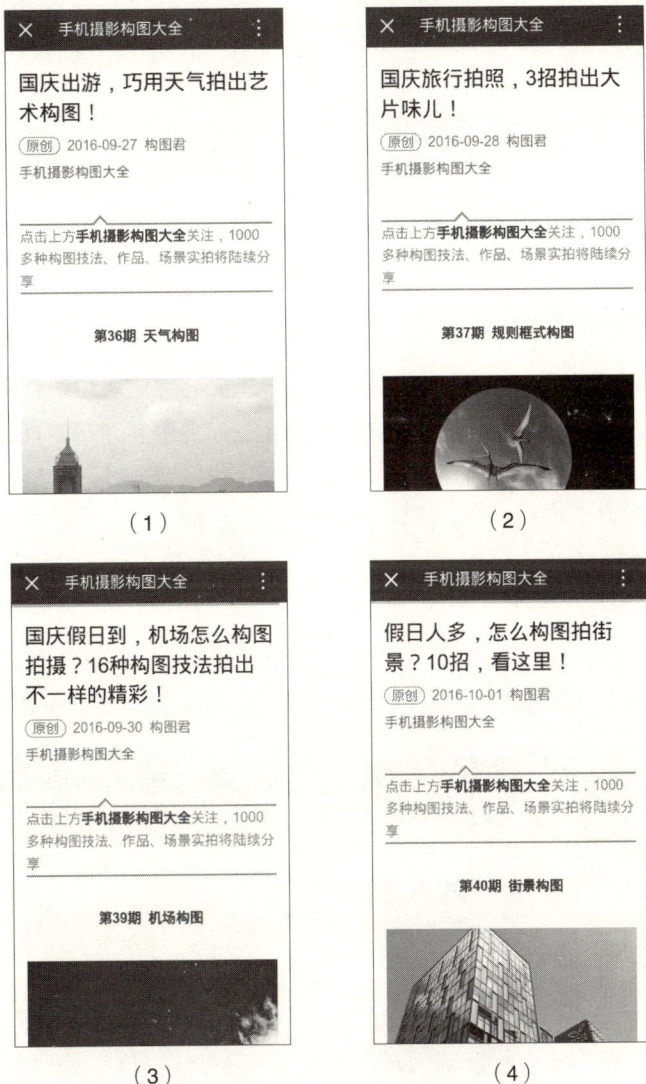

▲ 图 3-30 善于利用连载的软文正文

另外，从图中读者又不难看出，后两期软文明显又是基于不同地点的软文专题构图，这样，专题中又从不同的角度来进行分析，带给读者的感觉可谓是切合实际又分工细致，很容易满足读者对不同场合的摄影理念需求。

由此可知，利用连载类专题安排软文内容，有着极大的优势，如图 3-31 所示。

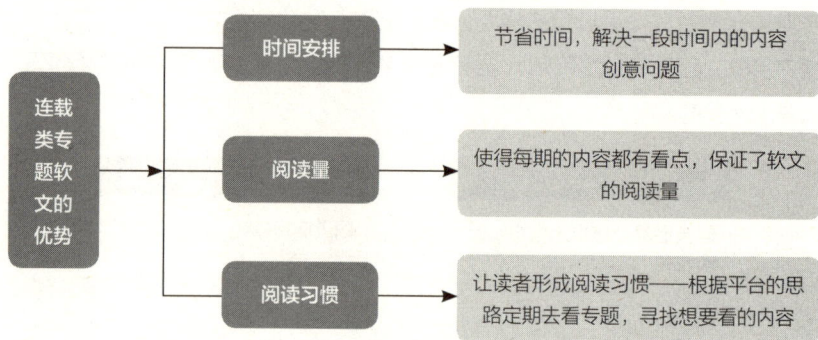

▲ 图 3-31　利用连载类的专题安排软文的优势分析

3.3.5　直白说出福利

从软文的实质来说，它是用于推送企业产品或品牌信息的，所有的软文相关活动，都要围绕这一目的展开，软文中关于企业产品福利活动的推送也是如此，尽可能便捷、迅速地把意思清楚地传达给读者，才能达到预期的推送效果。因此，在推送福利信息时，应该在软文中直白地说出来，而不应该为了追求所谓美感，把软文写成了娱乐性或文艺性的文章，这是不可取的，是一种本末倒置的行为方式。

也就是说，在企业产品或品牌有相关福利活动的信息时，应该在软文开篇就详细、直白地陈述出来。关于福利的发布，具体内容包括 3 个方面，如图 3-32 所示。

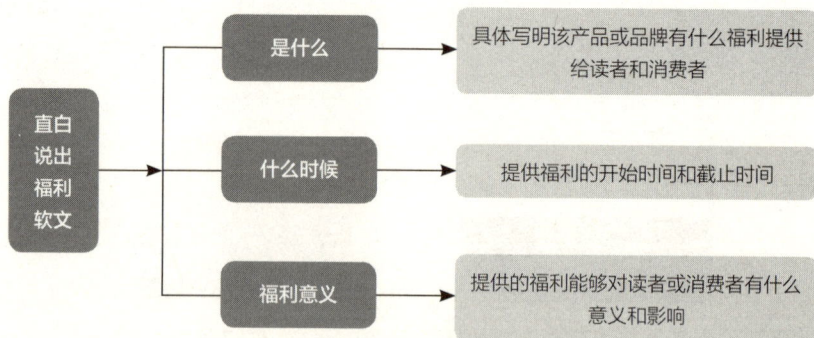

▲ 图 3-32　直白说出福利的软文内容分析

只有直白呈现上图所示的内容，才能让读者在单击阅读的时候有动力，才能坚持看下去，最终达到吸粉的目的。

图 3-33 所示为名为"会声会影 1 号"的微信公众号发布的福利信息软文。

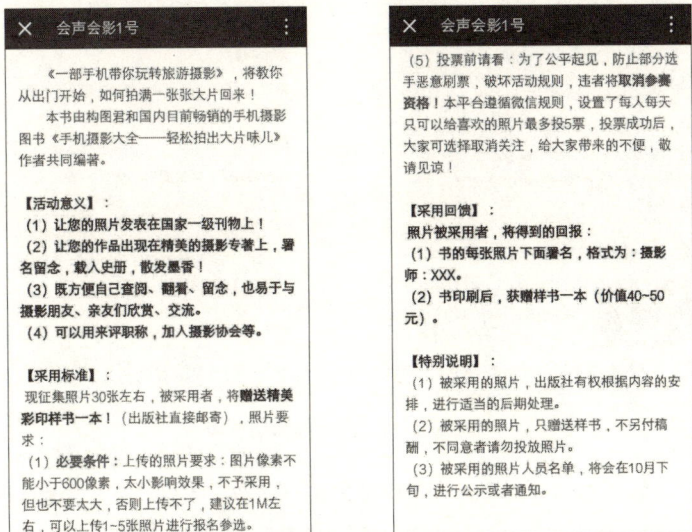

▲ 图 3-33 发布福利信息的软文正文

3.3.6 热门头条事件

在软文的写作中，有一类专门借助热门头条事件来布局的软文，即热门软文，具体是指围绕热门话题、热点新闻、热点事件，以评论、追踪观察、揭秘、观点整理、相关资料等方式写作的软文。

热门软文可以在第一时间从互联网上抓取流量，伴随新闻热点的巨大搜索量，相关评论、相关知识将在第一时间获得转载、搜索，会获得不少的人气。

所以，企业要有灵敏的嗅觉，才能扣住最新热点，成为以热点而获利的幸运儿。多找一些热门词，不过一定要抓住时机，不要等热点冷却了一段时间，才发布出软文，那样并没有什么用处，不会有几个人愿意去阅读过时了的信息。

因此，在利用热门头条事件写作软文时，应该从以下 3 个方面着手，具体内容如下。

（1）可以利用百度风云榜，查看热点榜单首页，就可以看到最近几天的热门信息，如图 3-34 所示。

根据榜单上所给的热点信息，可以从中找到适合自己产品的热点，进行热点软文的撰写。

▲ 图 3-34　百度风云榜榜单

（2）紧跟新闻事件。几乎每天都可能发生一些热门事件，在"百度新闻"首页的"推荐"板块内，会有标注字样为"热点""推荐"等的新闻资讯，如图 3-35 所示。

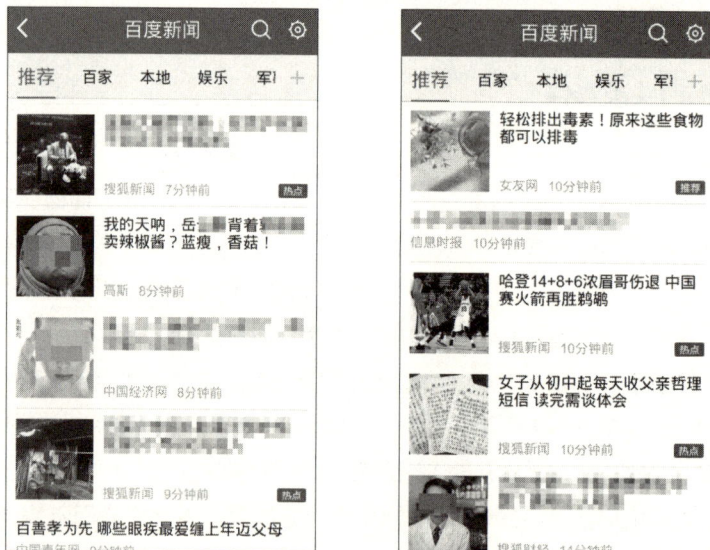

▲ 图 3-35　百度新闻热点

可以围绕这些热门新闻事件整理相关评论、知识，来撰写出一篇热门软文，这种软文会具有一定的影响力，能获得一定的访问量。

（3）保持新闻敏感性。在第一时间追踪热点新闻和事件，围绕这些热点，制造人们想看的文章，如图 3-36 所示。

▲ 图 3-36　追踪新闻热点制造微信软文

那么，热门软文究竟能够带给企业什么样的影响呢？具体包括两个方面的内容，如图 3-37 所示。

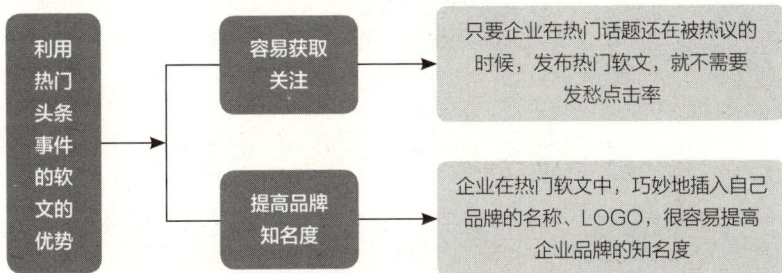

▲ 图 3-37　利用热门头条事件的软文的优势分析

3.3.7　节日烘托气氛

对人们来说，节假日一直是比较期盼的，因为无论是从哪方面来说，它们都有着"利"的一方面：于工作而言，节日意味着"休息"和"放假"；于生活而言，节日意味着"团聚"和"优惠"。

基于节日的上述含义，在微信、APP 平台运营过程中，有必要在软文中进行描述和提及，并进行相关的说明和活动，如图 3-38 所示，这样是很容易调动读者的阅读氛围和吸引读者关注的。

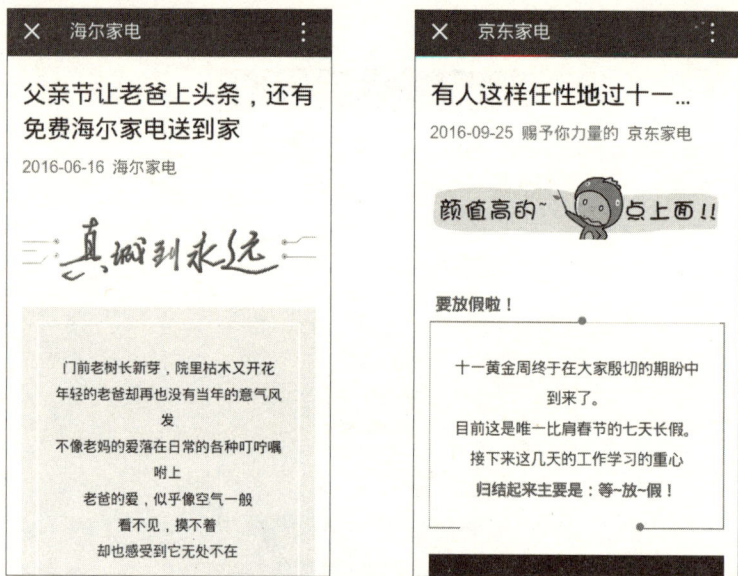

▲ 图 3-38　软文中的节日运用

对于传统的但不在法定节假日范围内的节日，在微信、APP 平台软文中有所体现，可以达到 3 个方面的目的，如图 3-39 所示。

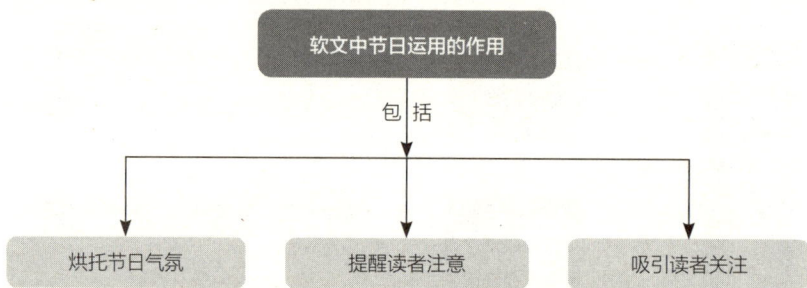

▲ 图 3-39　软文中节日运用的作用分析

3.3.8　可提前进行内容预告

对于好的内容，微信运营者一定要提前对内容进行预告，这就像每部电影前的宣传一样，通过提前预告的方式让用户对内容有一定的期待，而且微信运营的提前预告无需成本，是非常有效的一种推广运营方式。

下面笔者为大家介绍一下内容提前预告的几个注意事项，如图 3-40 所示。

提前 3 天	微信内容的预告最好提前 3 天发布
说到做到	发布微信消息要守时，就像"周一见"这样的形式一样，说到做到，说什么时候发布就什么时候发布
尽量少用	内容预告主要用于那些内容尤其优秀、话题尤其重磅的微信内容，而且运用这种方式进行下期内容的推广，也带有一种神秘的感觉在其中，一旦用的次数多了，就没有神秘感和新鲜感了

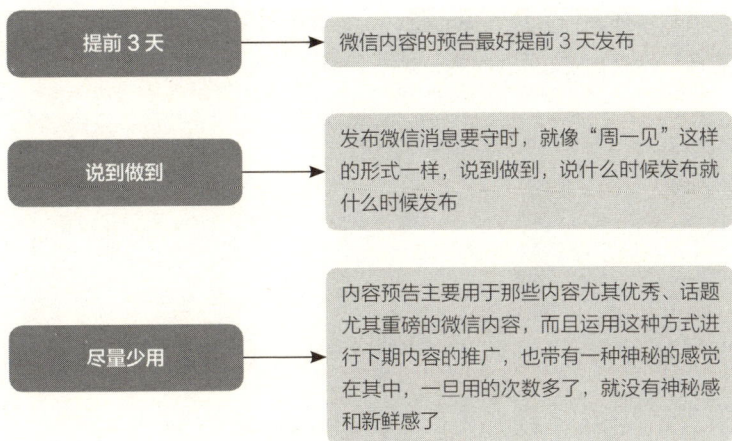

▲ 图 3-40　内容提前预告的注意事项

3.3.9　文章摘要也能吸引粉丝

在编辑消息图文的时候，在页面的最下面，有一个撰写摘要的部分，这部分的内容对于一张图的消息来说非常重要，因为发布消息之后，这部分的摘要内容会直接出现在推送信息中，如图 3-41 所示。

▲ 图 3-41　摘要内容

在编辑摘要时，要尽量简洁明了，如果摘要写得好，不仅能够激发用户对文章的兴趣，还能够激发读者的第二次单击阅读兴趣。

当微信运营者在编辑文章内容的时候，没有选择填写摘要，那么系统就会默认抓取正文的前 54 个字作为文章的摘要，如图 3-42 所示。

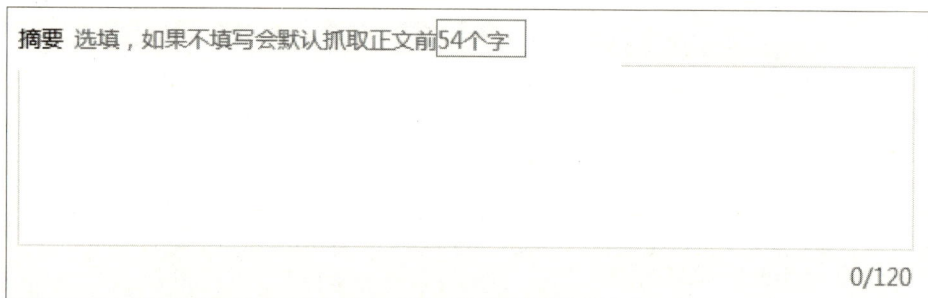

摘要 选填，如果不填写会默认抓取正文前 54个字

0/120

▲ 图 3-42 摘要

3.3.10 干货，给出有价值的内容

对于微信、APP 和自媒体平台来说，它之所以受到用户的关注，就是因为从该平台上用户可以获取他想要的信息，这些信息必须是具有价值的干货内容，而人云亦云、胡乱编写的软文带给用户的只能是厌烦情绪。

因此，在平台运营中，保证推送的内容是具有价值的专业性的干货内容，有着两个方面的作用，如图 3-43 所示。

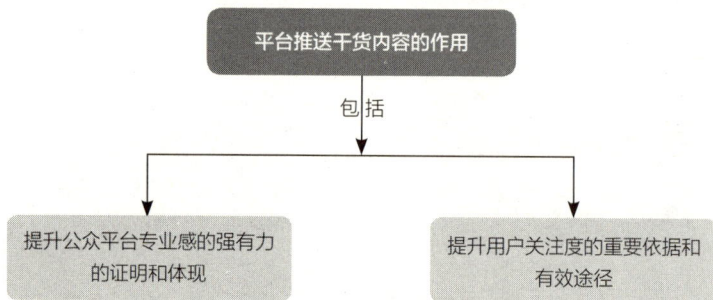

平台推送干货内容的作用

包括

提升公众平台专业感的强有力的证明和体现

提升用户关注度的重要依据和有效途径

▲ 图 3-43 平台推送干货内容的作用分析

通过平台推送的干货性质的内容，用户能够学到一些具有实用性和技巧性的生活常识和操作技巧，从而帮助用户解决平时遇到的一些疑问和难题，基于这一点，也决定了平台在运营方面是专业的，其内容也是能够接地气的，带来的是实实在在的经验积累。

图 3-44 所示为"手机摄影构图大全"头条号平台为用户提供的摄影构图技法和场景、物品构图拍法。

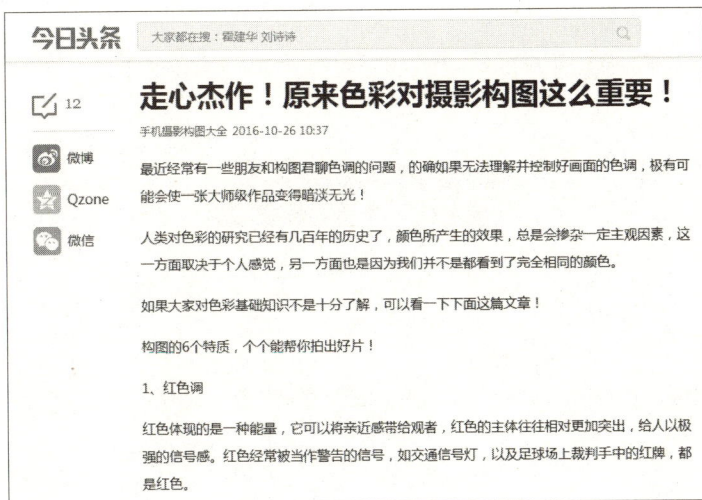

（1）

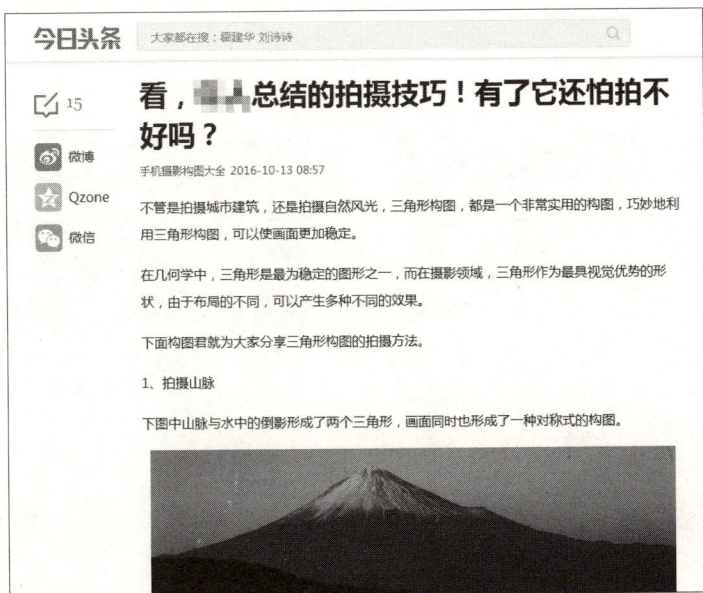

（2）

▲ 图3-44　平台推送摄影干货内容的案例介绍

3.3.11　投票，让用户有参与感

让读者参与到平台的活动中来，能够极大地提升微信、APP平台的影响力和关注度。特别是让读者投票，它不仅可以调动读者本身积极参与到活动中来，还能使其成

为传播源，吸引更多的粉丝。

关于投票能够促进用户的参与感的提升这一问题，可以从 3 个方面来思考，如图 3-45 所示。

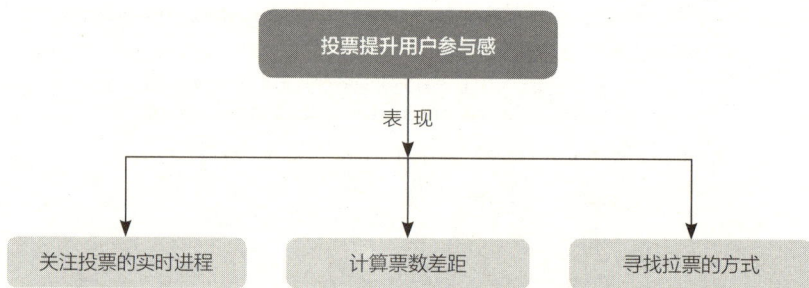

▲ 图 3-45 投票提升用户参与感的表现分析

以微信为例，在其平台运营中，各种各样的投票层出不穷，如为偶像投票、为参赛作品投票等，这样的投票活动，是一种制造话题点和关注点的有效方法，能很好地让读者参与并融入其中，积极关注活动的进展情况，并积极为活动的扩大影响提供支持。图 3-46 所示即为微信平台上的投票活动信息推送。

▲ 图 3-46 微信平台活动投票

在投票这一过程中，平台运营者可以在后台把其程序设置成关注公众号后才可以投票，这样的做法可以吸引大量读者的朋友成为关注者，最终实现微信、APP 平台吸粉的目的。

3.3.12　用户自己提供想要的内容

软文内容的来源，是微信、APP 和自媒体平台运营的一个重要组成部分。如何获取或编辑高质量、高转发量的软文，是微信、APP 和自媒体平台运营者亟待解决的问题，也是平台成功运营的先决条件。只有在保证足量、质优的软文内容的情形下，才能考虑诸如推广、吸粉等方面的运营问题。

在平台内容的编辑和获取方面，总的来说，运营者可采用 3 种途径来实现，具体内容如下。

1.　读者推荐

人们关注某一个微信公众号、一款 APP 或一个自媒体平台时，总是基于一定的目的的，这些目的尽管可能不一样，但是不能否认的是，其中应该不乏志同道合者，这些人的爱好、知识水平和思想总有相似之处。读者基于喜好而推荐的内容，是很容易吸引其他读者关注的，这不仅是一种保证内容来源的重要方式，也是一种有效的吸粉方式。

2.　企业提供

在微信、APP 和自媒体平台的运营过程中，软文内容的来源还有一条常见的途径，那就是与企业或商家合作，在帮助其推送产品的同时获得微信、APP 和自媒体平台运营的软文内容。

然而，通过这种方式获取内容，要特别注意的是不应该在软文中直接发广告，而应该通过其他包含企业宣传意味的方式来达到推送信息的目的，如招聘就是一种很好的方式，能够一举数得，如图 3-47 所示。

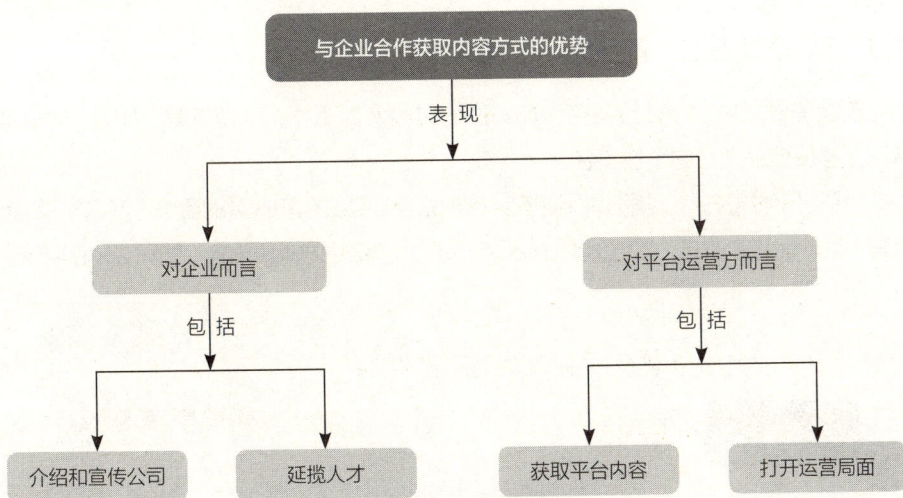

▲　图 3-47　企业提供平台运营内容的优势分析

3. 问答征集

除了用上述两种方式来征集内容外，微信、APP 和自媒体平台运营者还可以通过与用户互动和问答的形式来获取和编辑内容。图 3-48 所示即为利用此种方式获取内容的适用范围、过程和作用介绍。

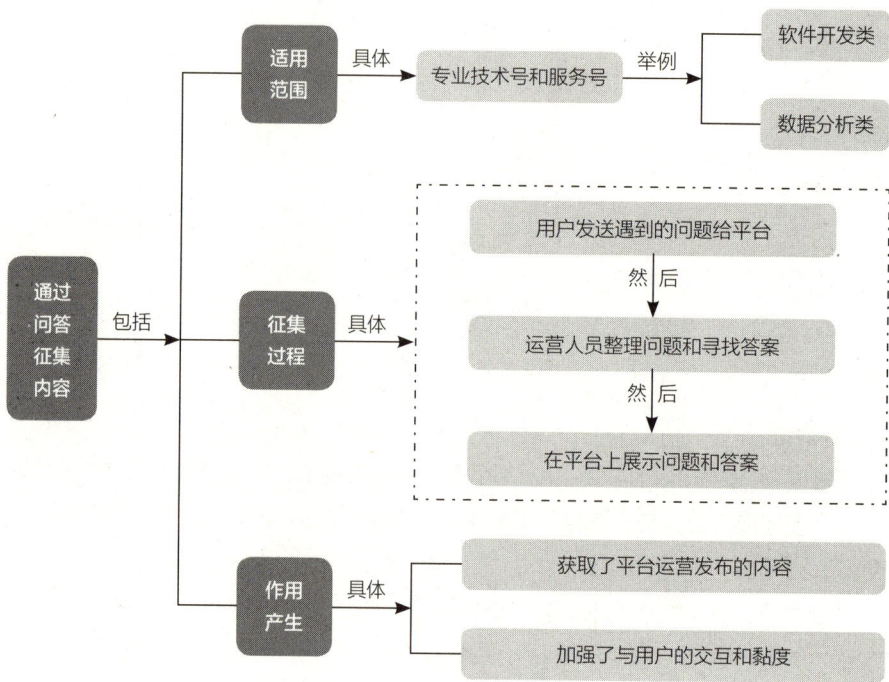

▲ 图 3-48　通过问答征集平台运营内容分析

3.3.13　个性签名，最后展示不同风格的二维码

在微信界面中，个性签名在添加关注的时候尤为重要，会留下第一印象，所以要特别注意微信公众号的个性签名。

所谓"个性签名"，指的是用能充分展现企业自身文化和业务的话语（签名）来进行具有个性的标注的方式，是微信类社交平台展现用户信息的重要内容，如图 3-49 所示。

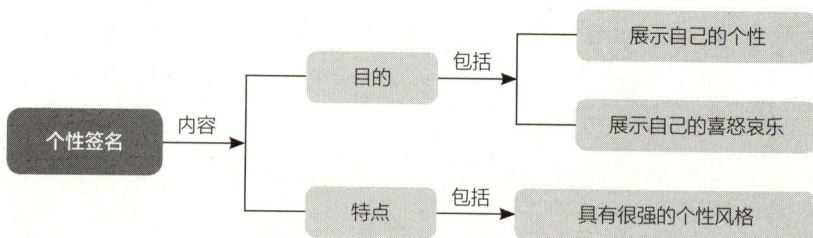

▲ 图 3-49　个性签名简介

在微信的个人签名里面最好不要直接出现产品信息，微信的文字介绍就好比现实生活中的名片，如图 3-50 所示。

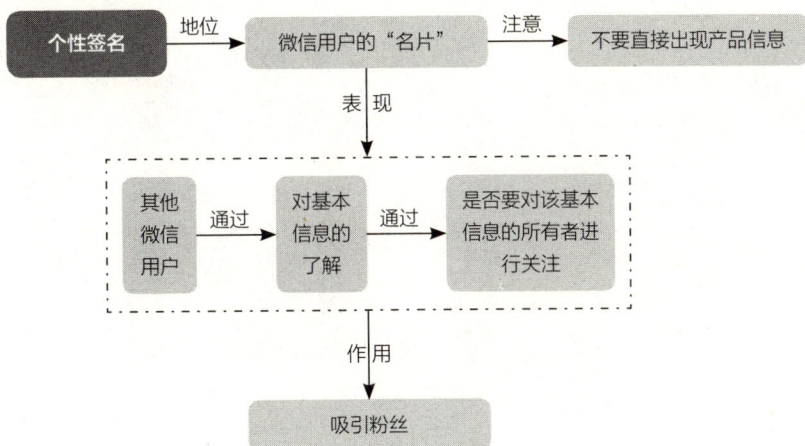

个性签名 —地位→ 微信用户的"名片" —注意→ 不要直接出现产品信息

表现

其他微信用户 —通过→ 对基本信息的了解 —通过→ 是否要对该基本信息的所有者进行关注

作用

吸引粉丝

▲ 图 3-50　微信个性签名的设置分析

文字介绍在很大程度上决定了你的粉丝数量的多少。只有那些自然、大气的文字介绍才会吸引别人的注意，引起别人和你继续沟通的兴趣。例如，不要在个性签名里面直接列出产品广告，可以在个性签名里展示自己的优势和正能量。

在设计好了微信公众号的个性签名后，接下来要做的就是展示具有不同风格的二维码，这是基于目前扫描二维码已经成为生活和促销常态的现实而言的。

然而随着二维码技术应用的增加，一些原生的、没有新意的二维码在获取读者注意方面远远逊色于与众不同、具有新意的二维码。因此，在二维码的设计上应该经常出新，可以通过以下途径来实现。

- 带平面设计元素的二维码。基于原生的二维码的设计，最基础的就是在二维码上添加平面设计元素，诸如公众号名称、相关图片等。
- 指纹长按识别的二维码。这是一种可以通过指纹来辨识读者的二维码，也是一种能够吸引读者关注的带有新意的二维码。
- 动图式的二维码。除了上述两种静态的二维码外，目前还出现了各种各样的动态的二维码，更是给读者带来了更多惊喜和新意。人们在二维码的动态展示中，充分感受到了企业或商家的文化信息和业务情况，一般说来，容易给读者留下比静态二维码更深刻的印象。

图 3-51 所示为"手机摄影构图大全"公众号平台软文末尾的个性签名和二维码。

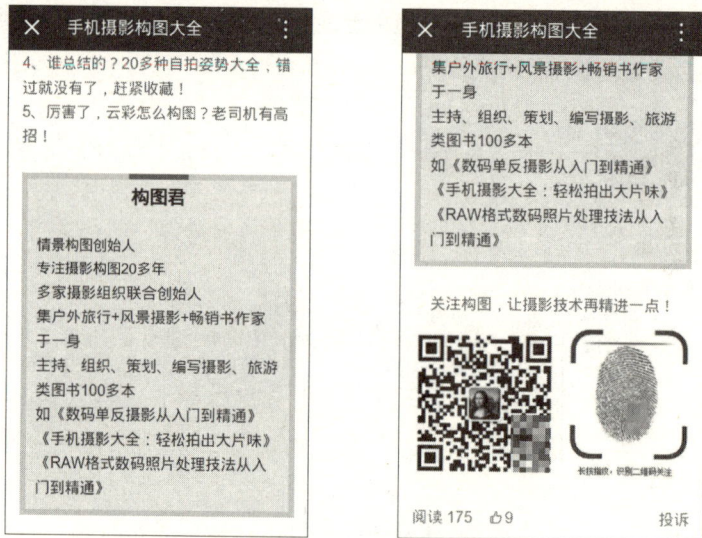

▲ 图 3-51　个性签名与二维码展示

3.3.14　让用户知道你每天的推送时间，准时去看

编辑微信、APP 和自媒体平台运营内容之后，商家面临的下一个难题就是把握微信、APP 信息发送的时间。在什么时候发送微信、APP 和自媒体信息比较合适？哪个时间点的被阅读率最高？

众所周知，用户在浏览信息时，会有这样一个规则，就是在后面发送信息的微信、APP 和自媒体会在先发的内容的前面，也就是说在订阅号中的显示顺序和信息发送时间呈反比，即谁最后更新，谁就排在最上面。因此，选择合适的发送时间对于微信、APP 和自媒体运营者来说，是非常重要的一件事。

那么推送的具体时间怎么确定呢？笔者总结出了几个最适合微信、APP 和自媒体运营者推送信息的时间段，如图 3-52 所示。

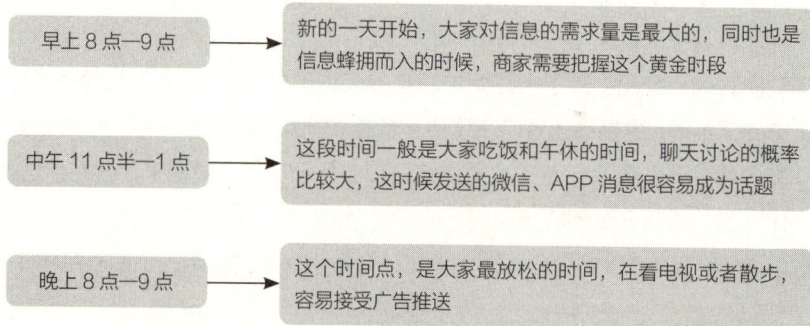

早上8点—9点	新的一天开始，大家对信息的需求量是最大的，同时也是信息蜂拥而入的时候，商家需要把握这个黄金时段
中午11点半—1点	这段时间一般是大家吃饭和午休的时间，聊天讨论的概率比较大，这时候发送的微信、APP 消息很容易成为话题
晚上8点—9点	这个时间点，是大家最放松的时间，在看电视或者散步，容易接受广告推送

▲ 图 3-52　最适合微信、APP 和自媒体运营者推送信息的时间段

　　在了解了最佳的信息推送时间后，微信、APP 和自媒体运营者首先要做的是要选
择一个时间点固定、准时地推送信息，在这样的情况下，方便读者准时单击阅读，而
不需要时刻去查看该微信、APP 和自媒体是否推送了信息，从而形成读者的阅读习惯，
有利于保持粉丝的关注度和提高粉丝的黏度。

3.3.15　群发前一定要进行预览，力求最完美呈现

　　如果平台运营者是在微信公众平台上进行的内容编辑，那么可用平台的"预览"
功能预览要发送的内容，在"新建图文消息"页面的最下面单击"预览"按钮，如图
3-53 所示。

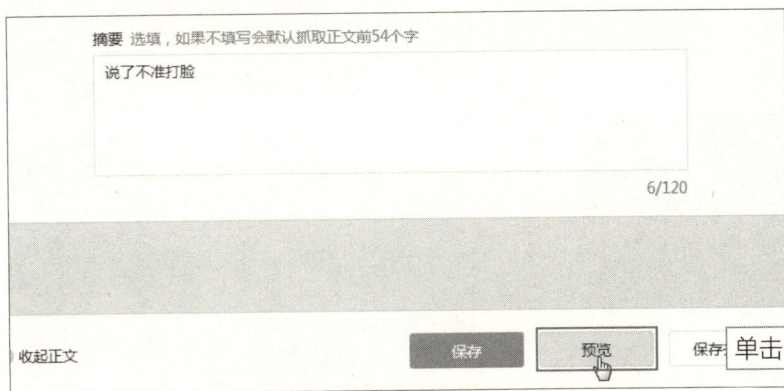

▲ 图 3-53　单击"预览"按钮

　　单击"预览"按钮后，就会弹出预览页面，如图 3-54 所示。

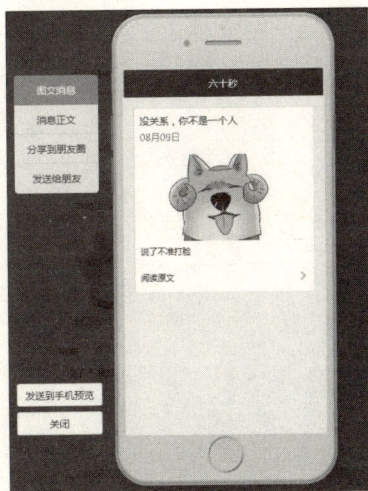

▲ 图 3-54　预览页面

从上图中可以看出，在预览页面中，预览界面的左边有四大预览项，这四大预览项分别是：

- 图文消息；
- 消息正文；
- 分享到朋友圈；
- 发送给朋友。

不管微信运营者是运用什么软件对文章内容进行编辑，都必须对文章进行预览，预览能够起到图 3-55 所示的作用。

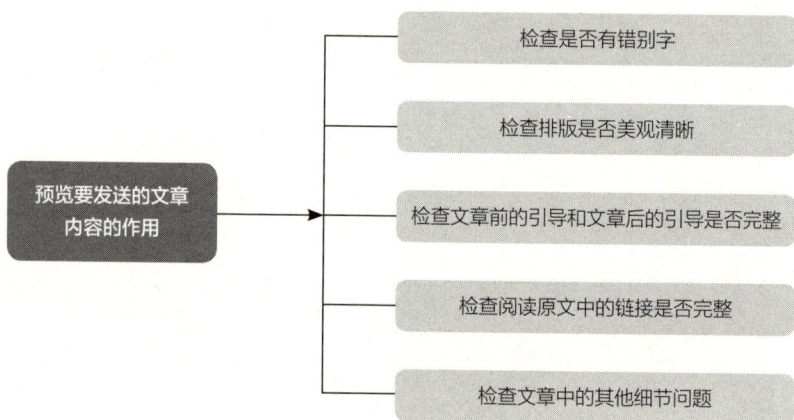

▲ 图 3-55　预览要发送的文章内容的作用

第 4 章

图片:
增强阅读点赞率的视觉力量

企业想要更全面、更深入地进入软文的世界里,就必须依靠用户的视觉功能,通过图片来获取阅读的点赞率,吸引用户的眼球。一张图、一句话,都是非常强大的力量,在运营的过程中,企业想要获得 100000+ 的阅读量,就不能忽视这股力量。

学前提示

要点展示

>>> 100000+ 图片的 3 个首要关键
>>> 100000+ 图片的 9 个细节要求
>>> 100000+ 图片的 9 个表达技巧

4.1　100000+ 图片的 3 个首要关键

图片是打造一个吸睛微信、APP 和自媒体平台必不可少的利器，如果说将微信公众号看成一个团体，里面的每一个功能与设置都是组成这个团体的一部分，那么图片毫无疑问就是这个团体的颜值担当。微信、APP 和自媒体平台运营图片，首先要掌握 3 个重要的关键点，分别是：

- 头像；
- 主图；
- 侧图。

下面将从这 3 个方面为大家进行详细的介绍。

4.1.1　头像：吸睛的设计

说起新媒体运营企业的头像，那是非常重要的一个标志，一张优秀、吸引眼球的头像能够胜过千言万语，它能给读者视觉上的冲击，达到文字所不能实现的效果。例如简书微信公众平台，用的头像就是一个非常简单的"简书文字 + 英文字母"的设计字样，让读者、粉丝一眼就能在众多微信公众号中扫到它，而简书的 APP 的头像，和简书微信公众平台的头像一样，都是以"简书文字 + 英文字母"的字样作为头像，如图 4-1 所示。

▲ 图 4-1　简书头像

而且，如果用户在网上搜索"简书"的官网，也可以看到其官方账号的头像，也是同样的"简书文字 + 英文字母"的模式，如图 4-2 所示，可见一个好的吸睛的头像对于一个新媒体企业来说有多么重要，它将出现在企业策划的各类平台中，并且长期跟随企业的发展，也是企业的一种标志，为企业的品牌的发展贡献非常重要的作用。

▲ 图 4-2　简书官方账号头像

下面以微信公众平台为例，为大家介绍头像设计的作用、头像所具有的特点和设置的技巧。

1. 头像设计的作用

一般来说，一些主观的设计、思想等之所以存在，就在于它具有某方面的作用和价值，微信公众平台的头像的存在也是如此。关于其头像设计的作用，具体如图 4-3 所示。

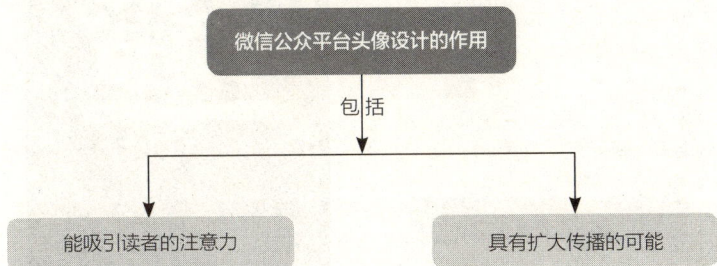

▲ 图 4-3　微信公众平台头像设计的作用介绍

由上图可知，微信公众平台头像设计作用的重点就在于能够引流和吸粉，无论是从能吸引读者的注意力方面来说，还是从其所具有的扩大传播功能来说，其最终目的都在于能为平台引入更多的人流。

2. 头像的特点

从头像设计的作用可知，无论是自媒体人还是新媒体企业，都必须要重视微信公众号的头像设计。那么，什么样的头像能帮助企业吸引到更多的粉丝呢？就笔者看来，好的头像通常具备以下几个特点，具体内容如图 4-4 所示。

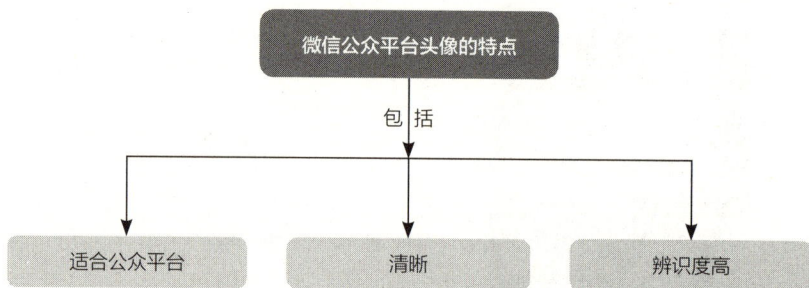

▲ 图 4-4　微信公众平台头像的特点介绍

关于微信公众平台头像所具有的 3 个特点，具体分析如下。

（1）适合公众平台

适合公众平台的头像就是指符合企业公众号主打的风格和主题。例如，"十点读书"微信公众平台的头像就是一个符合该平台性质的典型设计，如图 4-5 所示。

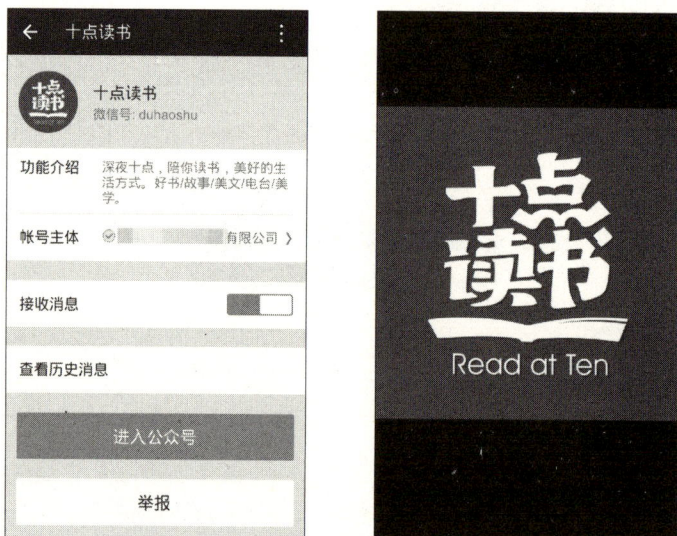

▲ 图 4-5　"十点读书"微信公众平台和头像

熟悉"十点读书"微信公众平台的读者都知道，它主要以读书、故事、美文的主题为主，其风格也偏向于文艺、小清新范、唯美范。

因此，"十点读书"的微信公众平台的头像设计，是偏向于简洁唯美化的，它以深蓝色的底衬托白色的文字——"十点读书"这一平台名称，同时以打开的书本形状标志镶嵌在其中，这些构成了微信公众平台头像的主体部分。除了头像的主体部分外，它还在下面加上了与公众号名称相对应的英文名称，瞬间就有将头像提升了一个档次的感觉。

（2）头像清晰

顾名思义，头像清晰就是头像的像素要高，因为在微信平台上，用户无论是搜索还是在"订阅号"中，首先看到的都是小小的四方形或者圆形头像，如图4-6所示。

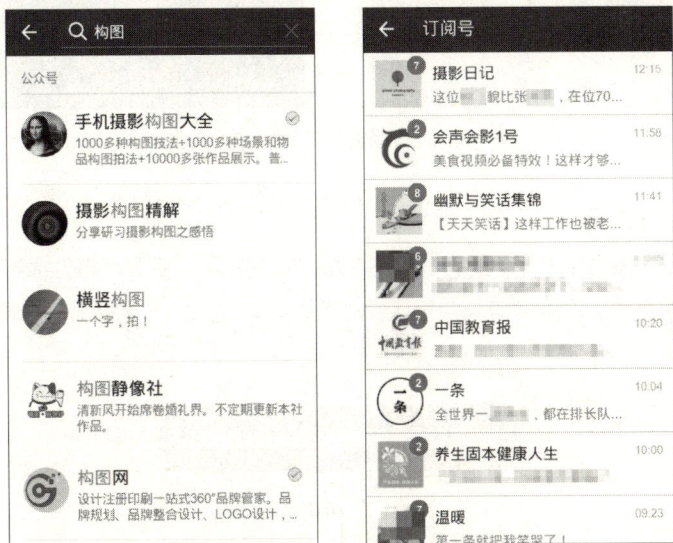

▲ 图4-6 头像以小图形式展现

因此，越是高清的图片，在以小图形式呈现的时候，越容易被一眼扫到，所以头像清晰是头像设计的第二大要求。

（3）头像辨识度高

这一点其实非常好理解，举例来说，"果壳网"的微信公众平台的头像就非常有辨识度，它的头像最吸引人的一点在于，头像上镶嵌了极具代表性的两个字——"果壳"。同时，还将果壳网的功能特色镶嵌了进去，那就是在"果壳"的下面加上了一句话——"科技有意思"。

图4-7所示为果壳网的微信公众平台的头像，大家一起来欣赏一下。

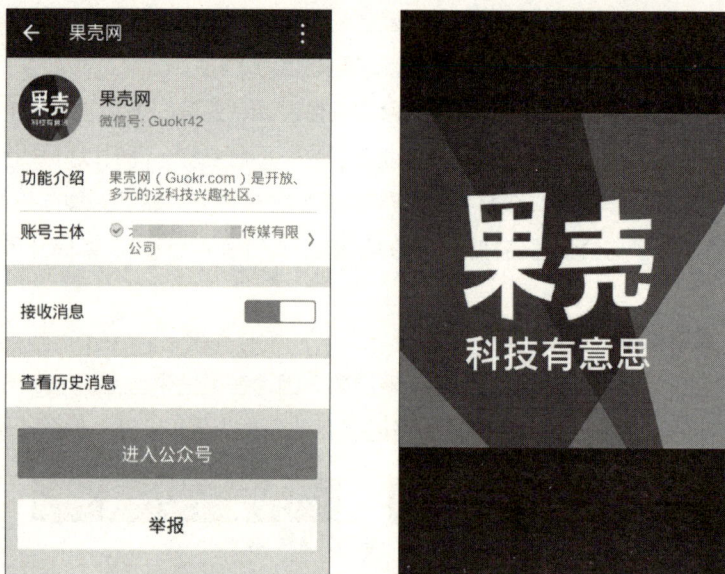

▲ 图 4-7　果壳网的微信公众平台

3. 头像设置的技巧

在介绍了头像设计的作用和头像所具备的特点之后，接下来将为大家介绍一下头像设置的相关技巧。设置微信公众号头像时可以考虑使用以下3种图片，具体如图 4-8 所示。

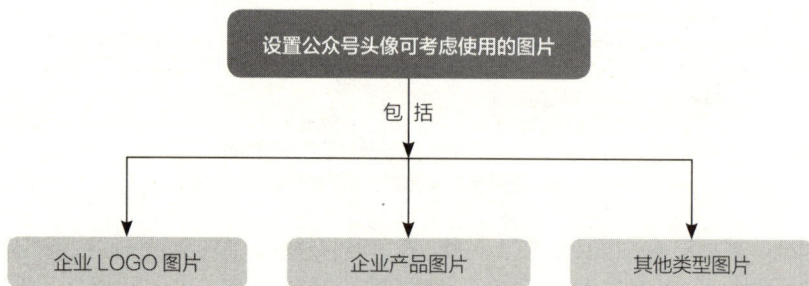

▲ 图 4-8　设置公众号头像可考虑使用的图片

关于公众号头像的 3 种图片的应用，具体分析如下。

（1）企业 LOGO 图片

对于企业微信公众号来说，选择自己企业的 LOGO 作为公众号头像的图片是一个很不错的选择。这样读者每次看见公众号的时候就能够看见企业的 LOGO，能够加深企业在读者心中的印象，对于提高企业的传播度是很有好处的。

图 4-9 所示为一个以企业 LOGO 图片做头像的公众号。

▲ 图4-9　以企业 LOGO 图片做头像的公众号

（2）企业产品图片

　　除了可以使用企业的 LOGO 做微信公众号的头像之外，还可以选择采用企业或者个人经营的产品图片来做微信公众号的头像。使用产品图片做公众号头像可以使得产品更多次地出现在广大微信用户的眼中，增加了产品的曝光率，从而达到宣传、推广产品的效果。图4-10所示为一个以企业产品图片做头像的公众号。

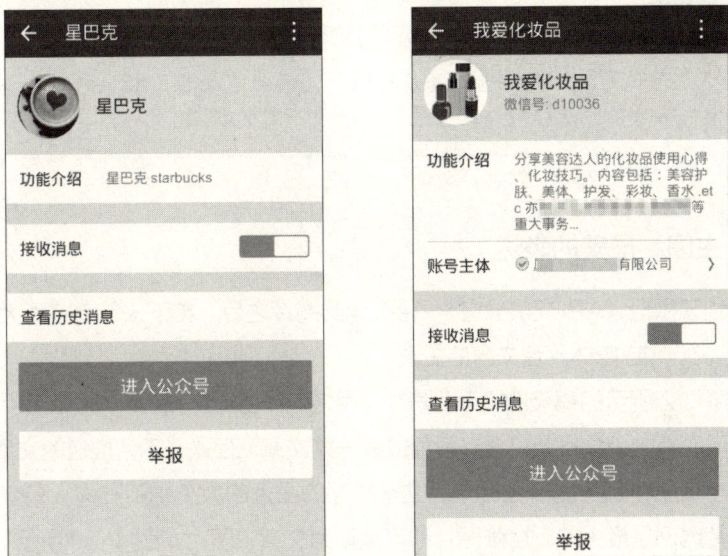

▲ 图4-10　以企业产品图片做头像的公众号

（3）其他类型图片

对于那些自媒体人的微信公众号来说，他们可能没有自己的公司 LOGO，也没有自己经营的产品，这些人在设置自己公众号头像的时候就选择其他类型的图片，例如自己的照片，各种跟公众号有关联的照片等等。图 4-11 所示为一个以其他类型的图片做头像的公众号。

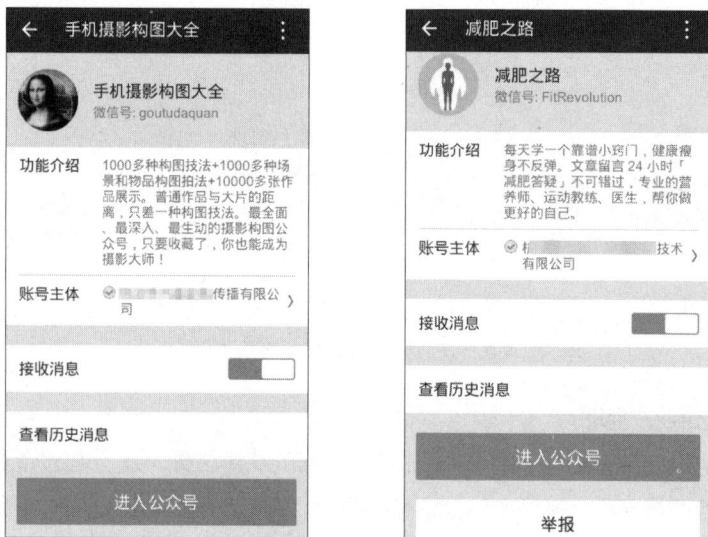

▲ 图 4-11 以其他类型的图片做头像的公众号

💡 **专家提醒**

需要注意的是，一定要选择高清的图片，因为有的自己拍摄的照片弄成头像之后就模糊不清了，这样对公众号的形象会有一定的折损。

4.1.2 主图：最美的表达

在介绍了微信、APP 和自媒体平台头像的图片之后，接下来笔者将为大家介绍一下微信、APP 和自媒体平台文章的主图。

在图 4-12 所示的每天的文章列表中，大家可以发现有的公众号每天会推送好几篇文章，但是有的公众号就只会有两篇或者一篇文章。但是，不管推送的文章有多少，基本上每一篇文章都会配一张图片，文章所配的图片的大小也不一样，只有头条文章所配的图片比例是最大的，这张图片即可被称为文章主图，如图 4-13 所示。

▲ 图 4-12　微信公众号文章列表

▲ 图 4-13　文章主图

　　文章的主图设置的好坏会影响到读者点开文章阅读的概率，一张漂亮、清晰的主图能瞬间吸引读者的眼球，从而让读者有兴趣进一步阅读。

　　同微信、APP 和自媒体平台头像的图片一样，衡量一张主图是否合格，可以从图片的清晰度、辨识度去判断。但是有一点不同是，在选取文章主图的时候还需要考虑图片的大小比例是否合适。

　　比例适宜的主图，其拥有以下几方面的优点，具体如图 4-14 所示。

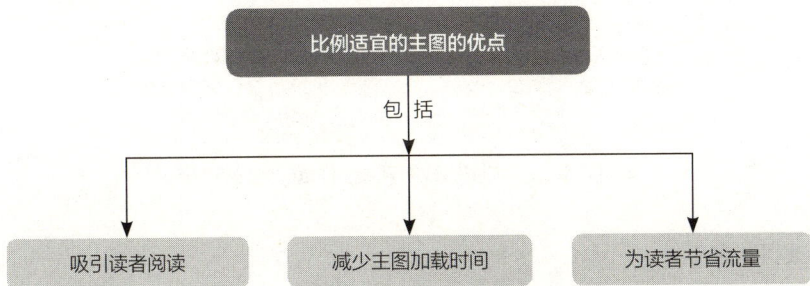

▲ 图 4-14　比例适宜的主图的优点

　　关于比例适宜的软文主图所应该具有的 3 个方面的优点，具体介绍如下。

1. 吸引读者阅读

　　大部分人都是视觉派的，看见漂亮的东西就会忍不住多看两眼，对于漂亮的图片也不例外。当读者点开某一公众号之后，如果它的文章主图有特色，能够吸引人，相信很多读者都会忍不住点开文章进行阅读。

因此，一张比例适宜的主图能够吸引读者阅读，从而给公众号文章带来更多的单击量，进而能够提升文章的阅读量。

2. 减少主图加载时间

当读者点开某一个微信、APP 和自媒体平台的文章列表时，如果其主图设置得过大，那么加载该图片就会需要耗费更多的时间，而一张大小适宜的文章主图，能够减少图片的加载时间。

加载主图所耗费的时间会在一定程度上决定读者是否继续阅读这篇文章，因为并不是每一个人都愿意耗费时间在等待上。

主图加载所耗费时间的长短产生的结果会大不一样，具体情况如图 4-15 所示。

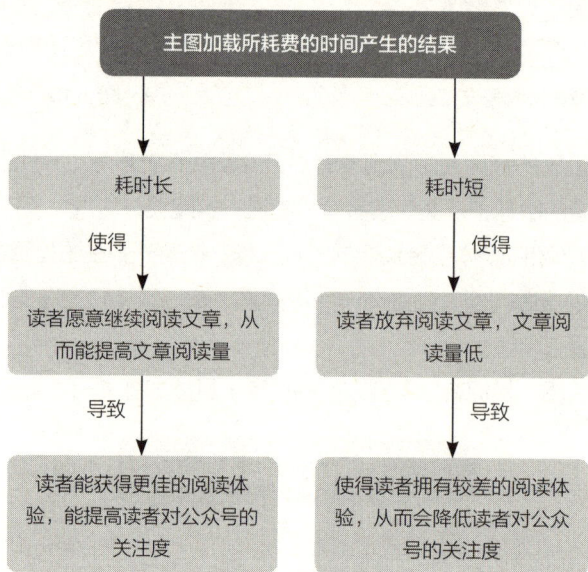

▲ 图 4-15　主图加载所耗费的时间产生的结果

3. 为读者节省流量

当一张主图过大的时候，读者加载它除了需要花费更多的时间外，更重要的一点是耗费的流量也会非常多。

如果读者是在 Wi-Fi 下阅读倒是不会太在意，但是如果用的是流量包里的流量，就会增加读者的流量费用，这对读者、对微信公众号来说都不是一件好事情。

因为，有的读者在流量紧张的情况下，为了节省流量的费用，就会选择不看微信公众号。如果读者不看微信公众号，那么微信运营者推送的文章就没有得到应有的阅读量和单击量。

4.1.3 侧图：要能吸引人

文章的侧图指的是微信、APP 和自媒体平台文章列表中除了头条文章之外的文章所配的图片，如图 4-16 所示。

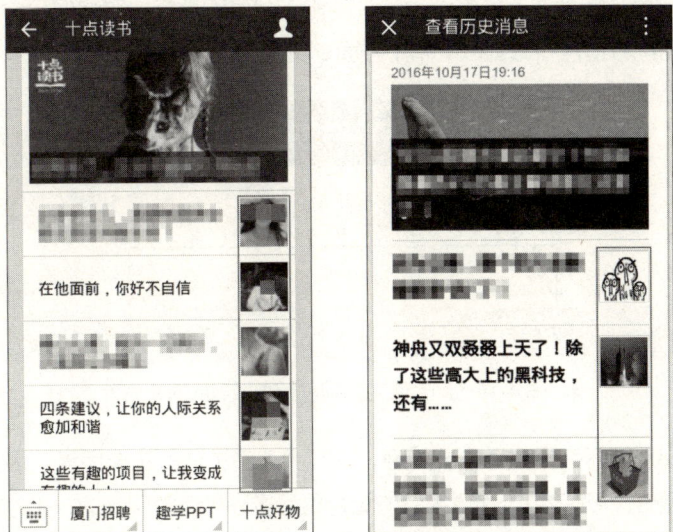

▲ 图 4-16 文章侧图

文章侧图虽然所占的比例比较小，但是也不可以忽视它的作用，它有着跟主图一样的效果，能提高文章的阅读量以及能够给读者提供良好的阅读体验，使得微信公众号能获得更多的读者支持。

4.2 100000+ 图片的 9 个细节要求

微信、APP 和自媒体平台运营者如果想要让平台上的图片更吸引人，达到一图决胜千言万语的效果，引爆读者眼球，那么就需要做到以下 9 点，如图 4-17 所示。

- 颜色：要亮丽夺目
- 尺寸：注意高清展示
- 排版：单图还是多图
- 精美：PS 美颜一下
- 容量：少才能打开快

让图片引爆读者眼球的细节

- 动图：GIF 更有动感效果
- 长图文：带来更大冲击力
- 水印：图片为你自动做推广
- 二维码：打造与众不同

▲ 图 4-17 9 个细节让图片引爆读者眼球

4.2.1 颜色：要亮丽夺目

微信、APP 和自媒体平台运营者想要让自己的公众号图片吸引读者的眼球，那么所选图片的颜色搭配要合适。

图片的颜色搭配合适能够给读者一种顺眼、耐看的感觉，对微信公众号而言，一张图片颜色搭配合适需要做到以下两个方面，具体如图 4-18 所示。

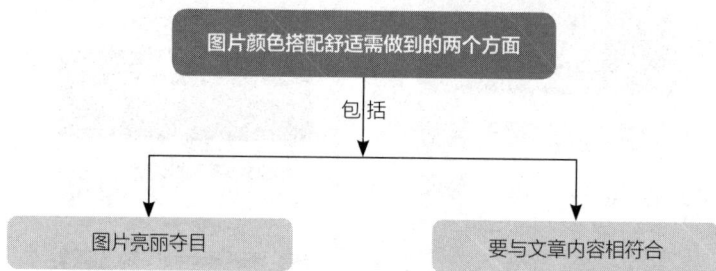

▲ 图 4-18　图片颜色搭配舒适需做到的两个方面

其中，图片亮丽夺目是其主要特点，是吸引读者关注的主要因素。因此，在非特殊情况下，微信、APP 和自媒体平台的图片要尽量选择色彩明亮的，因为这样的图片能给微信、APP 和自媒体平台带来更多的单击量，其原因具体如图 4-19 所示。

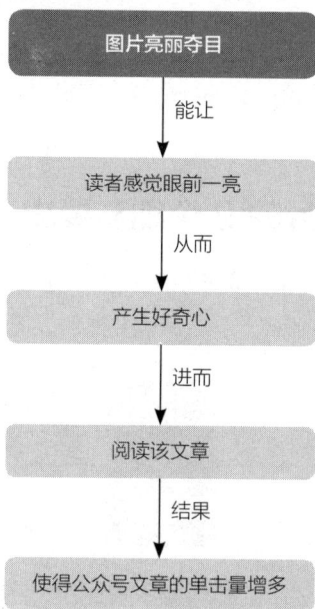

▲ 图 4-19　色彩亮丽夺目的图片带来更多单击量的原因

很多读者在阅读文章的时候希望能有一个轻松、愉快的氛围，不愿在压抑的环境下阅读，而色彩明亮的图片就恰好能给读者带来这样的阅读氛围。

当然，图片除了亮丽夺目外，在颜色选择上还有一个与内容是否符合的因素存在，这也是在图片的细节处理中需要注意的问题，在微信、APP 和自媒体平台上的软文图片处理也是如此。如果公众号推送的内容是比较悲沉、严谨的，就要选择与内容相适应的颜色的图片，也就不可使用太过跳跃的颜色，因为这样会使得整体感觉不协调。

4.2.2　尺寸：注意高清展示

图片除了需要注意其颜色选择外，还应该注意选择合适的尺寸。此外的尺寸包括两个方面的内容，如图 4-20 所示。

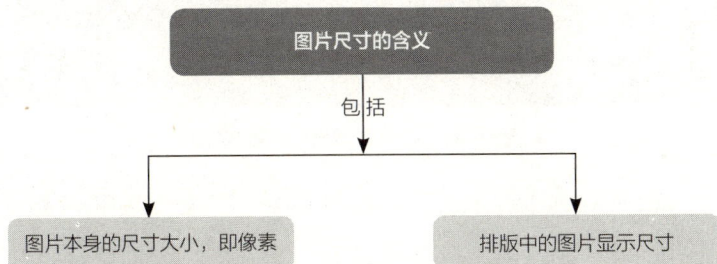

```
┌─────────────────────┐
│     图片尺寸的含义      │
└─────────────────────┘
          │
         包括
          │
   ┌──────┴──────┐
   │             │
┌──────────────────┐  ┌──────────────────┐
│ 图片本身的尺寸大小，即像素 │  │  排版中的图片显示尺寸   │
└──────────────────┘  └──────────────────┘
```

▲ 图 4-20　图片尺寸的含义解读

在排版中的图片显示尺寸大小一般有一个固定的范围，不可能做太大的调整。因此，为了保持图片的清晰度，必须保证图片本身的尺寸大小，以提高图片的分辨率，这是实现图片高清显示的最基本保证。

然而，图片高清显示的容量大小又关系到读者单击阅读软文信息时的用户体验，因此，在保持图片的高分辨率、不影响观看和顺利上传、快速打开的情况下，怎样处理图片容量大小就成为一个非常关键的问题。换句话说，即应该运用怎样的方法才能让高清图片改为普通大小。关于这一问题，平台运营者可以通过以下两种方法来解决，具体如下。

1. 运用 QQ 截图

在 QQ 打开界面，用户可以在结合快捷键的情况下以合适格式保存图像，即可得到普通大小的高清图片，具体步骤如下。

步骤 **1** 单击 QQ 头像，打开 QQ，再打开一张需要修改尺寸的高清图片，如图 4-21 所示。

▲ 图 4-21 打开需要修改的高清图片

步骤 **2** 按【Ctrl+Alt+A】组合键，将会在图上显示一个截图范围的图标，如图 4-22 所示。

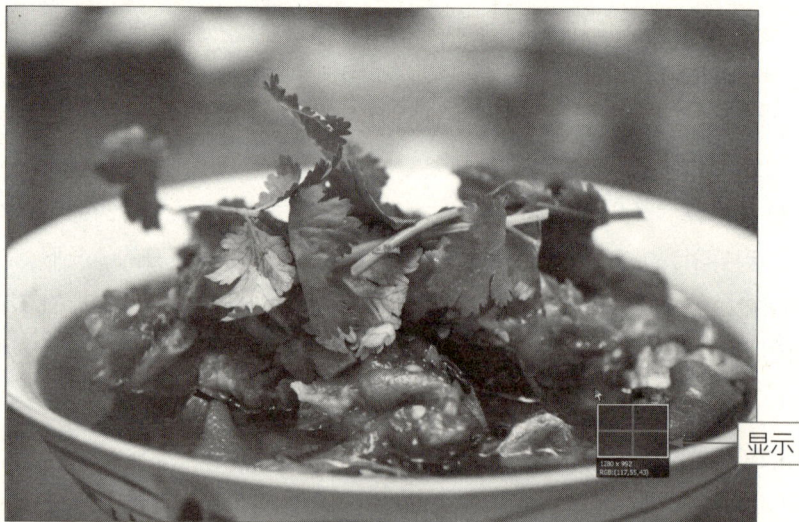

▲ 图 4-22 显示截图范围图标

步骤 **3** 移动鼠标至图片的左上角，然后按住鼠标左键并进行拖曳，选择高清图片，如图 4-23 所示。

▲ 图 4-23　选择图片

步骤 ④ 在显示的浮动面板上，单击"保存"按钮，如图 4-24 所示。执行操作后，即可完成利用截图。

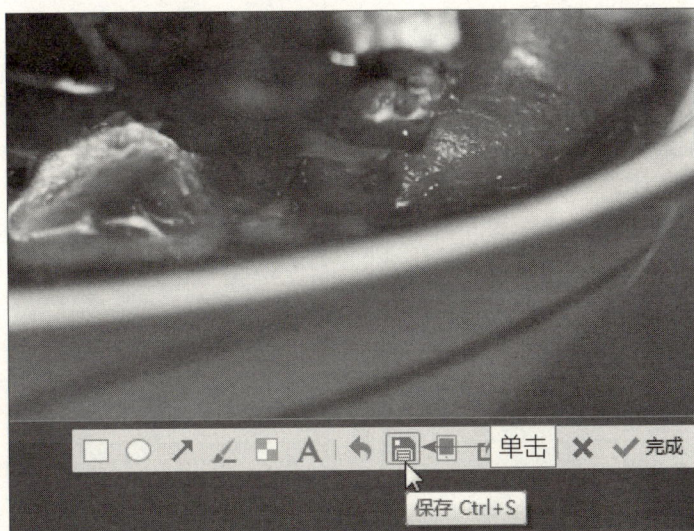

▲ 图 4-24　单击"保存"按钮

步骤 ⑤ 弹出"另存为"对话框，在其中设置保存位置和文件名，单击"保存类型"右侧的下拉按钮，在弹出的下拉列表框中选择 JPEG 格式，如图 4-25 所示，单击"保存"按钮，即可完成图片另存操作。

▲ 图 4-25　选择相应选项

　　用户可以分别查看高清图片的两种格式的图片容量大小，如图 4-26 所示。从图上可以看出，运用 QQ 截图并以 JPEG 格式保存的图片，其大小和占用空间明显要比以原格式保存的图片小得多。

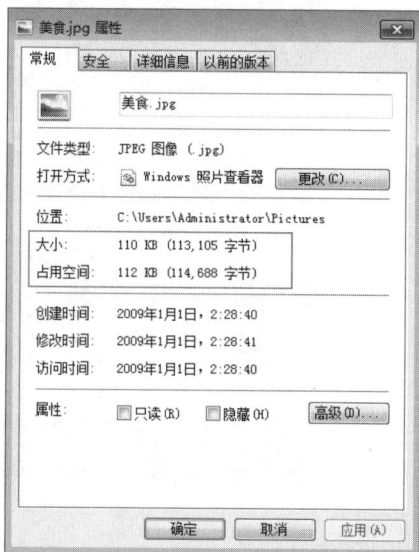

▲ 图 4-26　"属性"面板中显示的两种保存格式的图片大小

2. 运用画图工具

　　除了可以运用 QQ 截图来把高清图片改为普通大小外，还可以通过画图工具来实现这一目标，具体步骤如下。

步骤 ① 单击"开始"｜"程序"｜"附件"｜"画图"命令，打开"画图"工具，如图 4-27 所示。

▲ 图 4-27 打开"画图"工具

步骤 ② 在软件界面中，单击"画图"｜"打开"命令，打开需要修改的高清照片，如图 4-28 所示。

▲ 图 4-28 打开需要修改的高清图片

步骤 ③ 单击"画图" | "另存为"命令，在弹出的"另存为"窗格中选择"JPEG 图片"选项，如图 4-29 所示。

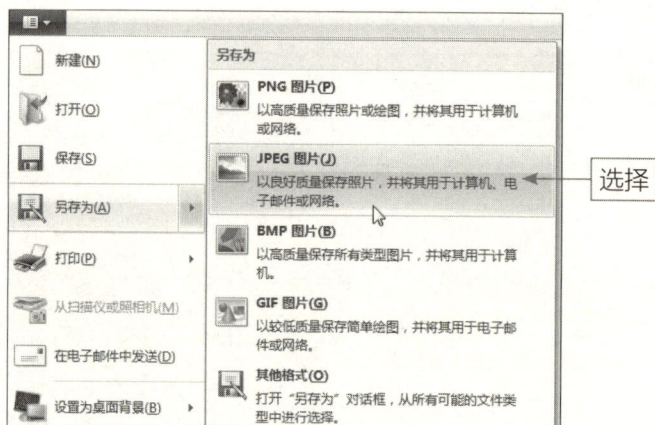

▲ 图 4-29 选择"JPEG 图片"选项

步骤 ④ 执行操作后，弹出"保存为"对话框，如图 4-30 所示，设置图片保存的位置和名称，即可将图片保存。

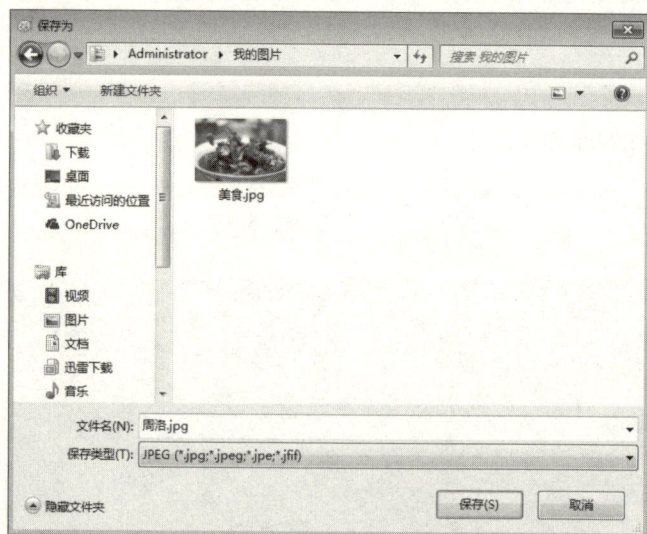

▲ 图 4-30 "保存为"对话框

通过查看属性可知，保存的图片比原图的大小和占用空间要小得多。

4.2.3 排版：单图还是多图

关于图片的多少这一问题，可以从两方面来理解——公众号推送的图文的多少和文章中排版所用图片的多少，下面将就这两个方面进行具体介绍。

1. 推送的图文的多少

推送的图文的多少是指一个微信、APP 和自媒体平台每天推送的文章的多少。细心的读者会发现，有的微信、APP 和自媒体平台每天会发送好几篇文章，如图 4-31 所示。

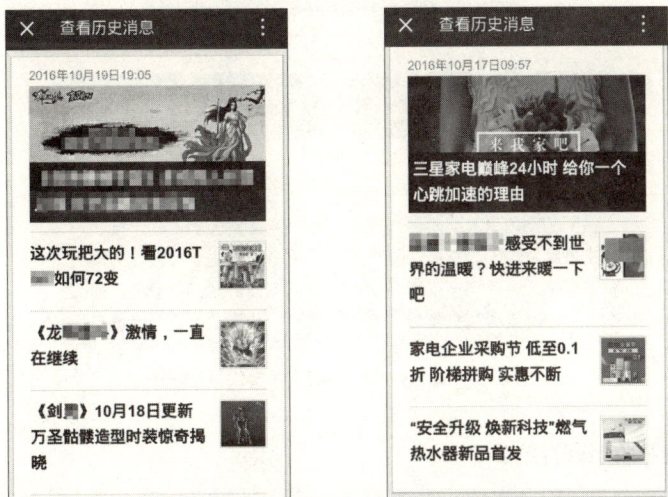

▲ 图 4-31　每天推送多篇软文的公众号

而有的微信、APP 和自媒体平台每天只会推送一篇文章，甚至隔几天或一段时间才发一篇文章。图 4-32 所示为每天推送一篇文章的公众号平台。

▲ 图 4-32　每天推送一篇软文的公众号

　　微信、APP 和自媒体平台推送的图文越多，所用的侧图就会越多；推送的图文越少，所用的侧图也就越少。

　　微信、APP 和自媒体平台软文的单图文推送和多图文推送各有各的特点，它们的特点具体如图 4-33 所示。

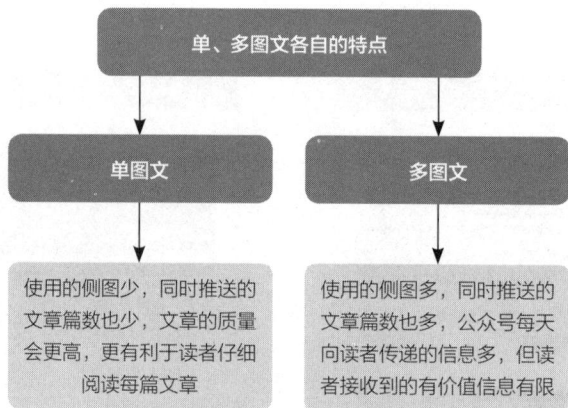

▲ 图 4-33　单、多图文各自的特点

2. 文章中排版所用图片的多少

　　每个微信、APP 和自媒体平台都有属于自己的特色，有的微信、APP 和自媒体平台在进行文章内容排版的时候会选择使用多图片的形式。

　　图 4-34 所示为一个名为 "会声会影 1 号"的微信公众号推送的多图片排版文章的部分内容展示。

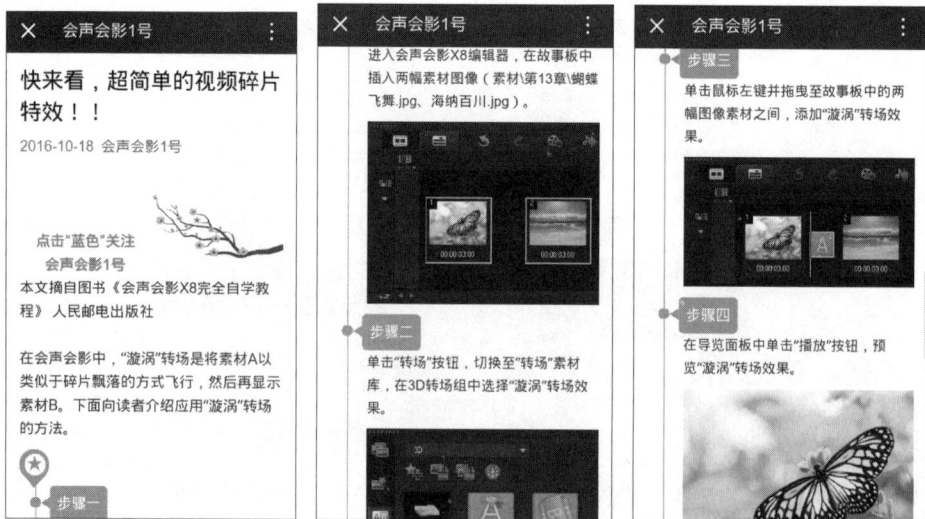

▲ 图 4-34　"会声会影 1 号"公众号多图片排版文章的部分内容展示

但是，有的微信、APP 和自媒体平台在进行文章内容排版的时候，就只会选择使用一张图片。

例如，以向读者推送原创信息为特色的个人微信公众号——"二号床"，它在其平台上发布的一首叫《和清风拂过的紫罗兰》小诗中，整个文章排版里就只使用了一张图片，具体如图 4-35 所示。

▲ 图 4-35 "二号床"公众号软文排版的一张图片案例

这种文章内容多图片、少图片的排版方式会给读者带来不一样的体验，它们的具体区别如图 4-36 所示。

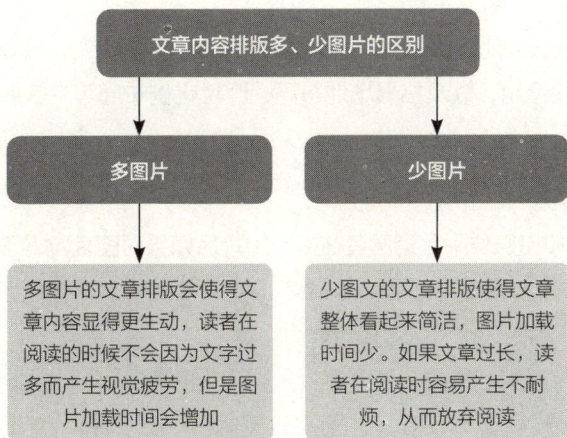

▲ 图 4-36 文章内容排版多、少图片的区别

4.2.4 精美：PS 美颜一下

企业、个人在进行微信、APP 和自媒体平台运营的时候是离不开图片的，图片是让微信、APP 和自媒体平台的软文内容变得生动的一个重要利器，会影响到读者点开文章的阅读量。

因此，企业或者个人在使用图片给微信、APP 和自媒体平台增色的时候也可以通过一些方法给图片"化妆"，让图片更加有特色，吸引到更多的读者。

微信、APP 和自媒体平台的软文编辑给自己的图片"化妆"，可以让原本单调的图片，通过多种方式变得更加鲜活。给图片"化妆"可以通过两种方法着手进行，具体如图 4-37 所示。

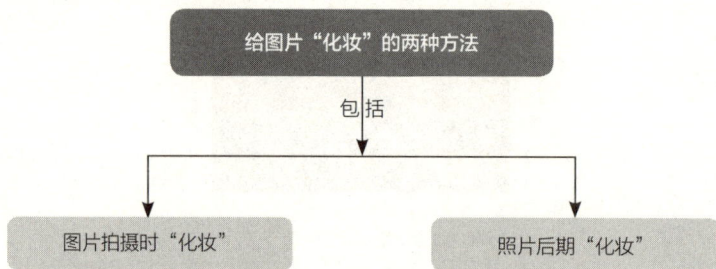

▲ 图 4-37 给图片"化妆"的两种方法

关于给微信、APP 和自媒体平台软文的图片化妆的两种方法，具体介绍如下。

1. 图片拍摄时"化妆"

微信、APP 和自媒体平台使用的照片来源是多样的，有的微信、APP 和自媒体平台使用的图片是企业或者个人自己拍摄的，有的是从专业的摄影师或者其他地方购买的，还有的是从其他渠道免费得到的。

对于自己拍摄图片的微信、APP 和自媒体平台运营者来说，只要在拍摄图片时，注意好拍照技巧的运用，以及拍摄场地布局、照片比例布局等，就能达到给图片"化妆"的效果。

2. 图片后期"化妆"

微信、APP 和自媒体平台运营者在拍完照片后如果对图片觉得不太满意，还可以选择在后期来给图片"化妆"，或者是微信、APP 和自媒体平台运营者对从其他地方得到的图片不满意的话，也可以选择后期"化妆"。

现在用于图片后期处理的软件有很多，如强大的 PS（Photoshop）、众所周知的美图秀秀等，软文编辑可以根据自己的实际技能水平选择图片后期处理软件，通过软件让图片变得更加夺人眼球。

一张图片有没有进行后期处理，效果差距是非常大的，如图 4-38 所示，就是同一张照片没加后期（1）跟加了后期（2）的效果对比。

（1）图片加工前

（2）图片加工后

▲ 图 4-38　同一张图片经后期处理与没加后期处理的效果对比

4.2.5　容量：少才能打开快

前面在讲到微信、APP 和自媒体平台文章主图的时候，就提到过要选择适宜的图片做文章的主图。其实在选择微信公众号中的每一张图片的时候都要经过仔细的斟酌，要选择尺寸大小适宜的图片。

微信、APP 和自媒体平台软文编辑在选择图片尺寸大小的时候，需要清楚的是，图片格式的选择是多样的，如图 4-39 所示。

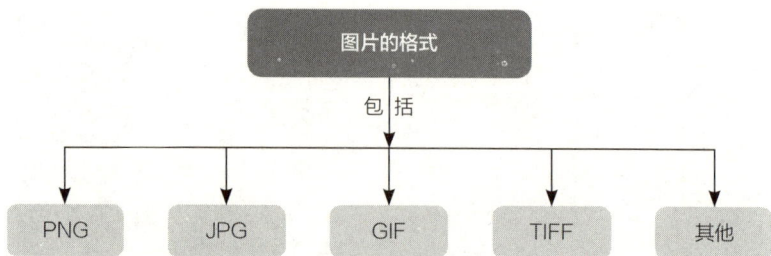

▲ 图 4-39　图片的格式

微信、APP 和自媒体平台软文编辑在选择图片的时候，应该尽量将单张图片的容量大小控制在 1.5 ～ 2M，在这个容量限制下微信、APP 和自媒体平台软文编辑可以从以上图片格式中选取效果最佳的格式进行图片制作。

同时，微信、APP 和自媒体平台软文编辑可以根据公众号定位的读者对象的阅读时间对图片的大小做调整。

之所以说要选择合适的图片大小，就是从读者的阅读体验出发的，不想让过大的图片既耗费读者大量流量又耗费图片加载的时间。如果微信、APP 和自媒体平台定位的读者一般习惯晚上八九点阅读文章，而这个时间段基本上人们都是待在家里，读者可以使用 Wi-Fi 打开微信、APP 和自媒体平台进行阅读，不用担心流量耗费，也不用担心图片加载过慢，那么文章编辑就可以适当地将图片的容量放大一些，给读者提供最清晰的图片，让读者拥有最好的阅读体验。

但是如果微信、APP 和自媒体平台定位的读者大部分都是在早上七八点钟阅读文章，那么读者使用手机流量上网的可能性就会比较大，这时候如果公众号发送文章的话，就需要将图片的容量控制在上面所说的 1.5 ～ 2M，为读者节省流量的同时也节省图片加载时间。

4.2.6　动图：GIF 更有动感效果

很多的微信公众号在放图片的时候都会采用 GIF 动图形式，这种动起来的图片确实能为公众号吸引不少的读者。GIF 格式的图片会让图片更有动感，相对于传统的静态图，它的表达能力会更强大。静态图片只能定格某一瞬间，而一张动图则可以演示一个动作的整个过程，自然而然其效果会更好。

图 4-40 所示为一个名为"十点读书"的微信公众号发布的 GIF 格式的动图文章，图片内容非常生动。

▲ 图 4-40 "十点读书"发布的 GIF 格式图片

4.2.7 长图文：带来更大冲击力

有一个名为"伟大的安妮"的微信公众号，它的平台上发布的文章都是采用长图文的形式，以图片加文字的漫画形式描述内容，其发布的文章阅读量都非常高，接下来我们就欣赏一下该平台上的某篇文章的部分内容，如图 4-41 所示。

▲ 图 4-41 "伟大的安妮"长图文文章部分内容欣赏

可见，长图文是使得微信、APP 和自媒体平台的图片能获得更多关注的一种好方法。长图文将文字与图片融合在一起，借文字描述图片内容的同时，用图片使所要表达的意思更生动、形象，二者相辅相成，配合在一起，能够使文章的阅读量达到不可思议的程度。

4.2.8　水印：图片为你自动做推广

要想让微信、APP 和自媒体平台的图片引爆读者的眼球，给图片打个标签也是微信公众号、APP 运营者需要注意的一个问题。给图片打标签的意思就是给微信、APP 和自媒体平台的图片加上专属于该公众号、APP 和自媒体的水印。

微信、APP 和自媒体平台软文编辑者如果要给图片加上专属标签，可以在微信公众号、APP 和自媒体平台的后台进行操作。接下来以微信公众号为例，给大家介绍一下具体的添加专属标签的操作方法。

首先进入微信公众平台，然后单击"公众号设置"按钮，如图 4-42 所示。

进入"公众号设置"页面之后，单击"功能设置"按钮，就能看到设置水印一栏，如图 4-43 所示。

单击"设置"按钮，就会跳出相应的"图片水印设置"页面，如图 4-44 所示，从图中可以看到，图片水印的设置有使用微信号、使用名称、不添加 3 种形式。

既然我们的目的是给图片打标签，那我们就可以选择忽视第三种形式，微信公众号运营者可以在第一种和第二种形式中根据自己的想法选择一种设定微信图片的水印的形式，然后单击"确定"按钮即可。

▲ 图 4-42　单击"公众号设置"按钮

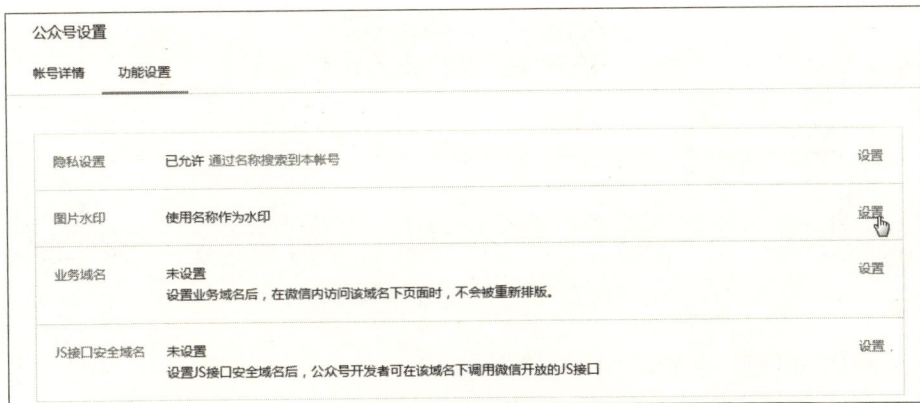

▲ 图 4-43 设置水印一栏

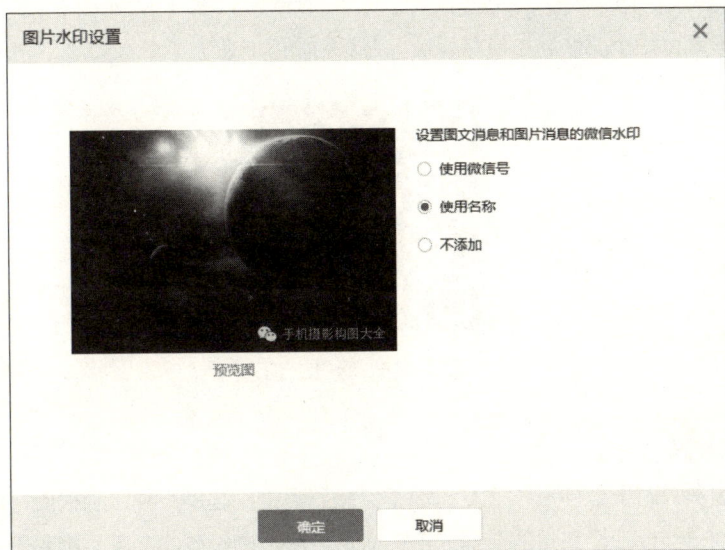

▲ 图 4-44 图片水印设置界面框

4.2.9 二维码：打造与众不同

在现实生活中，随处都布满了二维码的身影，二维码营销已经成为了一种很常见的营销方式。二维码对于微信公众平台来说也是非常重要的一种吸引读者的图片，同时它也是微信、APP 和自媒体平台的电子名片。

因此，企业或者个人在运营自己的微信、APP 和自媒体平台时，可以制作多种类型和形态的二维码进行平台推广与宣传，以便吸引不同审美类型的读者。将我们在生活中见到的二维码进行分类，可以分为 5 种类型，具体分类如图 4-45 所示。

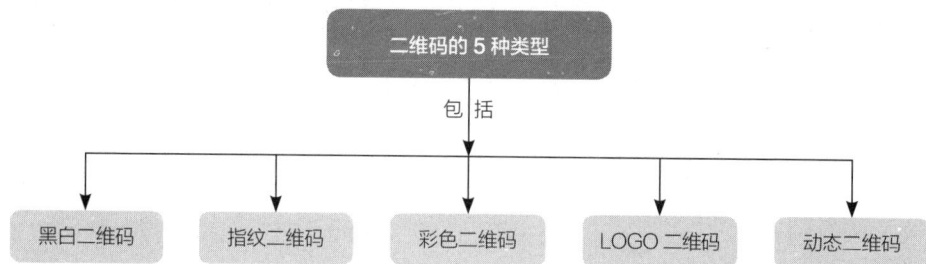

▲ 图 4-45　二维码的 5 种类型

关于二维码的 5 种类型，具体介绍如下。

1. 黑白二维码

在我们的日常生活中，比较常见的二维码都是黑白格子的，如图 4-46 所示，这种单一的形式已经不能够满足喜欢尝鲜、喜欢创新的消费者了。

▲ 图 4-46　黑白二维码

2. 指纹二维码

相信很多人对于这种指纹二维码都不会感到陌生，这是一种之前很流行的二维码类型。它的特点是一个正常的普通二维码旁边带一个指纹型的动图，相对于一般的二维码，它给人的感觉会比较有趣。图 4-47 所示为一个指纹二维码。

长按指纹，识别二维码关注

▲ 图 4-47　指纹二维码

3. 彩色二维码

彩色二维码是一种非常有特色的二维码，它不同于黑白二维码那么单调、死板，它是靓丽、有活力的，这种二维码能够吸引大批追求新颖与特色的读者，能够使微信、APP 和自媒体平台变得更有特色。图 4-48 所示为一个彩色二维码。

4. LOGO 二维码

LOGO 二维码是指企业将自己公司的 LOGO 设计到二维码中，使得读者在扫码或者阅读时能够看到自己企业的 LOGO 形象，加深了读者对企业的印象，也达到了提高企业知名度的目的。

这种类型的二维码，是企业进行微信营销与推广很常用的一种二维码，其效果也是很不错的。如图 4-49 所示，则是一个 LOGO 二维码。

5. 动态二维码

动态二维码也是微信、APP 和自媒体平台运用得非常广泛的一种二维码类型，它相对于静态的二维码来说能够带给读者更多动感，能给看见的人留下非常深刻的印象，一个动态二维码就是一张动态名片。图 4-50 所示为"她刊"的微信公众号使用的动态二维码。

▲ 图 4-48　彩色二维码

▲ 图 4-49　LOGO 二维码

▲ 图 4-50　动态二维码

4.3　100000+ 图片的 9 个表达技巧

要创作一篇出色的微信、APP 和自媒体文章，图片的力量是不可忽视的。一篇图文结合的文章对读者的吸引力肯定是一篇纯文字的文章所不能比拟的。

图片能够给文字插上飞翔的翅膀，让文字所要传达的情感更加深入人心，运用得当的图片能够成为微信、APP 和自媒体平台软文打动读者的强力利器。在此，将为读者呈现微信、APP 和自媒体平台软文中的图片表达技巧。

4.3.1　图片体现隐藏的情怀

图片能够向读者传递一个微信、APP 和自媒体平台的情怀，这类平台只用图片就可以胜过千言万语，能够让读者感受到公众号隐藏的情怀。

图 4-51 所示是一个名叫"油画"的微信公众号发布的一篇油画作品集中的一部分作品。这一整篇文章，除了作品集介绍用了文字表达，后面的内容都是油画图片，但它却能表达该公众号的高雅情怀。

▲ 图 4-51　"油画"公众号中图片体现情怀的部分案例

4.3.2　催眠读者产生认同感

微信、APP 和自媒体平台运营者在给文章配图片的时候，写的文章如果不配图片，文章再长，它的吸引力也会大打折扣。因为过长的纯文字会显得比较枯燥，使读者容易产生阅读疲劳，人们对于长篇幅的纯文字会选择性跳过，不阅读。

然而，在文章中加上图片会使文章变得更加形象，这一点对于带有广告性质的微信公众号文章来说是非常重要的。

因为图片能够达到催眠读者的效果，它能让读者的视觉感官和思维受到图片的影响，从而达到催眠读者对产品的认可度。

4.3.3　增强互动，凝聚粉丝

各位商家在进行微信、APP 和自媒体平台运营的时候，根据自己平台的文章内容选择合适的图片，能够使得文章与图片之间搭配得很和谐，从而达到借助图片加深与读者之间的互动与交流的目的。图片增加与读者之间的互动可以帮助平台凝聚读者，从而培养出平台的忠实粉丝。

图 4-52 所示为"会声会影 1 号"微信公众号之前举行过的一次摄影照片征集活动，内容是代"手机摄影构图大全"微信公众号发布征集关于旅游的摄影照片的活动消息。

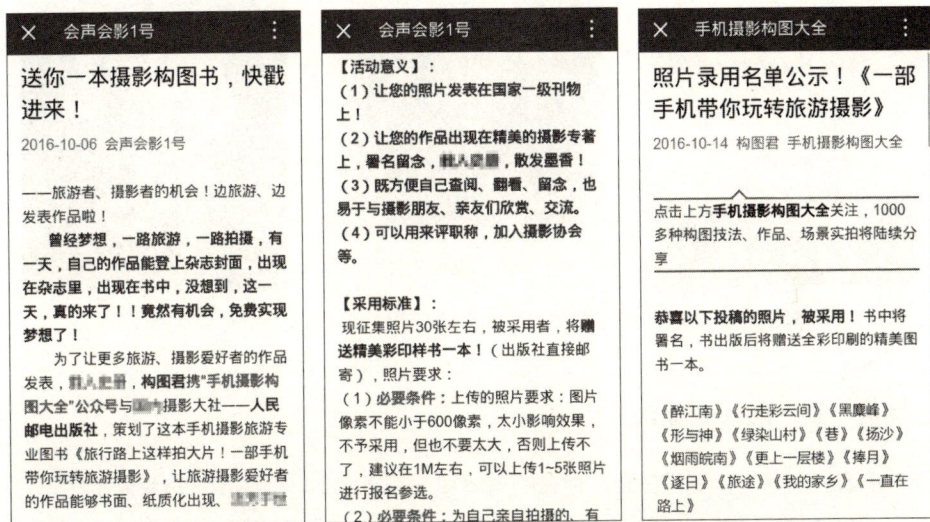

▲ 图 4-52　微信公众平台发布的照片征集活动互动案例

从中可知，平台订阅者只要在"手机摄影构图大全"公众平台上参与投稿并投票，就有可能让自己的照片在正式出版物上发表，而"手机摄影构图大全"公众平台对这一活动的结果做了回应和公示。这种类型的活动就能够加深与读者互动，提高读者黏性。

4.3.4　图片增强真实感

微信、APP 和自媒体平台在发布文章的时候，配上图片能够给读者最直观的视觉感受，增强真实感。企业在微信、APP 和自媒体平台上发送产品广告的文章时，配上图片是进行产品推广最为有效的方法，如果平台推送的产品广告文章中能配上购买者对产品的使用感受图或者效果图，那是再好不过了。

因为大部分人都是愿意相信自己所看见的，有时候商家说再多再多的产品的好，也抵不过买家的一句使用感受。

图 4-53 所示为一个名叫"康宝莱微刊"的微信公众号在其平台上发布的用户使用自己产品前后的效果对比图。因为版面有限，所以笔者在这里只放了该篇文章的一部分内容。

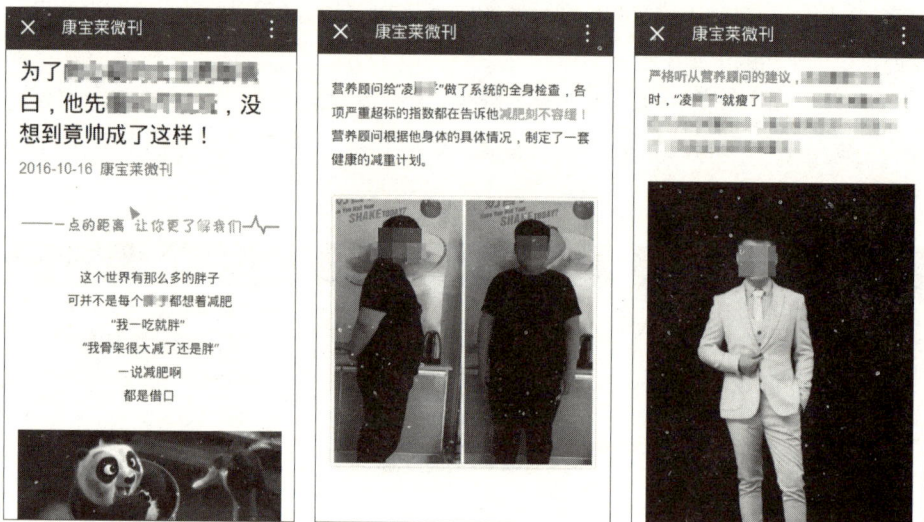

▲ 图 4-53　"康宝莱微刊"公众号中图片增强真实感的部分案例

4.3.5　图片的创意表达

所谓"创意"，就是在现实存在的理解和认知基础上，赋予事物一种新的思维和意识。在创意范畴内，通过形成的新的思维和意识，人们可以很好地发掘资源深层次的价值。

在微信、APP 和自媒体平台运营中，利用图片的形式，让产品和品牌的中心关注点充满创意，能够立刻吸引消费者的注意力。关于微信、APP 和自媒体平台的产品创意化，可通过两种形式来实现，如图 4-54 所示。

在新包装、细节图等多种形式的创意武装下，企业产品和品牌能够吸引更多消费者，促成营销目标的实现。图 4-55 所示为利用图片的创意来积极推广产品的案例。

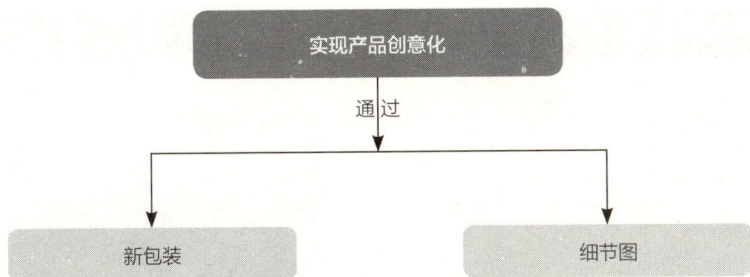

▲ 图4-54 产品创意化的实现形式

▲ 图4-55 图片式的产品创意

4.3.6 呈现真实生活场景

如果想要完美、形象地呈现一个真实的生活场景，除了视频外，没有比图片更合适的方法了。有时候文字描述也能真实地再现场景，能够让读者在脑海中呈现真实的生活场景，这种形式是比较含蓄和富有韵味的，而从直观、形象的角度来说，其效果还是略逊图片一筹的。图4-56所示为平台软文中图片的真实场景呈现。

因此，在软文中利用图片形式让读者在阅览图文的时候很直观地感受到真实生活场景，那么，软文的推送也就更有了意义和价值。

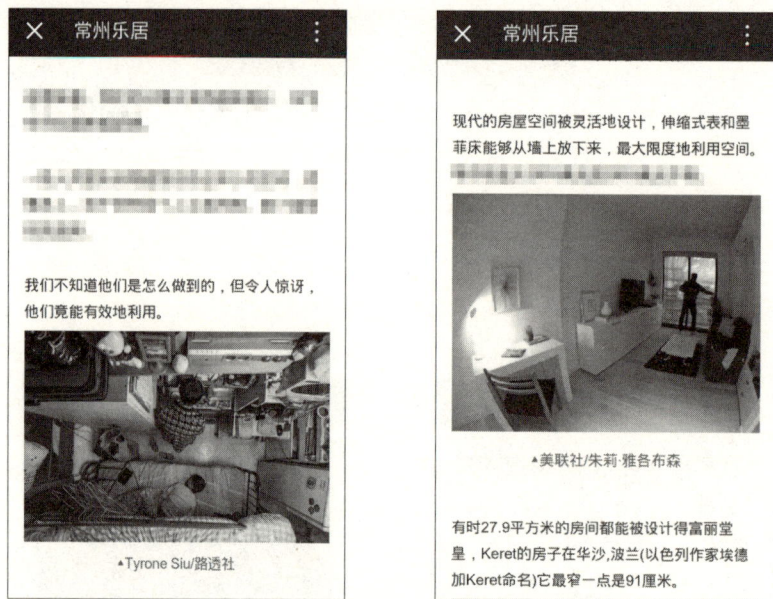

▲ 图 4-56　利用图片呈现真实生活场景

4.3.7　图片的角色代入感

在微信、APP 和自媒体平台软文中，如果企业或商家放入其中的是有着消费者或其他人物身影存在的图片，那么该产品和品牌可以让读者产生身份认同感和代入感，而这一过程，也在无形中实现了读者对产品、品牌的了解，从而更信赖和信任产品或品牌。而想要实现这一目标，可以通过在软文中植入相关图片来实现，如图 4-57 所示。

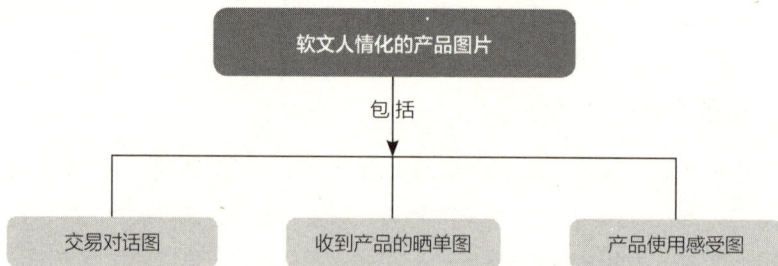

▲ 图 4-57　软文文字人情化的产品图片

通过上图中所提及的 3 种图片，可以让其他的读者融入商品营销过程中并产生一种角色代入感，将自己当作其中的顾客，想象成是自己在进行产品购买前的咨询或者是使用产品后在诉说对产品的感受，可以充分体验到顾客的心情。其实这就是图片让读者产生代入感的功效，而代入感的产生是建立在图片能够展现充满人情意味的产品的基础之上的，因此可以说，图片在表达上除了能够让产品创意化，还具有让文字人情化的作用。

图 4-58 所示为"站长之家"平台推送的用户晒单图。

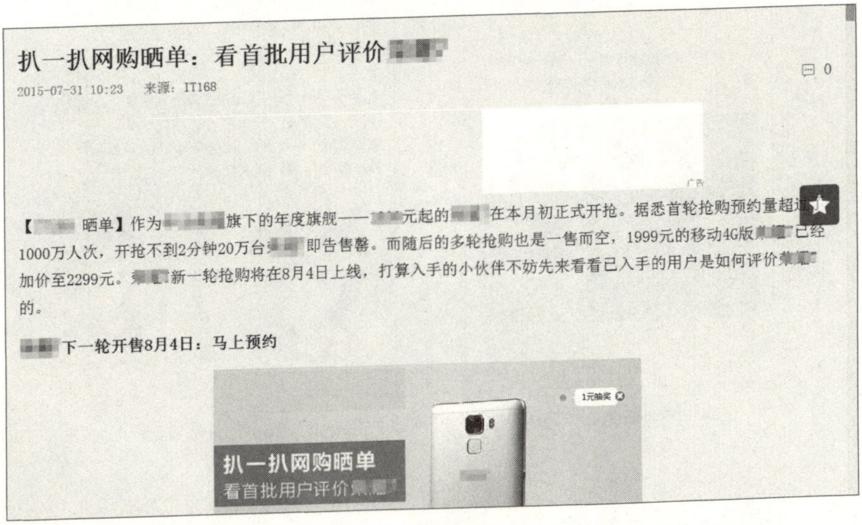

（1）

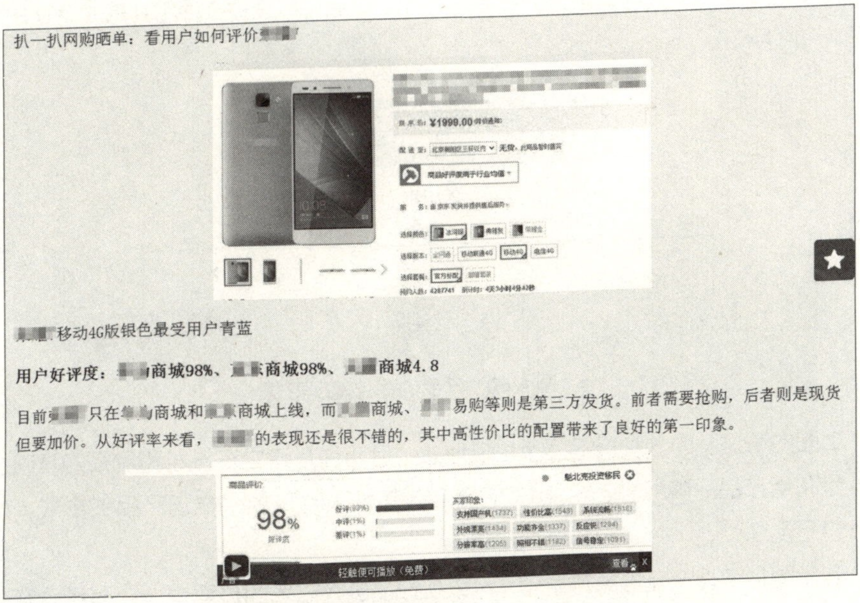

（2）

▲ 图 4-58　"站长之家"平台推送的用户晒单图

图 4-59 所示为"减肥之路"公众平台软文中推送的产品使用感受图。

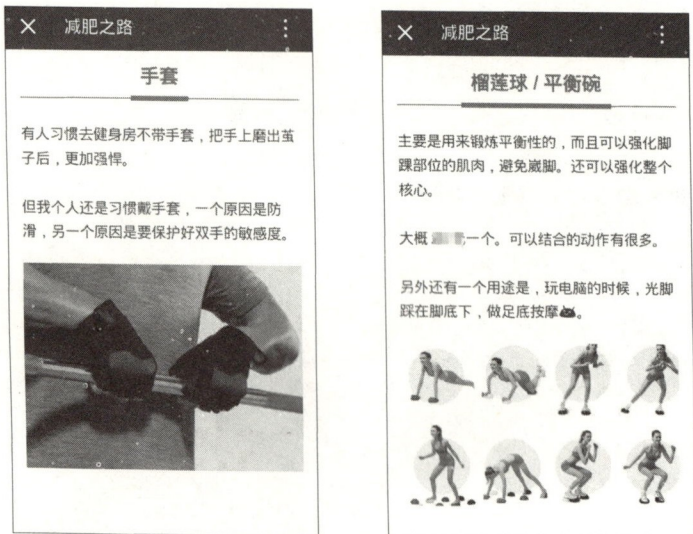

▲ 图 4-59　"减肥之路"公众平台推送的产品使用感受图

4.3.8　形象地位的符号化

在微信、APP 和自媒体平台的软文推送中，产品可以通过 3 种图片形式呈现出来，如图 4-60 所示。

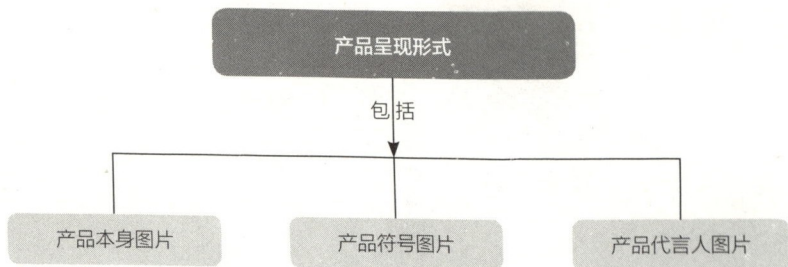

▲ 图 4-60　产品的图片呈现形式

上图中所提及的 3 种产品图片呈现形式，后两种是建立在符号和象征的基础之上的，是利用产品品牌标志、企业 LOGO 和代表性人物形象来推送产品的形式，如图 4-61 所示。

利用图片实现产品形象符号化，可以在产品进入市场的过程中，让消费者在一看到与该符号形态相同或相似的标识时产生一种联想的感觉，既能扩大产品的宣传影响力，还能促进产品营销的实现。

之所以能够产生联想的感觉，就在于产品的形象符号在流通传播过程中产生了一

种文化意义和社会生命力，并与社会中的某一文化元素相契合，于是无形中就在消费者心目中形成了一定的形象地位，这是产品形象化的真实意义所在。

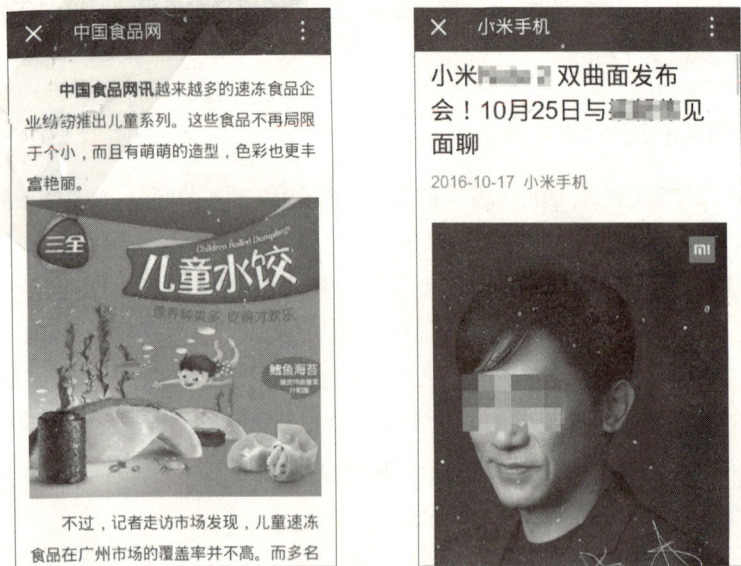

▲ 图 4-61 软文的产品形象符号化的图片呈现

　　这种做法在软文营销中多有体现，例如，微信公众平台"手机摄影构图大全"的软文在撰写过程中总会呈现其二维码，而二维码上的公众号头像，明显是品牌形象符号的体现，如图 4-62 所示。

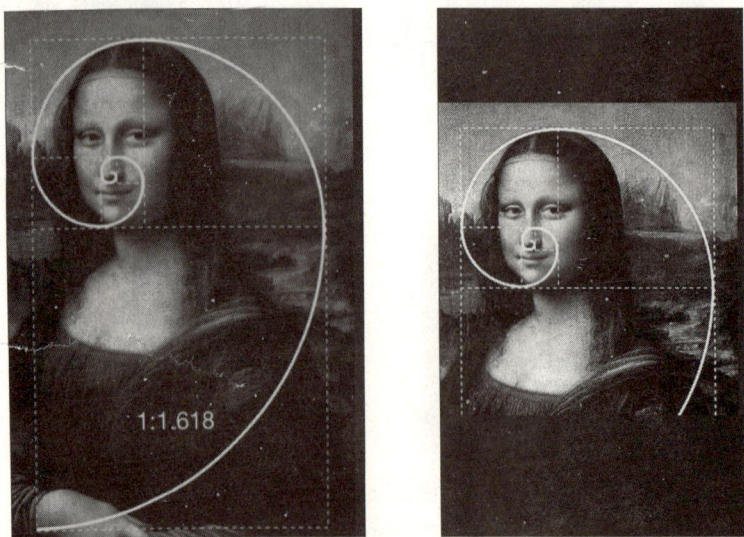

▲ 图 4-62 蒙娜丽莎构图设计和公众号头像呈现

图片利用蒙娜丽莎的经典形象，再辅以公众号的主题内容"构图"设计，可以带给读者深刻的印象。当读者在其他地方看到蒙娜丽莎的图片、感受她的美时，很容易就能联想起"手机摄影构图大全"这一微信公众号的软文发布平台，这对于宣传该平台品牌是有着重要作用的。

4.3.9　图片的巧妙植入

相比纯文字的信息，图片加软文的方式更加受用户群的欢迎。通过加入图片来进行表达或者描述品牌，会更容易收到效果。

在微信、APP 和自媒体平台上，商家可以将与产品相关的图片放到平台上，实现做广告的目的。

商家发布产品广告图片时，可以配上一篇相应的广告文案，放入微信、APP 和自媒体平台的推送信息中。因为这种广告是软性的，能够在潜移默化中将产品信息植入到读者的眼中、脑中，从而让读者对产品拥有一定的认知。这样的软性广告植入法会比直接用纯文字打广告更容易让读者接受。

图 4-63 所示为微信公众号"我爱化妆品"推送的一篇文章，但是它其实是一篇软性植入广告文章，最后引出的是化妆水。接下来，我们就来欣赏一下这篇文章的部分内容。

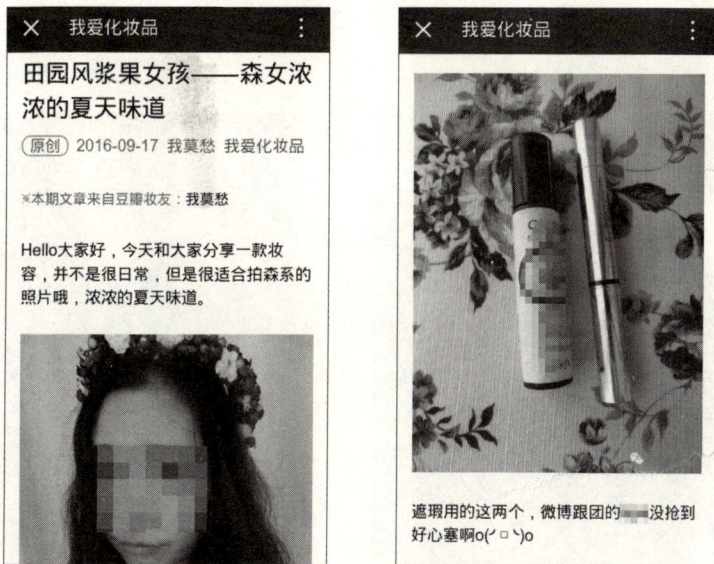

▲ 图 4-63　"我爱化妆品"公众平台软性植入广告的案例

第 5 章

版式：
给予用户最舒适的阅读体验

学前提示

在运营微信、APP 和自媒体平台的过程中，在保证内容的优质和原创性的基础上，软文编辑者只有将排版做好，才能给读者最佳的阅读体验，让他们成为媒体平台的忠实粉丝。本章将介绍一些提升平台软文版式质量和阅读体验的相关内容。

要点展示

- ≫ 整体界面栏目设置
- ≫ 舒适排版的 15 个技巧
- ≫ 借用高大上的第三方排版编辑器

5.1 整体界面栏目设置

在微信、APP 和自媒体平台上，企业或个人如果要进行平台运营，首先就需要对平台界面进行栏目设置，以便对平台软文进行分类处理。那么了解一些公众号栏目设置的要求是非常有必要的，软文的栏目设置要求具体包括 4 个方面，如图 5-1 所示。

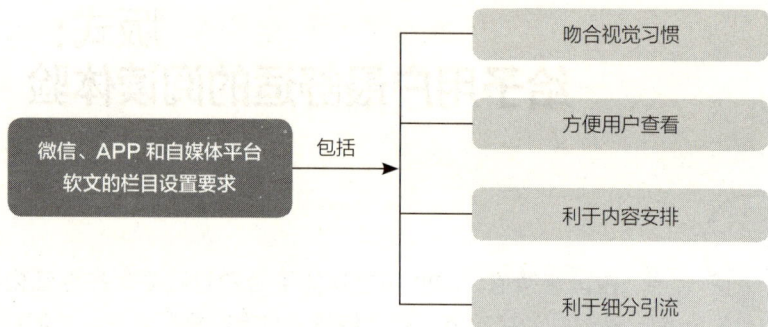

▲ 图 5-1 微信公众号栏目设置方面的内容

5.1.1 吻合视觉习惯

视觉是人类获取信息、观察事物的能力，在视线所及的范围内，人们利用视觉能力所察觉到的结果是极具选择性的。这是因为，在大脑的意识支配下，眼睛能够对所看到的事物和信息依据一定的习惯进行信息和注意力的分类、筛选，最终形成视觉效果。

而栏目设置作为艺术设计的一部分，是非常重要的，读者在阅读软文时，会根据一定的视觉习惯对平台首页的栏目进行有目的性的选择。对于视觉习惯而言，其最重要的要求表现在两个方面（主要是针对视觉效果而言），如图 5-2 所示。

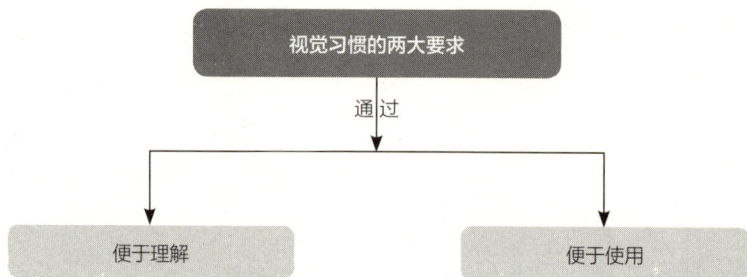

▲ 图 5-2 吻合视觉习惯的要求分析

在栏目设置上，同其他文本设置一样，要遵循一定的视觉习惯，这主要体现在两个方向的问题上，具体分析如下。

1.横向和纵向

这主要是从栏目设置的文本方向上来说的，基于人的眼睛在横向上的移动相对于纵向移动来说明显更迅速和不易疲惫，因此，大部分的栏目设置是尽量横向排列的。

图 5-3 所示为微信公众平台的横向栏目设置。

▲ 图 5-3 微信公众平台的横向栏目设置

图 5-4 所示为 APP 平台的横向栏目设置。

▲ 图 5-4 APP 平台的横向栏目设置

图 5-5 所示为自媒体平台的横向栏目设置。

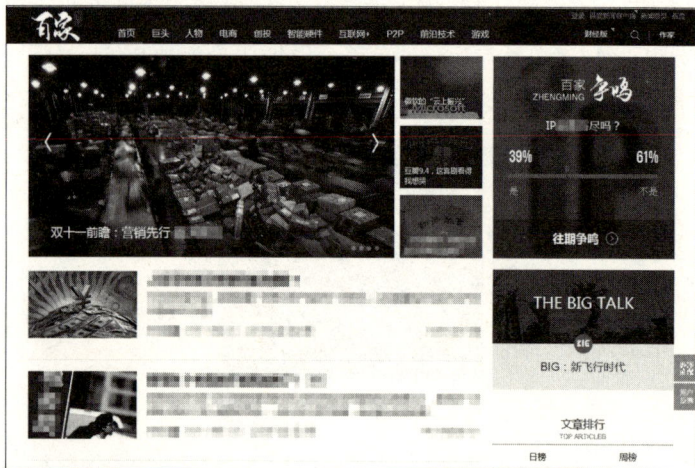

（1）

（2）

▲ 图 5-5　自媒体平台的横向栏目设置

2. 上下和左右

这是决定人们注目位置和程度的关键所在。从视觉习惯上来说，人们的视线转移路径一般是从左至右、从上至下，因此，在不同的平台上，由于其包含的信息和界面的不同，其整体栏目的设置位置也不同。

在微信、APP 平台上，由于手机屏幕所展示的信息有限，因此，进入公众号界面或 APP 界面，首先需要设置一些容易吸引读者注意的信息，只有吸引了读者注意，才能使他们有耐心关注平台内容，也就是通过栏目设置进入各个内容界面。在界面上部设置容易引导读者的图文内容，而把栏目设置放在下方，如图 5-6 所示，这是因为在视区内上部的注目程度比下部高。

▲ 图 5-6 微信的栏目设置

当然，在 APP 平台上，其栏目设置的位置也要视信息多少而定。如果信息比较多，APP 平台会选择在上方设有分类栏目，或是在上方和下方都设置分类栏目，如图 5-7 所示。

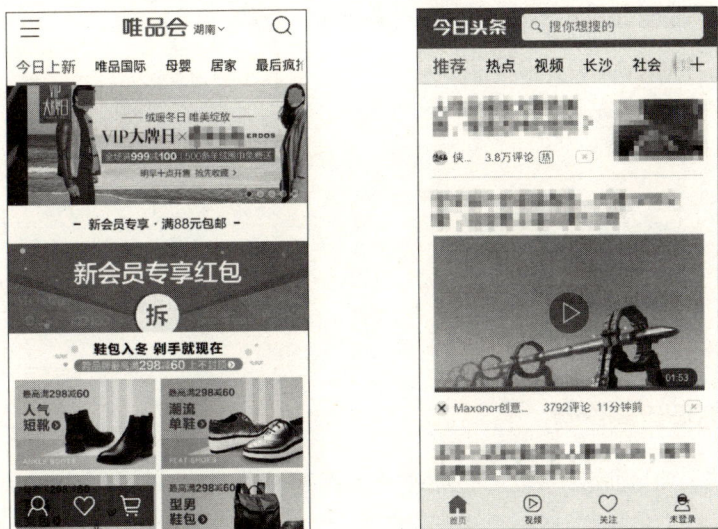

▲ 图 5-7 APP 平台的栏目设置

在自媒体平台上，由于其所包含的信息量大，分类较多，栏目设置一般位于读者关注程度高的位置，如界面的上部和左侧，如图 5-8 所示。

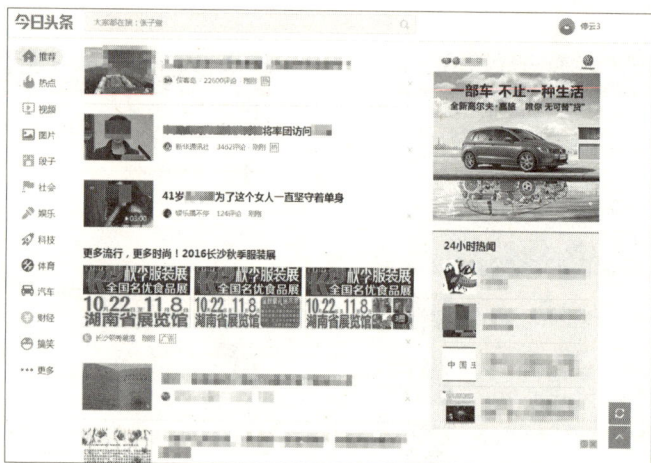

（1）

（2）

▲ 图 5-8　自媒体平台的栏目设置

5.1.2　方便用户查看

对于栏目设置而言，从艺术性和视觉上来说，必须吻合视觉习惯，而从实际操作上来说，栏目设置的重点在于方便用户查看，这主要表现在以下 3 个方面，如图 5-9 所示。

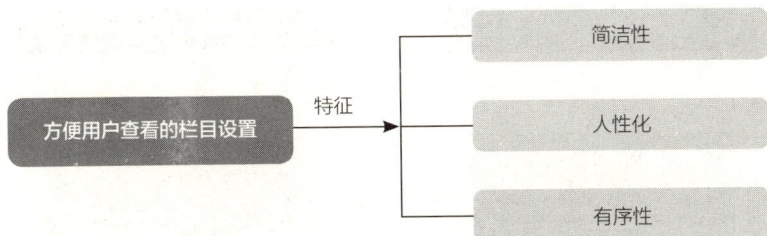

▲ 图 5-9　方便用户查看的栏目设置特征

从图 5-9 可知，方便用户查看的栏目设置，主要具有 3 个方面的特征，具体分析如下。

1. 简洁性

平台界面的简洁是方便用户查看的基本特征。在微信、APP 和自媒体平台上，平台的栏目设置要非常简单的，特别是在微信公众平台上，一般的自定义菜单栏由 3 个栏目组成，如图 5-10 所示。

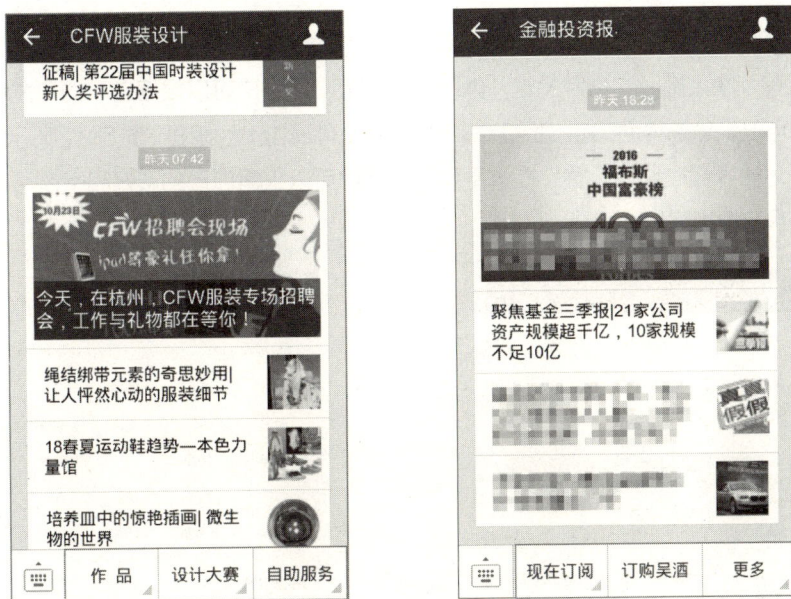

▲ 图 5-10　自定义菜单的主栏目

假如在主栏目下还有其他分类内容，为了界面的简洁，其子栏目一般都进行了隐藏设置，用户只要单击主栏目即可弹出子栏目，如图 5-11 所示。

▲ 图 5-11　自定义菜单的子栏目

2. 人性化

　　具有人性化特征的栏目设置，体现在平台上，是用户可以根据自己的习惯和兴趣设置令自己满意的界面，这一特征在 APP 平台上体现得尤为明显。图 5-12 所示为"今日头条"的界面栏目和设置。在该平台上，用户可以根据自己的喜好和阅读习惯选择增减栏目和调换栏目顺序。

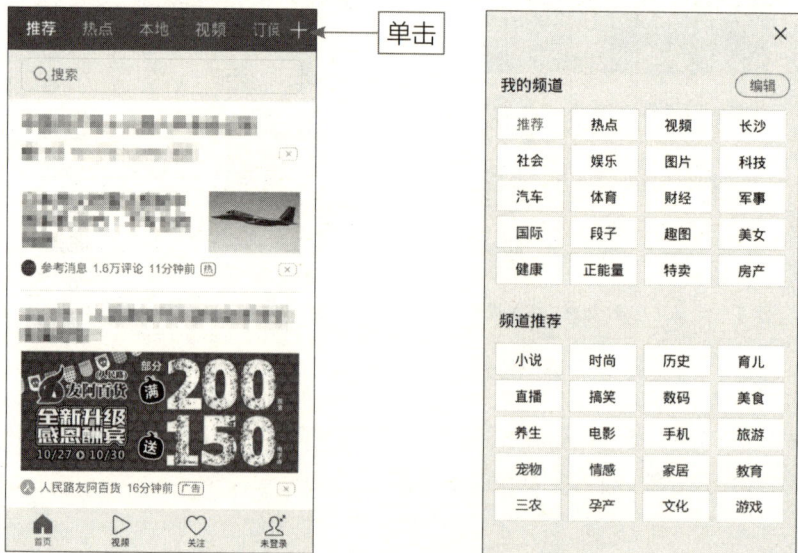

▲ 图 5-12　"今日头条"界面栏目和设置

3. 有序性

在微信、APP 和自媒体平台上，无论是主栏目还是子栏目，都是按照一定的顺序进行排列的，而不是杂乱无章地呈现出来。图 5-13 所示为名为"狼族摄影"的公众平台的主栏目和子栏目设置。

（1）

（2）

（3）

（4）

▲ 图 5-13 "狼族摄影"公众平台的栏目设置

从图 5-13 中可以看出，在主栏目的设置上，该平台把构成运营主体的干货内容——"狼族论坛"栏目放在了第 1 个，既能让读者汲取摄影知识，又能让读者在掌握知识的同时对平台有一个基本的了解，通过干货吸引读者。然后设置第 2 个栏目为"狼族商城"，这是在读者被吸引后的与平台的进一步接触。最后设置第 3 个栏目为"拍客大赛"，在对平台有了了解和合作后，这一栏目有利于加强读者与平台的互动，进一步实现吸粉引流。当然，其子栏目的设置同样是按照其栏目的有序性来进行的，或是同类分类，或是逐渐深入，不一而足。

5.1.3 利于内容安排

在微信、APP 和自媒体平台上，设置分类栏目的关键在于怎样才能清楚、全面地呈现内容。

所谓"清楚"，即读者在看到栏目名称的时候，就可分辨出该栏目主要的内容是什么，所要寻找的内容在哪一个栏目中可以快速地找到。

图 5-14 所示为名为"作家在线"的公众平台栏目，其中，从"原创专栏"栏目名称就可看出，这一栏目所包含的内容主要是一些作家的原创文章专栏。

▲ 图 5-14 "作家在线"公众平台的栏目内容设置

图 5-15 所示为名为"会声会影 1 号"的公众平台栏目，读者如果想要查找有关"会声会影"方面的书籍，就可单击"好书推荐"主栏目，还可以在设置的子栏目下根据需要快速查找不同版本的会声会影书籍。

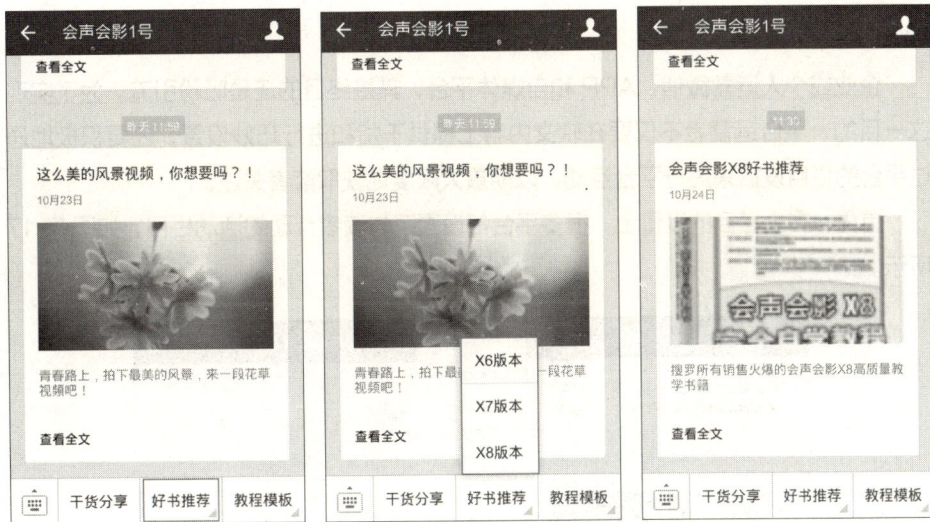

▲ 图 5-15　"会声会影 1 号"公众平台的栏目内容查找

所谓"全面"，即栏目的分类和取名要全面，既要保证平台的运营内容要全面呈现，能够在栏目的分类中全部找到，又要保证其栏目名称的设置具有概括性和全面性，不能让其中某些内容出现在众多栏目中导致无法有序查找。图 5-16 所示为名为"沱沱生活"的公众平台栏目设置。

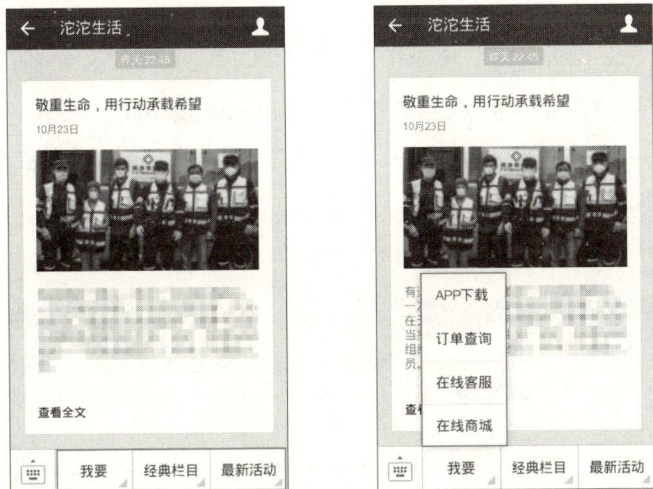

▲ 图 5-16　"沱沱生活"公众平台的栏目设置

从其名称设置上可以明显得知，该公众平台的运营主要集中在在线的平台服务提供、企业的品牌情况和营销以及平台发布的活动信息等。其中，"我要"这一主栏目的名称设置明显是能体现和包含其 4 个子栏目的内容的。

5.1.4　利于吸粉引流

企业或个人运营微信、APP 和自媒体平台，其最终目的还是吸粉引流。为了实现这一目的，平台运营者不仅要在软文内容上提供干货和进行巧妙设置，还要积极地通过平台的栏目设置来进行平台互动，以期最大限度地获取读者关注。

首先，在主栏目的设置上，很多平台都设置了与读者互动的活动栏目，如图 5-17 所示。

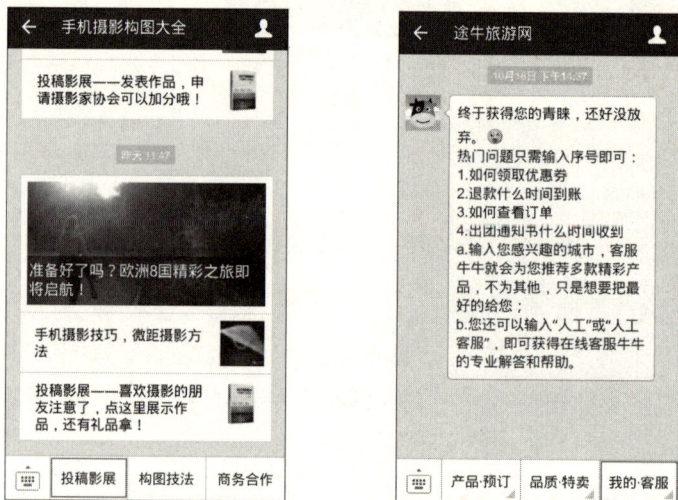

▲ 图 5-17　微信公众平台的互动栏目设置

其次，在微信公众平台的后台处，还提供了自动回复功能，如图 5-18 所示。通过这一功能与自定义菜单的结合，可以引导读者浏览信息，提升平台主动性和用户体验，最终实现吸粉引流。

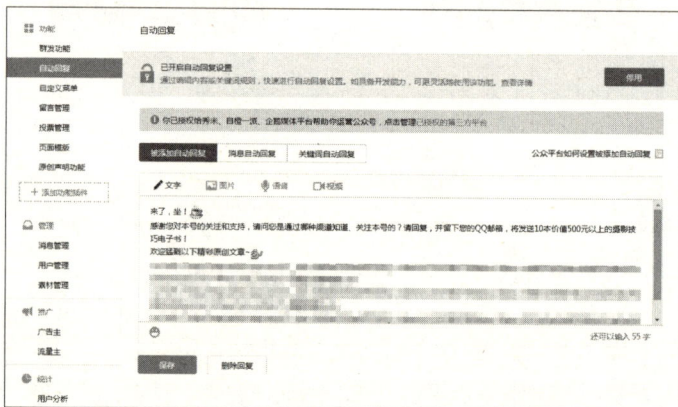

▲ 图 5-18　微信公众平台自动回复功能设置

5.2　舒适排版的 15 个技巧

　　如果说文章中的内容是让作者与读者之间产生思想上的碰撞或共鸣的利器，那么作者对文章的格式布局与排版就是给读者提供一种视觉上的享受。文章的排版对一篇文章有很重要的作用，它决定了读者是否能够舒适地看完整篇文章，这种重要程度对微信、APP 和自媒体平台上这种以电子文档形式传播的文章来说更甚。

　　因此，微信、APP 和自媒体平台运营者在给读者提供好内容的同时也要注意文章的排版，让读者拥有一种精神与视觉的双重体验。

　　接下来将为大家介绍一些打造舒适视觉效果的排版小技巧，让微信、APP 和自媒体平台运营者用这些小技巧给读者提供更好的阅读体验。

5.2.1　开头有引入感

　　相信大部分人每天都会阅读微信公众平台推送的信息，那么大家注意到了文章的开头部分的排版有什么秘密吗？

　　每个微信公众平台上的文章，运营者都会在文章的开头处放上图 5-19 所示的一段邀请读者关注平台的话语或者图片。

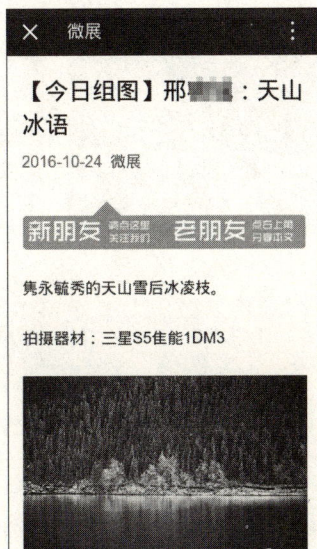

▲　图 5-19　文章开头排版的公众号案例

　　这段话、图片为什么要放在文章的开头部分呢？其实，把它安排在开头的作用是让读者在点开文章的时候就能够单击关注微信公众平台，以达到增加平台关注量的目的。

另外，在微信、APP 和自媒体平台上，一般都会在平台首页的最上端呈现能吸引读者注意的图文信息，如图 5-20 所示，从而引导读者单击并深入阅读。

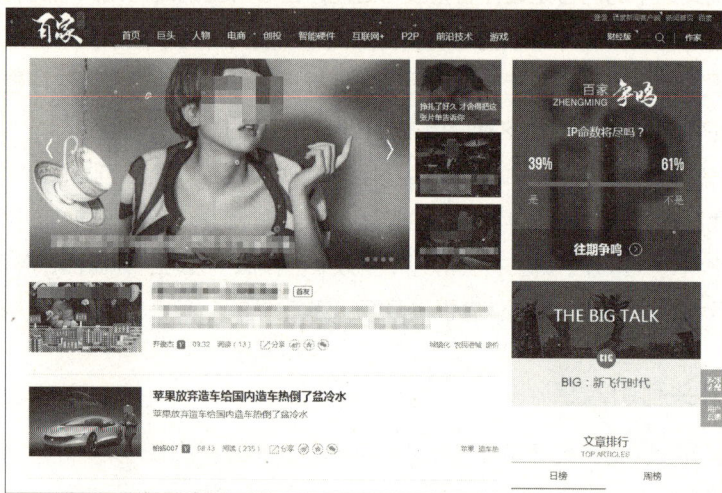

（1）

（2）

▲ 图 5-20 平台首页具有引入感的图片

当然，对平台的各账号而言，如"今日头条"的"头条号""一点资讯"的"一点号"等企业或私人账号，在排版上也会注意把最能吸引读者关注的和最新推送的信息放在显眼的位置，抑或是宣传作者与企业信息等，如图 5-21 所示，以便引导读者关注和阅读，提升用户黏性。

（1）

（2）

▲　图 5-21　平台账号首页的引导关注案例

5.2.2　正文字体突出设置

在此，突出设置的对象主要指的是正文字体。在搜狐公众平台上，在编辑软文正文时，提供了两种字号形式，具体如下。

- "正文"字号：在平台后台显示为不加粗、不加大的字体形式。
- "标题"字号：在平台后台显示为加粗、加大的字体形式。

图 5-22 所示为分别设置为正文字体和标题字体的文本效果。通过这样的设置，读者在阅读的过程中能很容易地分辨出突出的重点内容。

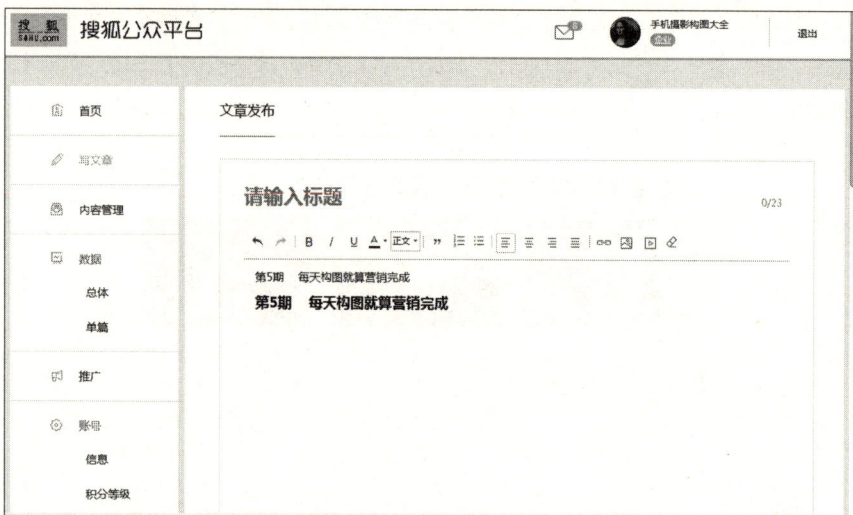

▲ 图 5-22　搜狐公众平台正文字体的设置效果

5.2.3　字号不要过大

给文章的内容选择合适的字体大小，也是微信、APP 和自媒体平台运营者在排版工作中需要考虑的一个事项。

合适的字体大小能让读者在阅读文章的时候不用将手机离自己的眼睛太近或太远，而且合适的字体大小能让版面看起来更和谐。

在微信、APP 和自媒体平台后台群发功能中的新建图文消息的图文编辑栏中设有字体大小的选择功能，如图 5-23 所示。

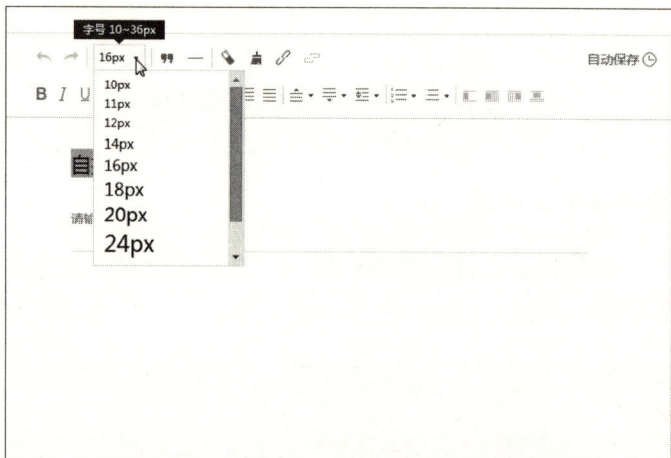

▲ 图 5-23　微信公众平台的字体大小设置功能

从图 5-23 可以看到，微信公众平台为平台运营者提供了 8 种不同大小的字体设置选项。接下来笔者将为大家展示同一段文字在微信公众号后台设置成不同字体大小后的效果，字号大小从上到下为 10px 到 24px 的顺序，如图 5-24 所示。

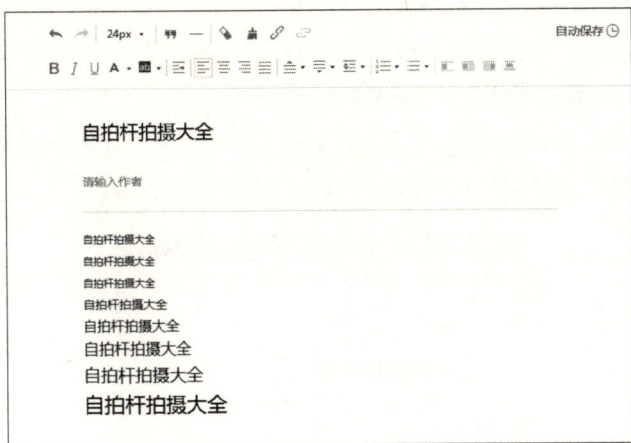

▲ 图 5-24　同一段文字设置不同字体大小的效果

从图 5-24 可以看出，16px、18px、20px 这 3 种大小的字体看起来会比较舒服，因此微信公众平台运营者在设置文字字体大小的时候，可以在这 3 种字号中进行选择。

5.2.4　文字不要太紧凑

文字排版中，文字之间的间距大小的把握很重要，尤其是对于用手机浏览文章的微信用户来说。

文字间距要适宜主要指的是文字 3 个方面的距离要适宜，这 3 个方面具体如图 5-25 所示。

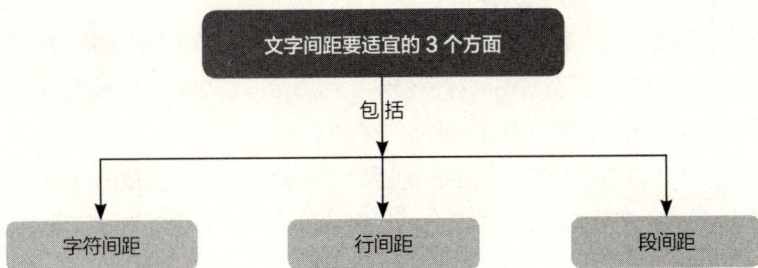

▲ 图 5-25　文字间距要适宜的 3 个方面

关于文字间距的 3 个方面，具体内容如下。

1. 字符间距

字符间距指的是横向间的字与字的间距，字符间距的宽与窄会影响到读者的阅读感觉，也会影响到整篇文章篇幅的长短。

在微信公众号的后台，并没有可以调节字符间距的功能按钮，所以微信运营者如果想要对平台上的文字进行字符间距设置的话，可以先在其他的编辑软件上编辑好，然后再复制和粘贴到微信公众平台的文章编辑栏中。

在这里笔者以 Word 为例，来为大家讲一下文字的字符间距。在 Word 中字符间距的标准有 3 种，分别是标准、加宽、紧缩，如图 5-26 所示。

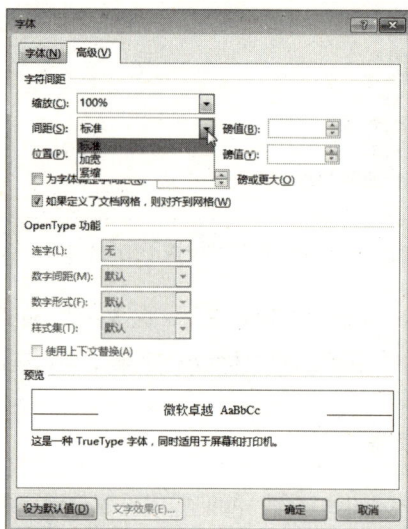

▲ 图 5-26　Word 中的字符间距的标准

而这 3 种距离还可以根据个人的喜好进行调整。字符间距宽，同样字数的一段话，它所占的行数就会多，相反则会少。

接下来，笔者将为大家展示将字数相同的一段文字按 Word 中标准、加宽 1.5 磅、紧缩 1.5 磅 3 种形式，复制粘贴到微信公众平台后台群发功能中的新建图文消息的图文编辑栏中所呈现出的效果，具体如图 5-27 所示。

由图 5-27 可以看出，文字的字符间距对微信公众平台上文章的排版是有一定影响的，并且会影响到读者的阅读体验，所以微信公众平台的运营者一定要重视文字间字符间距的调整。

2. 行间距

行间距指的是文字行与行之间的距离，行间距的多少决定了每行文字纵向间的距离，行间距的宽窄也会影响到文章的篇幅长短。

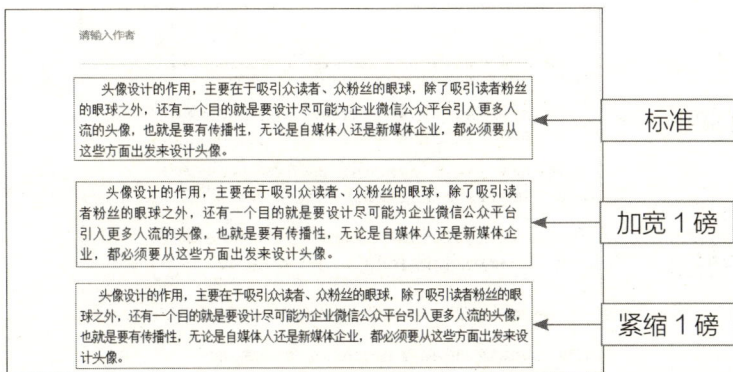

▲ 图 5-27　Word 中的字符间距种类

在微信公众号后台群发功能中的新建图文消息的图文编辑栏中设有行间距排版功能，其提供的可供选择的行间距宽窄有 7 种，具体如图 5-28 所示。

▲ 图 5-28　微信公众平台后台的行间距排版功能

图 5-29 所示为将同一段文字在微信公众平台后台的新建图文消息的图文编辑栏中行间距排版功能处，分别将文字的行间距设置为 1 倍、1.5 倍、1.75 倍、2 倍和 3 倍之后的效果对比图。由图可以看出将行间距设置在 1.5 ~ 2 倍，其排版效果相比起来视觉体验会较好。

3. 段间距

文字的段间距指的是段与段之间的距离，段间距的多少也同样决定了每段文字纵向间的距离。

在微信公众号后台群发功能中的新建图文消息的图文编辑栏中设有段间距排版功能，且分为段前距与段后距两种，这两种段间距都提供了 5 种间距选择，如图 5-30 所示。

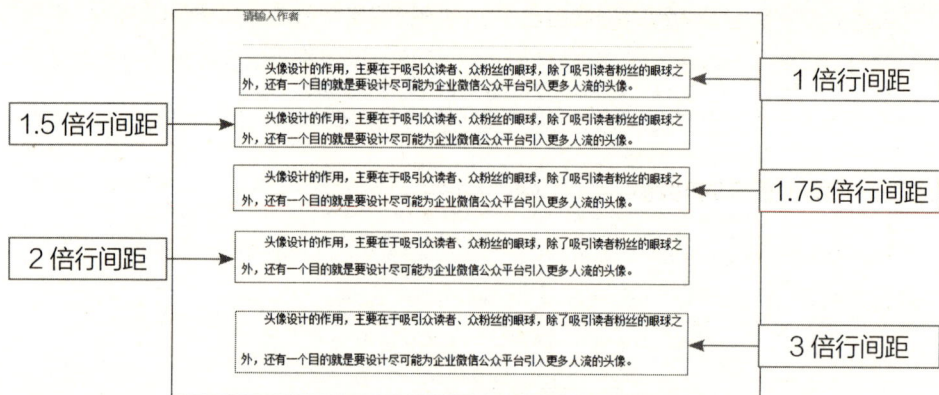

1 倍行间距

1.5 倍行间距

1.75 倍行间距

2 倍行间距

3 倍行间距

▲ 图 5-29　同一段文字设置不同行间距的效果对比

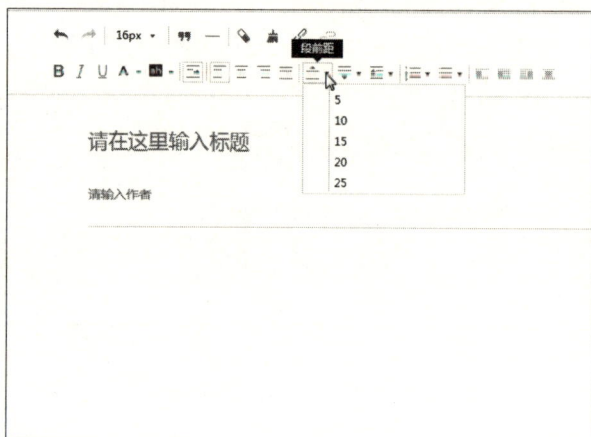

（1）段前距

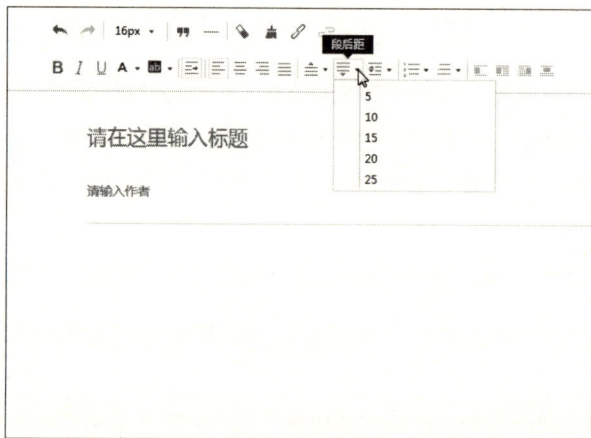

（2）段后距

▲ 图 5-30　微信公众平台的段前距与段后距排版功能

　　微信公众平台运营者可以根据自己平台的读者的喜好去选择合适的段间距。微信公众平台运营者要想弄清楚读者喜好的段间距风格，可以采用给读者提供几种间距版式的文章让读者进行投票选择的方法来实现。

5.2.5　首行缩进的问题

　　在微信公众号后台的群发功能中的新建图文消息的图文编辑栏中设有首行缩进的功能，如图 5-31 所示。

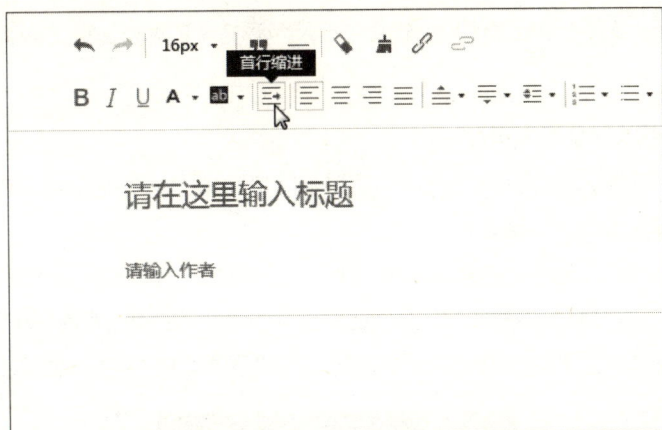

▲ 图 5-31　微信公众号后台的首行缩进功能

　　有时候微信运营者在编辑内容的时候，可能对一段文字在排版的时候已经设置了首行缩进，但是显示在手机上的时候，显示的却是左对齐，这不免让人觉得很奇怪。

　　其实这个问题是很容易解决的，微信公众平台的软文编辑和运营者只要将在 Word 中编辑好的文本内容先"清除格式"，之后再进行"首行缩进"的设置操作，就不会出现已经进行过首行缩进设置而显示在手机上的时候却依然是向左对齐的情况了。

5.2.6　配色不要太花哨

　　微信运营者在进行文章内容排版的时候，要特别注意色彩的搭配。人们的眼睛对色彩非常敏感，不同的颜色能够向人们传递各种感觉，例如人们经常会说的"红色给人以热情、奔放，蓝色给人以深沉、忧郁的感觉"。

　　微信运营者在进行文章内容排版的时候，主要会涉及色彩搭配的地方是以下两方面，具体如图 5-32 所示。

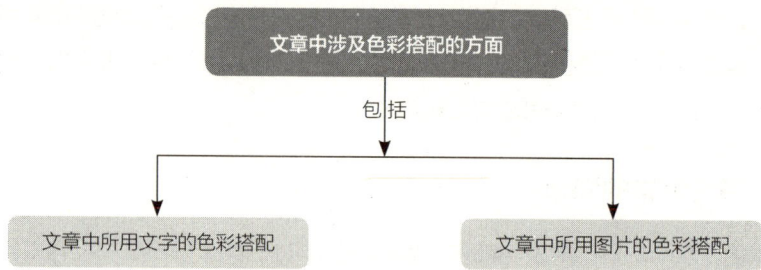

▲ 图 5-32　文章中涉及色彩搭配的两个方面

关于微信、APP 和自媒体平台软文中涉及色彩搭配的两个方面的内容，具体分析如下。

1. 文章中所用文字的色彩搭配

对于大部分的公众号文章而言，文字是一篇文章中的一个重要组成部分，它们是读者接受文章信息的重要渠道。

文章的文字颜色是可以随意设置的，并不只是单调的一种颜色。从读者的阅读效果角度出发，将文章中的文字颜色设置为符合阅读习惯和兴趣的最佳颜色是非常有必要的。文字的颜色搭配适宜是让文章获得吸引力的一个重要因素，其作用具体如图 5-33 所示。

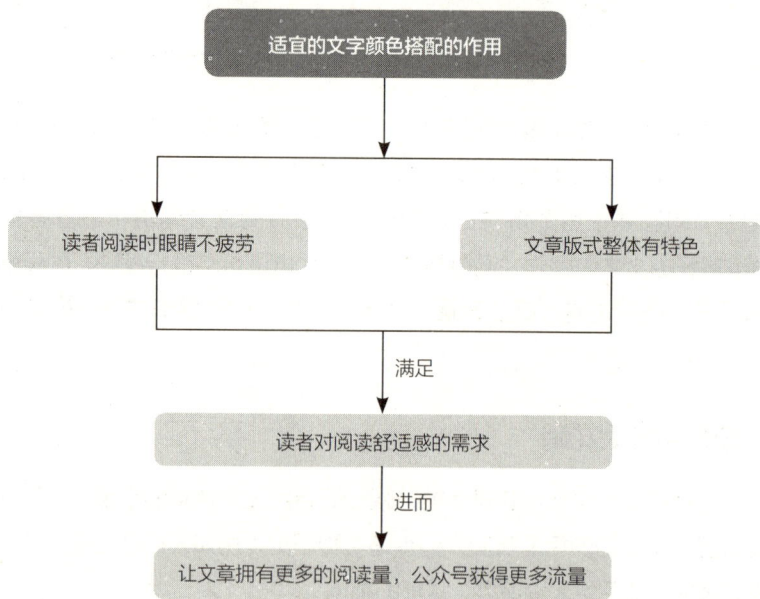

▲ 图 5-33　适宜的文字颜色搭配的作用

微信运营者在进行字体颜色设置的时候，要以简单、清新为主，尽量不要在一篇文章中使用多种颜色的字体，这样会让版面看起来非常花哨，使得整篇文章缺少一种舒适、整齐的感觉。

同时，文字的颜色要以清晰可见为主，不能使用亮黄色、荧光绿这类容易让读者看久了眼睛产生不舒适感的颜色，尽量以黑色或者灰黑色的颜色为主。

在介绍了适宜的文字颜色搭配会产生的作用后，让我们来欣赏一下"十点读书"公众号中文字的颜色搭配，如图 5-34 所示，其文字颜色的搭配看起来非常舒适。

▲ 图 5-34　文字颜色搭配舒适的案例

另外，微信公众号运营者如果要对文章中某一句话或者某一个词进行特别提示，使读者能一眼就注意到的话，那么就可以使用一些其他颜色来对该文字进行特别标注，使其更显眼。图 5-35 所示为"手机摄影构图大全"公众号中使用其他颜色特别标出关键字的效果展示，其效果突出，让读者一眼就能看出重点所在。

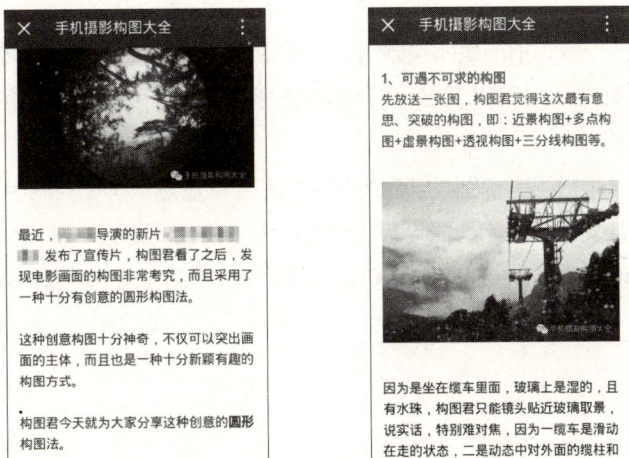

▲ 图 5-35　用其他颜色标出关键字的案例

2. 文章中所用图片的色彩搭配

图片同样也是微信公众号文章中的重要组成部分，有的微信公众号在推送的一篇文章中，就只有一张图片或者全篇都是图片。

图片的色彩搭配适宜，主要需要做到以下 3 点，具体内容如图 5-36 所示。

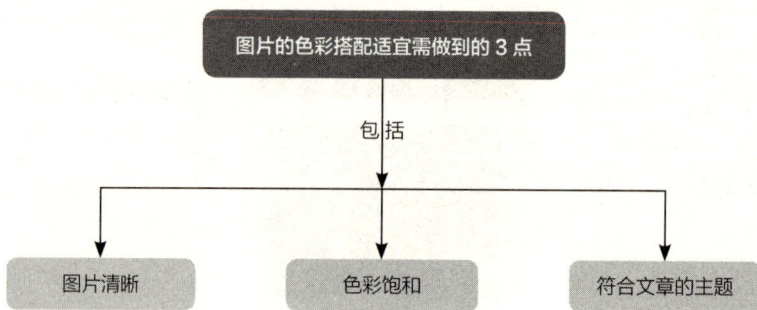

▲ 图 5-36　图片的色彩搭配适宜需做到的 3 点

5.2.7　图文排版要谨慎

虽然现在微信文章的内容形式有语音、视频等多种样式，但是大多数公众号的文章还是以图文结合形式为主。所以如果要说微信公众平台文章的排版，那就不得不提文章的图文排版。微信运营者在进行文章图文排版的时候，如果想让版式看起来舒适，就需要注意以下两点。

1. 图片版式、大小一致

在同一篇文章中，用到的图片与版式要一致，这样给读者的感觉就会比较统一，有整体性。

图片的版式一致，指的是如果微信、APP 和自媒体平台运营者在文章内容的最开始用的是圆形图，那么后面的图片也就都用圆形的。同样，如果开始用的是矩形，后面的也都用矩形。

以公众号"手机摄影构图大全"为例，它在《这创意太帅了！画中画构图，彻底看呆了》这一篇文章中使用的图片版式跟图片大小就是一致的，如图 5-37 所示，这样能给读者一种整体感。接下来，我们就来欣赏一下这篇文章的部分内容。

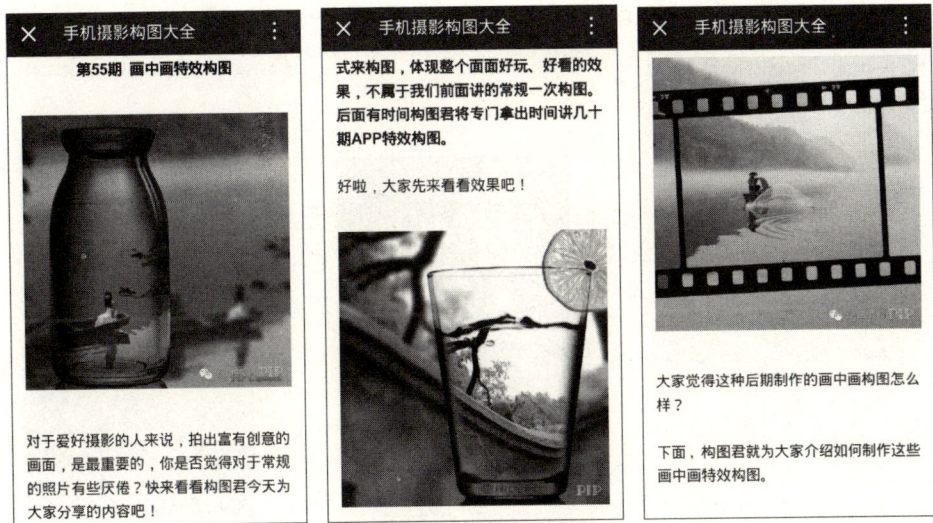

▲ 图 5-37　图片版式、大小一致的公众号案例

2. 图文间要有间距

图文间要有间距，在此可以分为两种情况进行分析。

（1）一种是图片跟文字间要隔开一段距离，不能太紧凑。如果图片跟文字相距太紧，会让版面显得很拥挤，给读者的阅读效果不佳。

（2）另一种是图片跟图片之间不要太紧凑，要有一定的距离。如果两张图片之间没距离，就会给读者是一张图的错觉。尤其是连续在一个地方放多张图片的时候，更要注意图片之间的距离。

5.2.8　使用各种简洁样式

随着第三方编辑器的出现，很多微信公众平台运营者就抛弃了微信公众平台自带的编辑功能，纷纷投入第三方编辑器的怀抱，于是微信公众平台上出现了各种各样的版式的文章。

版式多样是能够吸引到读者的，但是如果在同一篇文章中使用过多的排版方式，就会让版面显得非常杂乱，这样的做法反而造成读者在阅读文章时的不适感。因此，微信运营者在追求版式特色的同时也要注意版式的简洁，在一篇文章中不要使用太多的排版方式。

有时候简洁的版式反而会在众多杂乱的版式中自成一股清流，拥有自己的特色，吸引到更多读者。以微信公众号"会声会影 1 号"为例，其文章的排版就非常简单，但是又有自己的特色。接下来，我们就来欣赏一下该公众号的一篇文章的排版，如图 5-38 所示。

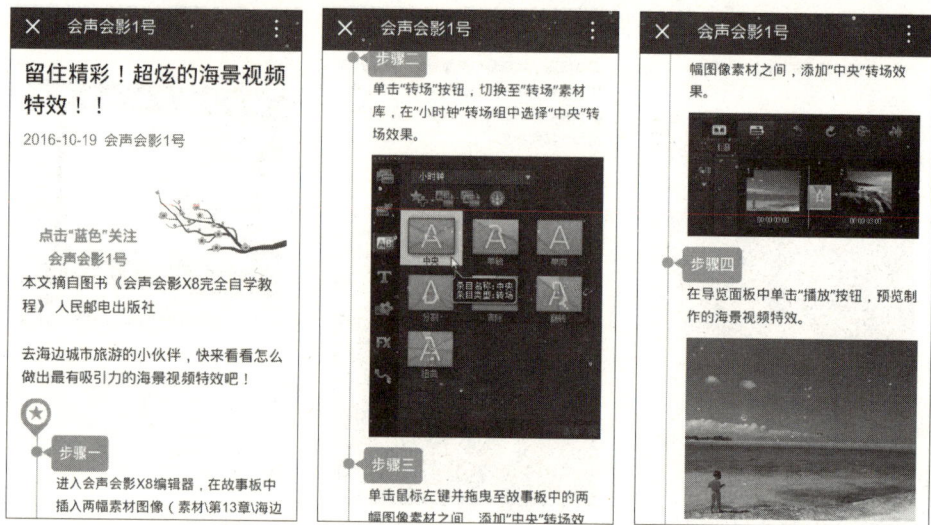

▲ 图 5-38　公众号"会声会影 1 号"文章的排版

5.2.9　黑色灰色巧妙搭

黑色灰色巧妙搭，主要指的是字体的颜色，而非图片或其他软文元素的颜色。在微信、APP 和自媒体平台上，可以看到，有些账号的软文版式明显呈现出略显庄重的特色，它们的官方账号上的软文在主要内容的字体颜色上有别于个人账号、娱乐账号等，大都是在黑和灰两种颜色间选择。

图 5-39 所示为"中国工商银行"微信公众号平台软文的主要内容字体颜色。

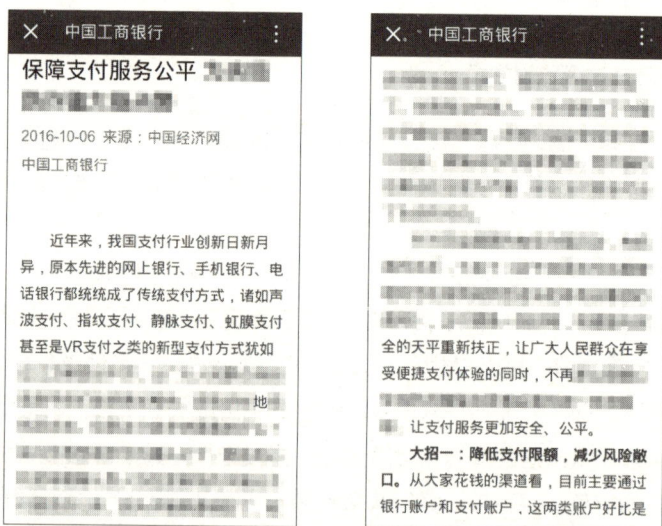

▲ 图 5-39　"中国工商银行"微信公众号软文的字体颜色

从图 5-39 可以看出，黑灰两色相互配合的字体颜色，在保证排版美观、整齐的情况下，又有着该类公众号的典型特征，如图 5-40 所示。

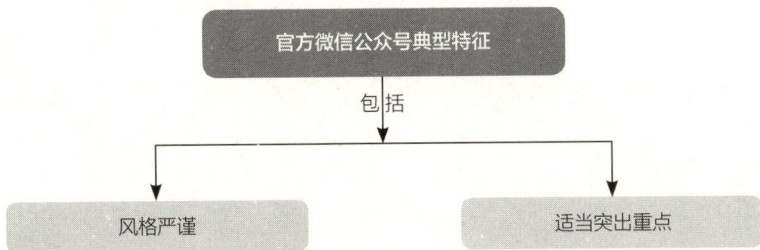

官方微信公众号典型特征

包括

风格严谨

适当突出重点

▲ 图 5-40　官方微信公众号典型特征

5.2.10　善用分割线

分割线是指在文章中将两个不同部分内容分隔开来的一条线。虽称它为分割线，但是它的形式不仅仅是线条这种形式，它还可以是图片或者其他的分割符号，用户可以根据自身需要任意选择。

分割线可以用于文章的开头部分，也可以用于文章的结尾部分，如图 5-41 所示，公众号"她刊"的这篇文章就在文章中用了分割线，而公众号"中国教育报"的这篇文章就在正文的结尾部分用了分割线。

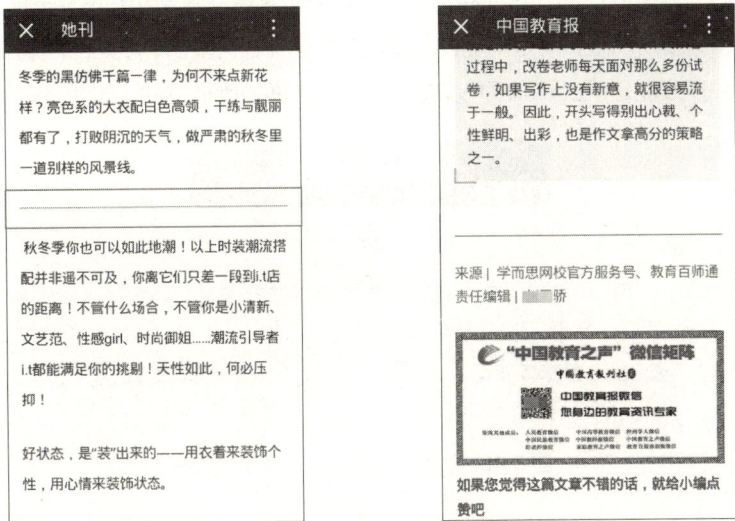

▲ 图 5-41　将分割线用于文章开头与结尾处的案例

在微信公众号后台群发功能中的新建图文消息的图文编辑栏中设有分割线功能，但是分割线功能中提供的形式只有一种，如图 5-42 所示。

179

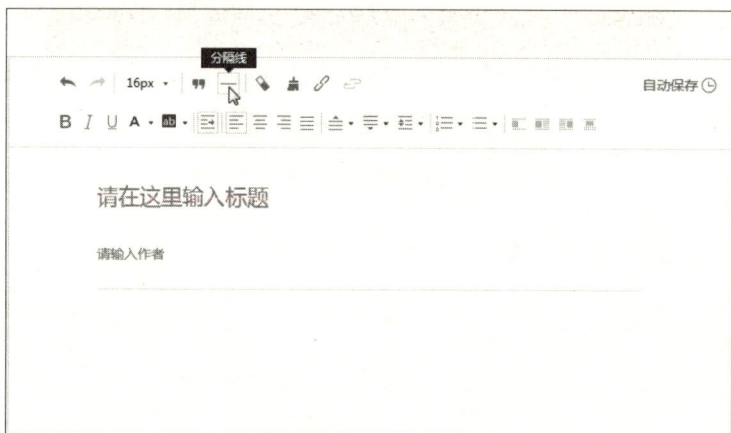

▲ 图 5-42　微信公众平台上的分割线功能中的样式

微信公众平台运营者可以借助分割线将文章的内容分开来，这样能给读者一种提醒功能，同时也能增加文章排版的舒适感，给读者带去更好的阅读体验。对于微信公众平台提供的分割线类型少的问题，商家可以借助其他的软件来设计更多的分割线类型。

5.2.11　谨慎文章粘贴白底

在微信、APP 和自媒体平台上，有些账号的运营软文并不是原创的，而是通过转载和分享等方式来获得的。在此种情形下，平台运营者在复制和粘贴文章时就需要注意一个非常重要的问题，就是不能在平台软文中留有任何复制、粘贴的白底痕迹。

这些白底痕迹是平台界面底色和版式格式两方面原因造成的，如图 5-43 所示。

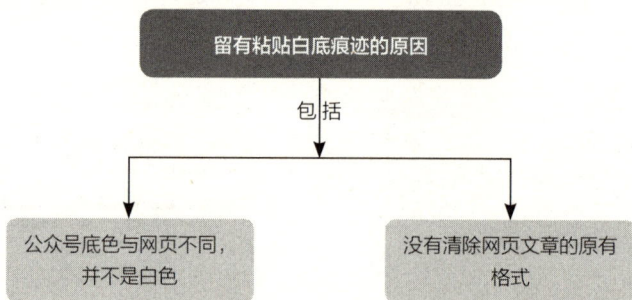

▲ 图 5-43　微信公众平台软文留白底的原因

因此，平台运营者在复制和粘贴网页上的文章时，首先要做的工作就是清除文本格式，这可以通过两种方法来完成。

（1）把网页文章内容复制和粘贴到 Word 中，单击"字体"选项板中的"清除所有格式"按钮，如图 5-44 所示，即可清除格式。

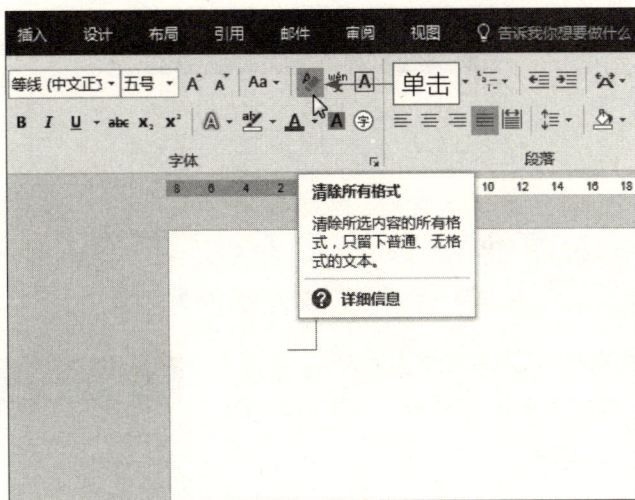

▲ 图 5-44　单击"清除所有格式"按钮

（2）把网页文章复制和粘贴到微信公众号编辑后台上，在编辑框上单击"清除格式"按钮，如图 5-45 所示，也可完成操作。

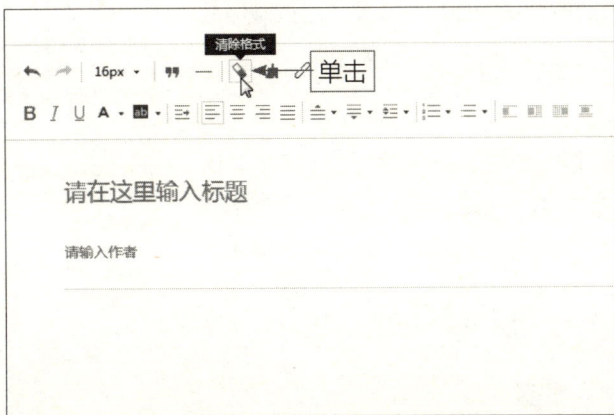

▲ 图 5-45　单击"清除格式"按钮

5.2.12　加粗调色体现要点

在微信、APP 和自媒体平台上，在后台编辑框上的软文字体要求是宋体，这对于需要利用其他字体来进行区分和突出重点的软文来说，是一个亟待解决的问题。在此种情况下，微信、APP 和自媒体平台运营者可以通过以下两种方法来体现要点，如图 5-46 所示。

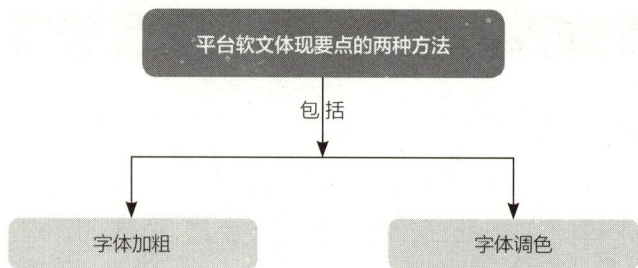

▲ 图 5-46　平台软文体现要点的两种方法

关于上图中提及的两种突出要点的方法，下面以微信公众平台软文为例进行分析，具体内容介绍如下。

1. 字体加粗

这是一种比较常用的方法，一般的文本编辑中，多有采用这种方法来标注要点的案例存在，在微信公众平台上更是比比皆是，如图 5-47 所示。

这种标注要点的方法的操作，主要是通过微信公众号编辑后台来完成的，如图 5-48 所示。

2. 字体调色

除了可以通过字体加粗的方法来标注要点外，还可以通过在微信公众号编辑后台上单击"字体颜色"，在弹出的面板中选择相应的颜色来完成操作，如图 5-49 所示。

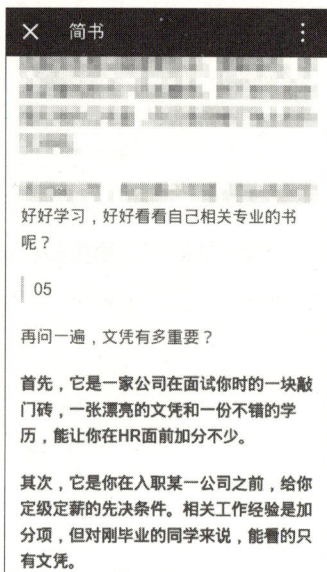

▲ 图 5-47　微信公众平台上加粗字体标注要点的案例

▲ 图 5-48　微信公众号编辑后台的字体加粗方法

▲ 图 5-49 微信公众号编辑后台的字体调色方法

这也是一种突出软文要点的方法，在非官方的微信公众号和 APP、自媒体等平台上比较常见，如图 5-50 所示。

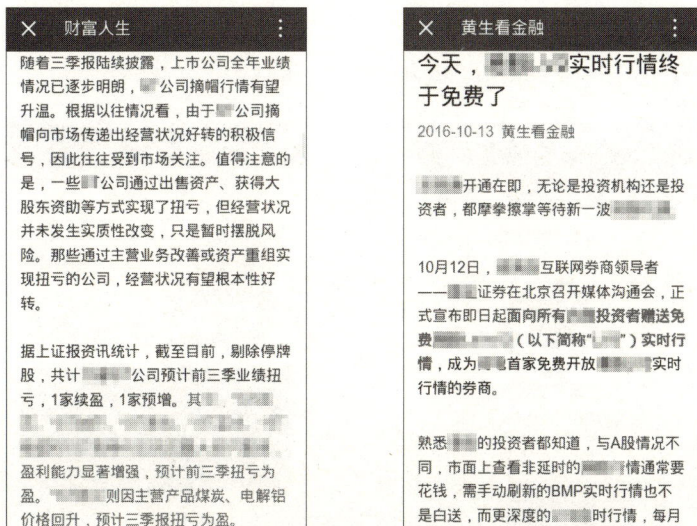

▲ 图 5-50 微信公众平台上通过字体调色标注要点的案例

5.2.13　结尾引导关注

很多的微信公众号，会在文章的结尾处的排版中留一个版面对平台上之前已经推送过的文章进行推荐，一般以"推荐阅读"和"猜你喜欢"等方式来进行排版设置，如图 5-51 所示。

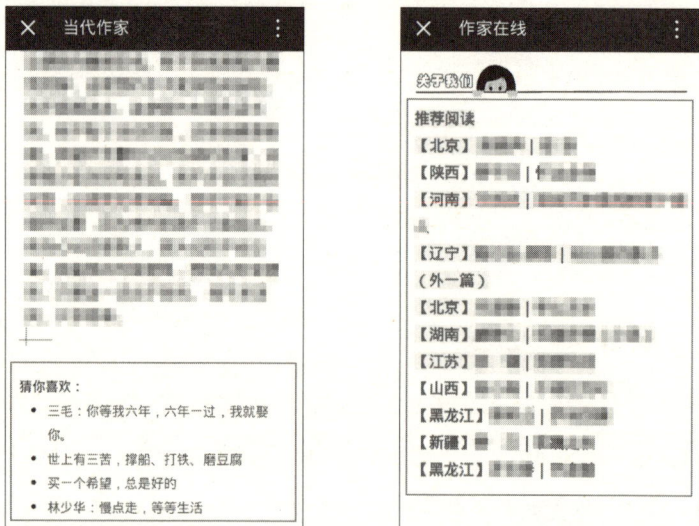

▲ 图 5-51　文章结尾排版设置"推荐阅读"和"猜你喜欢"案例

　　还有的公众号拥有自己的网站，他们会在文章的最下面设置一个"阅读原文"的按钮，如图 5-52 所示，即可引导读者关注企业网站。

▲ 图 5-52　文章结尾排版设置"阅读原文"案例

　　这两种做法，都能给平台的运营者增加单击量。

5.2.14　确定自己的排版风格

微信运营者可以从其他排版优秀的公众号中总结经验，汲取它们中的优点，再根据自己的情况建立起属于自己的排版体系。

同时，在看见新颖、好看的排版版式的素材时，也可以将其收藏起来，建立一个属于自己的素材库。这样不仅丰富了版式资源，还可以节省很多寻找版式素材的时间，提高了工作效率。

5.2.15　善用第三方编辑器

微信公众号平台的后台上所能提供的编辑功能是有限的，只有最简单的文章排版功能，这对使用微信公众平台的商家来说就难免显得太单调了，不能够吸引读者的眼球。

因此，商家可以借助一些功能更齐全的第三方编辑器来帮助自己设计出更多有特色的文章版式，吸引读者的眼球。

现在网上这种第三方编辑器有很多，下面笔者就为大家介绍比较常见的几种，具体如图 5-53 所示。

▲ 图 5-53　常见的微信第三方内容排版编辑器

5.3　借用高大上的第三方排版编辑器

前面给大家介绍了几种网上常见的可以用于微信内容编辑排版的编辑器，接下来就为大家详细介绍一下这些编辑器中最常用的 3 款，让大家可以轻松搞定微信公众平台软文的内容编辑与排版。

5.3.1　秀米排版编辑器

秀米排版编辑器是一款优秀的内容编辑器，下面为大家介绍一下秀米编辑器的排版操作流程。

步骤 ① 进入秀米官方网站，登录秀米，在秀米主页上单击"图文排版"按钮，如图 5-54 所示。

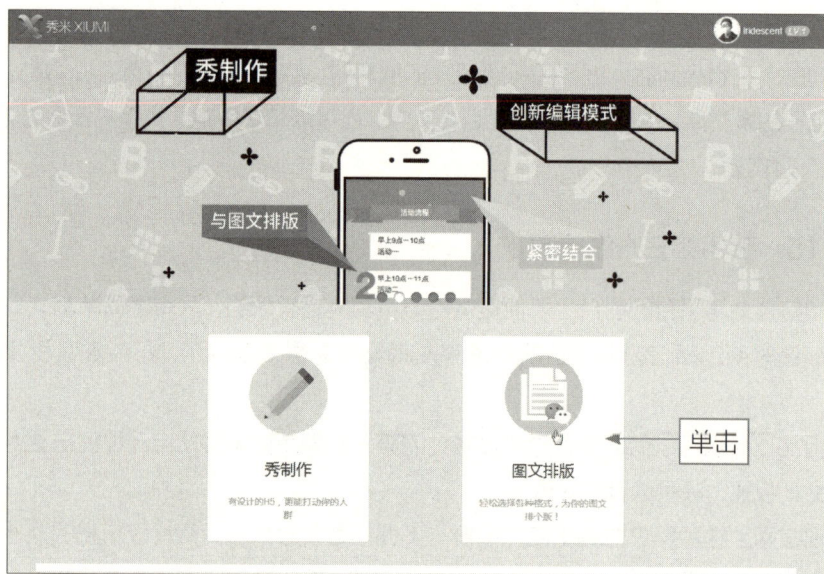

▲ 图 5-54 单击"图文排版"按钮

步骤 ② 执行上述操作后，进入"我的图文"页面，单击"添加新的 2.0 图文"按钮，如图 5-55 所示。

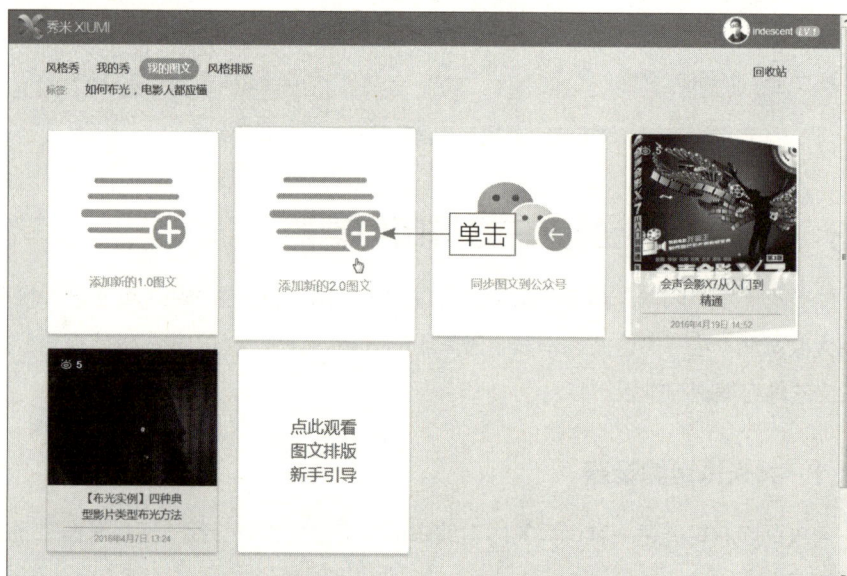

▲ 图 5-55 单击"添加新的 2.0 图文"按钮

步骤 ③ 执行上述操作后，通过加载即可进入相应的"系统模板"页面，如图 5-56 所示。

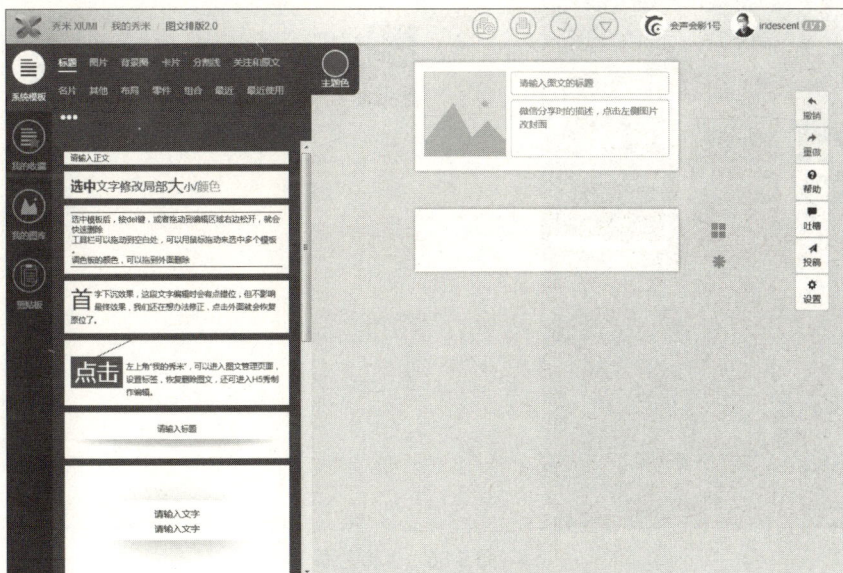

▲ 图 5-56 进入相应的"系统模板"页面

步骤 ④ 单击模板左侧的"我的图库"按钮，即可进入相应的编辑页面，如图 5-57 所示。

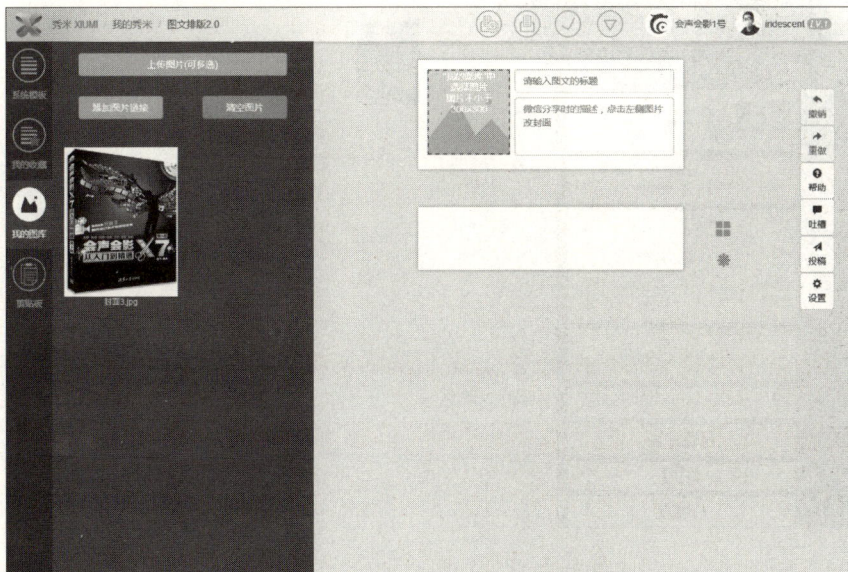

▲ 图 5-57 进入"我的图库"页面

步骤 5 上传一张图片作为推送消息的封面，如图 5-58 所示。

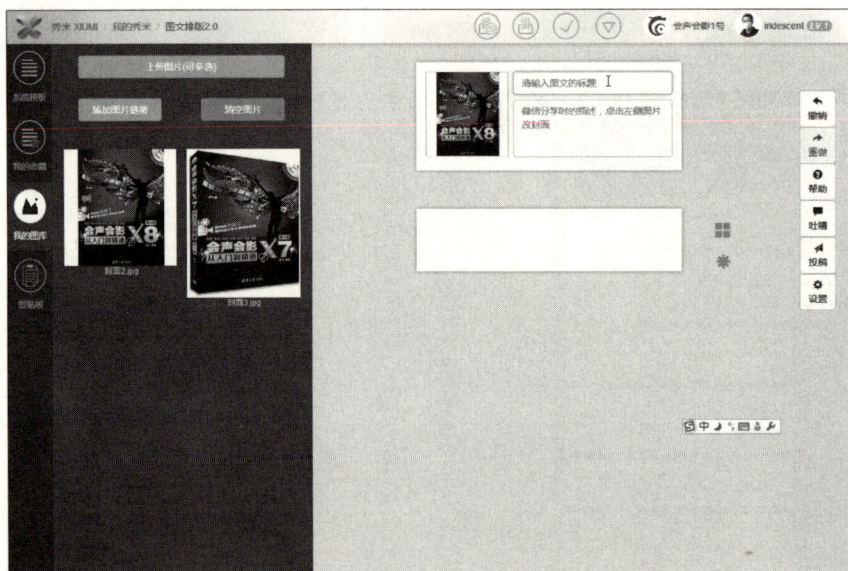

▲ 图 5-58　上传封面

步骤 6 输入图文标题和描述，然后单击"系统模板"按钮进入"系统模板"页面，在该页面单击"请输入标题"按钮，如图 5-59 所示。

▲ 图 5-59　单击"请输入标题"按钮

步骤⑦ 执行上述操作后，在界面右侧上传的封面下方的编辑栏中输入标题，如图 5-60 所示。

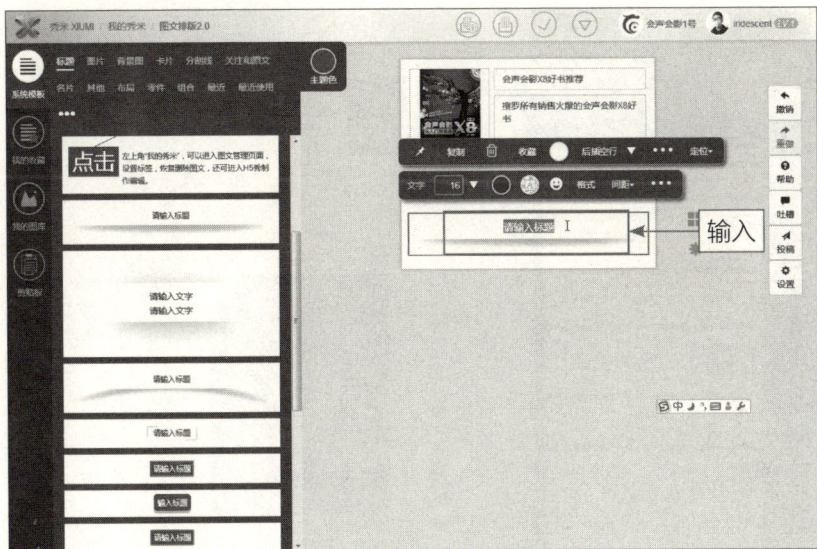

▲ 图 5-60　输入标题

步骤⑧ 然后单击"图片"按钮，进入"图片"编辑界面，进行图片和文字的编辑，如图 5-61 所示。

▲ 图 5-61　图片和文字的编辑

步骤 ⑨ 完成所有内容的编辑后，单击上方菜单栏中的"预览"按钮，如图 5-62 所示，即可对编辑的内容进行预览。

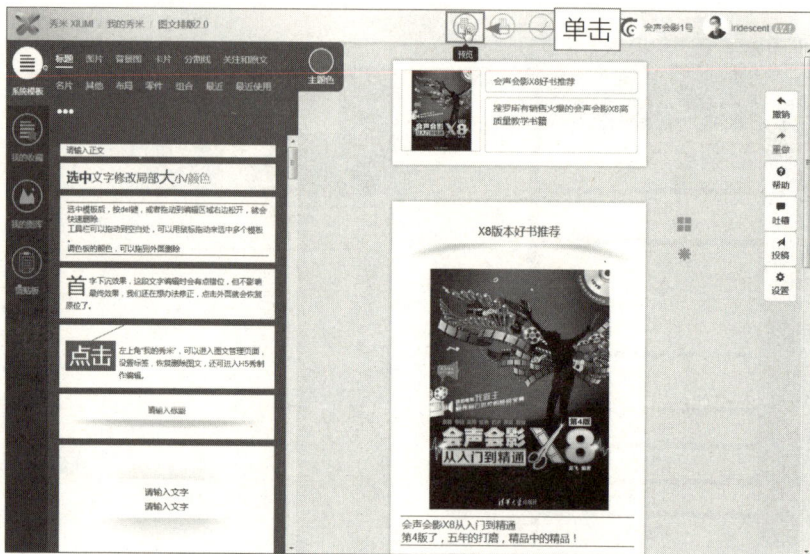

▲ 图 5-62　单击"预览"按钮

步骤 ⑩ 预览后，单击"同步到公众号并预览"按钮，如图 5-63 所示。

▲ 图 5-63　单击"同步到公众号并预览"按钮

步骤 ⑪ 执行上述操作后，即会出现进度条，提示同步到公众号的进度情况，如图
5-64 所示。

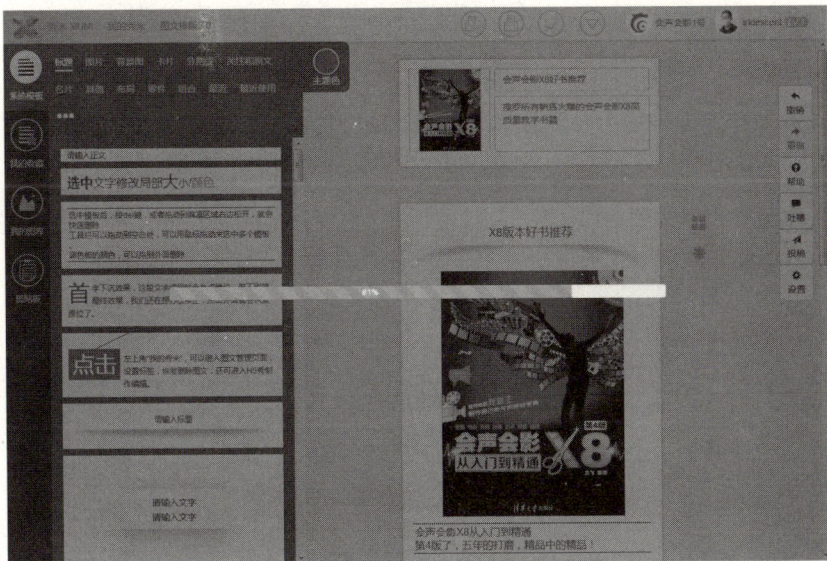

▲ 图 5-64 进度条

5.3.2 i 排版编辑器

i 排版编辑器是一款用于在线微信图文内容编辑的软件，利用 i 排版编辑器进行编辑，有着很大的排版优势，具体如图 5-65 所示。

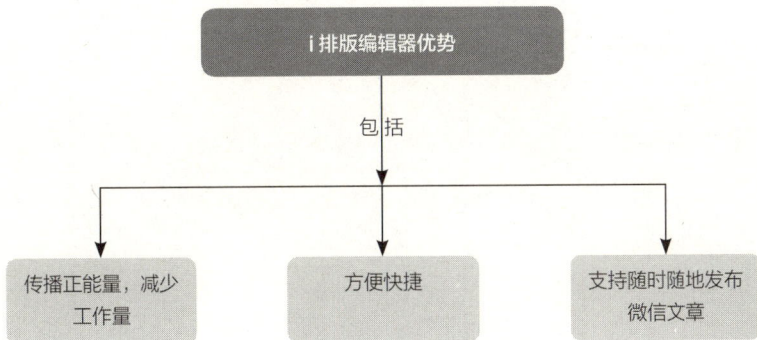

▲ 图 5-65 i 排版编辑器优势

这一款具有上述诸多优势的在线微信图文编辑器，究竟具有哪些功能特点呢？关于这一问题，具体介绍如图 5-66 所示。

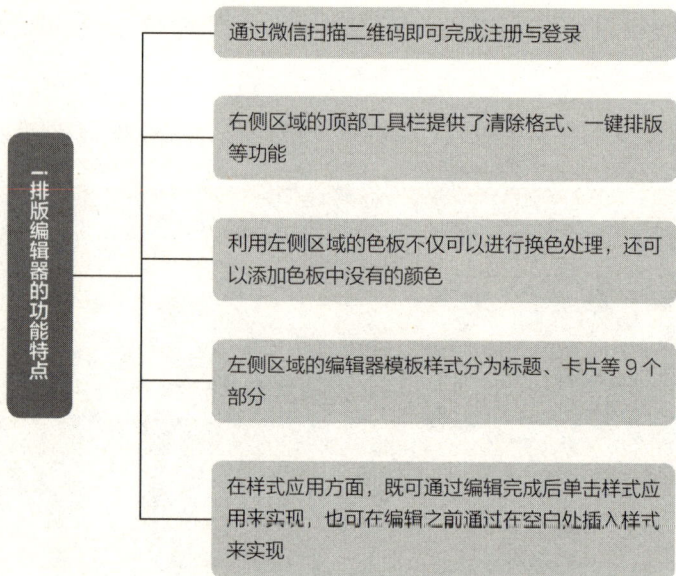

通过微信扫描二维码即可完成注册与登录

右侧区域的顶部工具栏提供了清除格式、一键排版等功能

利用左侧区域的色板不仅可以进行换色处理，还可以添加色板中没有的颜色

左侧区域的编辑器模板样式分为标题、卡片等9个部分

在样式应用方面，既可通过编辑完成后单击样式应用来实现，也可在编辑之前通过在空白处插入样式来实现

▲ 图 5-66　i 排版编辑器的功能特点

　　i 排版编辑器是一款很不错的内容编辑器，用户进入 i 排版官网，通过微信"扫一扫"功能进行注册，就能下载到电脑端进行操作了。图 5-67 所示为 i 排版编辑器的首页。

　　i 排版编辑器可以一键排版，而且其最大的特色是可以设计签名，微信运营者可以将设计好的签名和二维码一起放在图文的最后。

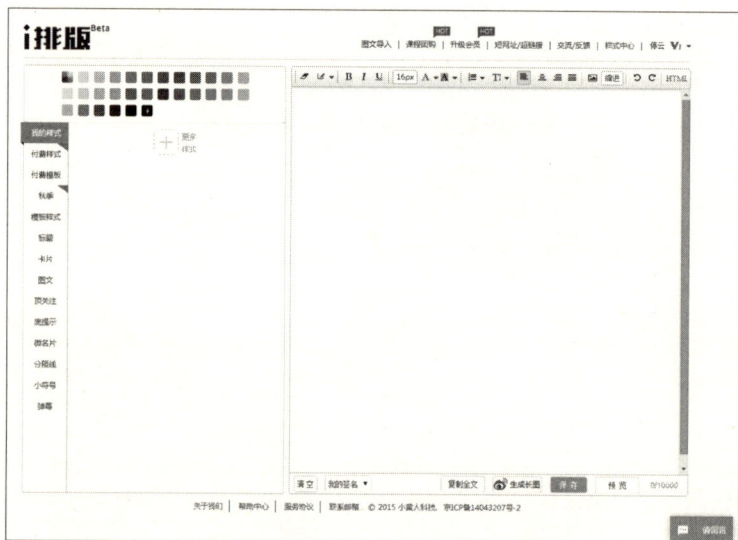

▲ 图 5-67　i 排版编辑器首页

5.3.3　135 微信编辑器

　　135 微信编辑器主要用于简单的长图文编辑，其主界面和秀米编辑器有点类似，如图 5-68 所示。

▲ 图 5-68　135 微信编辑器主界面

　　图 5-69 所示为两张微信公众平台的图文截图，一张是直接在微信公众平台后台对图文进行排版编辑的图文效果，一张是利用免费编辑器进行图文排版编辑的效果，大家可以将两张图进行对比，看看哪种效果更好。

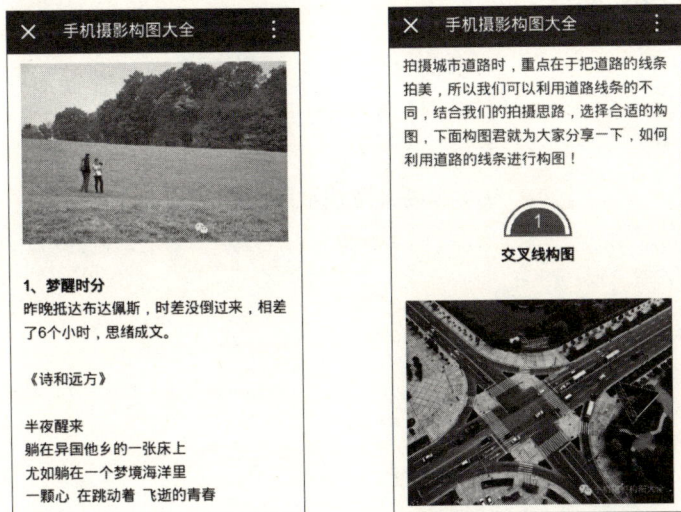

▲ 图 5-69　图文对比

第 6 章

关键词：
搜索排名靠前的营销技巧

在平台软文运营中，关键词有着极为重要的作用，且关键词搜索是网络平台搜索索引的主要方法之一。它是用于表达平台软文主题内容的重要部分，因此巧妙地设置和布局关键词，能够让软文的搜索排名更靠前，从而提高软文的曝光率和转载率。

要点展示

>>> 关键词的含义

>>> 关键词的常见类别

>>> 关键词营销的设置技巧

>>> 9 个提高文章搜索率的 SEO 技巧

6.1 关键词的含义

企业想要更全面地深入软文的世界里，就得依靠关键词。关键词是可以决定一篇软文是否成功的"大功臣"，只要关键词设置得当，就能为企业创造出一定的营销收益。

不管是什么类型的软文，撰写水平的高低，是否适当地引入软性宣传的主题与关键词，直接决定软文所起的作用。

软文有它自身的特点和写作技巧，写软文不是写一篇普通文章，不是简单的文字材料堆砌。一个优秀的软文写作者，需要有强大的写作基础以及敏锐的产品与消费者观察力，才能完整地把握软文应该拥有的关键词。而在软文的世界里，关键词有两层含义，如图 6-1 所示。

▲ 图 6-1 关键词的含义

6.1.1 网络中的关键词

基于互联网和移动互联网迅速发展环境中的大数据应用，网络上能搜集到无数个关键词。企业对于在网络上主要推广的软文，应该把握好网络关键词的推广，因为网络上的关键词一般都是关于当时网民们所关注的热门事件，如果企业及时地利用热门事件进行软文营销，把网络上的关键词融入其中，一定能引起很多网民的注意，甚至达到软文的最高境界。

一般企业可以利用百度的搜索风云榜挑选关键词，它会呈现最近 1～4 天的网友们搜索的热门事件关键词，企业可以快捷地找到适合自己产品的网络关键词，如图 6-2 所示。

▲ 图 6-2　百度搜索风云榜

6.1.2　软文中的关键词

软文中的关键词是指基于软文内容本身，将所需要表达的商品信息点出来，能够起到正面描述与推广产品的作用。

对于软文关键词来说，主要是针对网络上的软文文章。大家都用过百度、搜狗、谷歌等搜索软件，也上过京东、淘宝、当当等购物网站，当然，在微信、APP 和自媒体日益增多的前提下，这类平台的搜索也日益增多。

通过这些网站和平台的搜索，当人们用关键词进行搜索定位时，往往会选择打开在搜索排行榜前列的推荐网站和平台，尤其是第一、第二位的网站和平台，如图 6-3 所示。

并不是说排在前列的页面制作有多么精良或是搜索出的东西有多么正确，而是用户的习惯如此。

就拿从淘宝的统计来看，90% 以上的用户不会去搜索第三页以后的内容，因为那样实在太麻烦，并且还会耗费大量的时间。所幸的是，软文关键词搜索排名并不像淘宝那样需要按销量等排列，而是按照一定的搜索算法来进行的。

那么该如何计算关键词的搜索排名呢？**企业可以利用"SEO（Search Engine Optimization，搜索引擎优化）"，来搜取关键词搜索排名。"SEO"是专门利用搜索引擎搜索规则，提高目前网站在有关搜索引擎内自然排名的方式。**

（1）应用平台

（2）公众平台

▲ 图6-3 应用平台与公众号平台的关键词搜索结果

6.2 关键词的常见类别

软文推广在网络推广中一直有着举足轻重的地位，一篇好的软文，就像一坛陈年佳酿，放在网上越久越能散发出它的醇厚清香，自然也能为企业带来可观的经济效益。而作为软文当中的关键词，更是在撰写当中有着精神支柱般的影响力，这也使得关键词在软文中起着至关重要的作用。

所谓关键词，是指在搜索引擎中输入一个词语或几个词语，搜索引擎会根据用户输入的词语去搜索想要的结果，如图 6-4 所示。

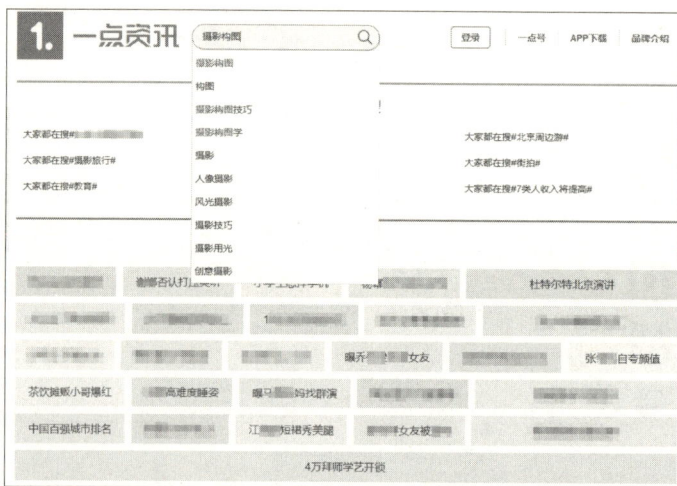

（1）关键词

（2）搜索结果

▲ 图 6-4　关键词及其搜索结果

关键词一般为产品、服务、企业、网站等，可以有一个，也可以有多个。一般来说，软文中的关键词类别主要有 3 种，如图 6-5 所示。

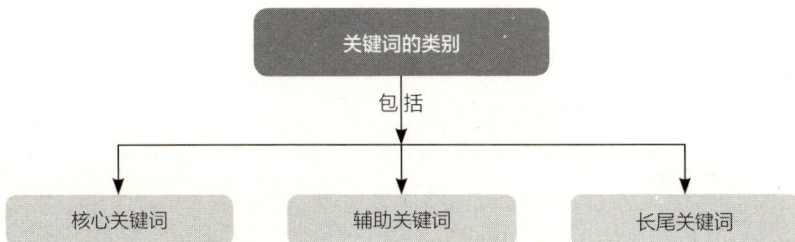

▲ 图 6-5　关键词的 3 大类别

6.2.1　核心关键词

所谓核心关键词，就是平台主题最简单的词语，同时也是搜索量最高的词语。比如某网站是一个 SEO 服务型的平台，那么该平台的核心关键词就是"SEO、网站优化、搜索引擎优化"等。

此外，核心关键词也可以是产品、企业、网站、服务、行业等一些名称或是这些名称的一些属性、特色词汇，例如 XX 减肥茶、XX 公司、XX 网等。那么，我们应该如何选择核心关键词呢？其判断标准如图 6-6 所示。

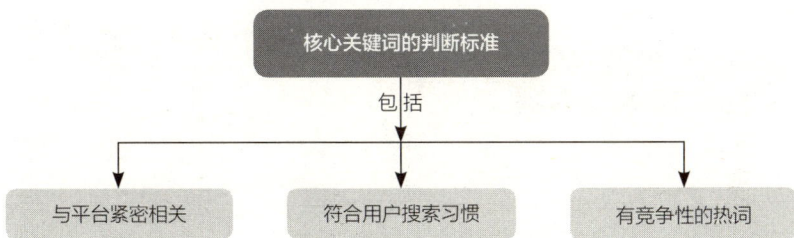

▲ 图 6-6　核心关键词的判断标准

关于从什么角度和以什么标准去判断核心关键词的选取，具体分析如下。

1. 与平台紧密相关

这是软文核心关键词选择中最基本的要求，例如平台是做服装销售的，而关键词却选取的是电脑器材，肯定是不行的。核心关键词与整个平台的主题内容是息息相关的，通常也就是平台首页的目标关键词。核心关键词要与平台紧密相关，具体表现如图 6-7 所示。

2. 符合用户搜索习惯

做平台的目的是吸引用户，那么关键词的设置也要考虑到用户的搜索情况。所以在选择关键词的时候，平台运营者可以列出几个可以作为核心的关键词，然后换一个角色，思考当自己是用户的时候会怎么搜索，从而保证核心关键词的设置更加接近真实的用户搜索习惯。

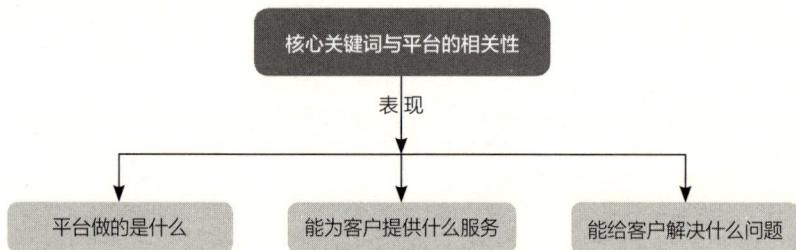

▲ 图 6-7　核心关键词与平台相关性的表现分析

3. 有竞争性的热词

很多的词容易被搜索到，其原因之一就是由于有竞争，只有这样被大家搜索多的词才是最有价值的词，但是这样的词一般都比较热，而与其相对的是冷门的关键词，虽然排名好做，但是却没人去搜索，这是为什么呢？在此，就不能不提及关键词的竞争程度了，下面就为大家介绍一下关于关键词竞争程度的判断。关于关键词竞争程度判断的问题，可从 4 个方面进行分析，如图 6-8 所示。

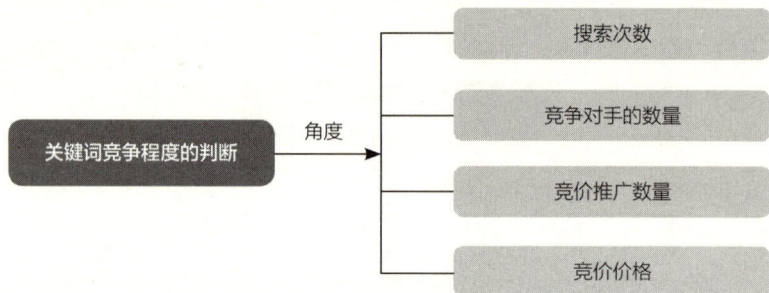

▲ 图 6-8　关键词竞争程度的判断角度

图 6-8 中所提及的 4 个角度是在微信、APP 和自媒体平台中判断关键词具有怎样的竞争程度的关键因素，有必要对其进行详细了解，具体分析如下。

（1）**搜索次数**。这个指数可以通过一些谷歌关键词工具和百度指数来观察，数值高就代表竞争度也高。

（2）**竞争对手的数量**。有人竞争，且竞争多，也就是说竞争对手数量大，这是衡量关键词具有较高竞争程度的重要标准。这是可以通过 intitle 指令（是 SEO 中的高级搜索指令）返回 title（是 HTML 语言制作网页时用来设置标题属性的，是标题的意思）中包含某个关键词的页面的数量来进行判断的。因为这些平台会在 title 中出现这个关键词，一般来说是有优化的意图的，如图 6-9 所示。

（3）**竞价推广数量**。可以在某个关键词显示的搜索结果中查看竞价排名的数量，以判断该关键词的竞争程度。

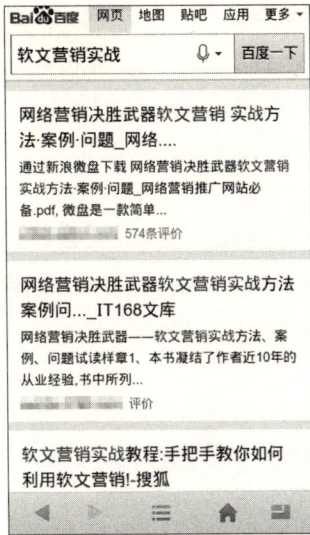

▲ 图 6-9　百度的 intitle 搜索指令

（4）**竞价价格**。通过谷歌的流量估算工具可以查看关键词大致的竞价费用。虽然不准确，但是也值得参考。价格高的也许不一定竞争激烈，不过价格低的竞争一定不会太激烈。

6.2.2　辅助关键词

辅助关键词，又称为相关关键词或者扩展关键词，是指与核心关键词相关的解释、术语、名称等，是对核心关键词的补充。辅助关键词的数量可以是无数个，其最主要的作用是通过辅助关键词的 SEO 优化，把对网站业务有兴趣的用户吸引过来。辅助关键词在选择的过程中不需要考虑是否可以促成消费，只要与核心关键词相关，都可以罗列在内。

辅助关键词不仅可以是词语，也可以是短语。在对用户搜索习惯的了解中可以得知，用户很喜欢用"什么是XX"的搜索短语。例如核心关键词是"核心关键词"，那"什么是核心关键词""核心关键词是什么""什么叫核心关键词"等都是非常好的辅助关键词，如图 6-10 所示。

又如，某平台是一个 SEO 服务型的平台，该平

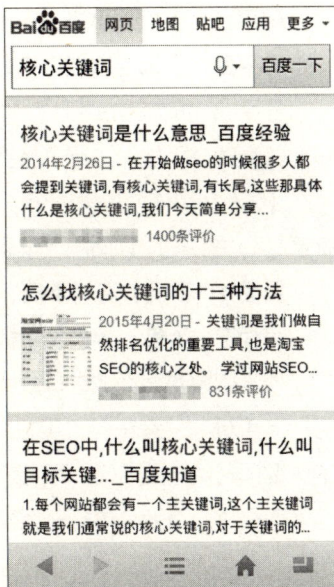

▲ 图 6-10　辅助关键词

台的核心关键词是"SEO、平台优化"等，那么辅助关键词就是类似于"企业 SEO 优化、门户平台 SEO 优化"等和核心关键词相关的近义词以及解释说明的词语等。

在中文软文中，我们也是通过对核心关键词进行相应增删的方法得到辅助关键词的。例如，核心关键词"手机"与"智能"这个词组合后，就产生一个新的辅助关键词"智能手机"。

在页面中，辅助关键词可以有效增加核心关键词的词频，突出页面的主题。此外，辅助关键词的存在还会提高页面被检索的概率，从而增加网站流量。具体来说，辅助关键词具有多个方面的作用，如图 6-11 所示。

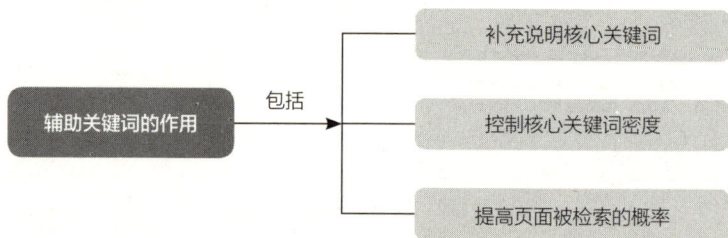

▲ 图 6-11　辅助关键词的作用

由上图可知，对于核心关键词的检索而言，辅助关键词有着非常重要的作用，具体分析如下。

（1）从内容方面讲，辅助关键词是核心关键词的一个重要的说明及补充。例如有两个平台，包含以下栏目：

甲平台：手机、小米、三星、摩托罗拉、多普达；

乙平台：手机、智能手机、拍照手机、音乐手机、娱乐手机。

乙平台中的辅助关键词"智能手机""拍照手机""音乐手机""娱乐手机"对核心关键词"手机"进行了重要的补充，提高了页面相关性。

（2）利用辅助关键词可以有效增加核心关键词词频，控制关键词密度，避免为了提高核心关键词词频而陷入堆砌关键词的误区。例如有两个内容如下的页面：

页面 1：手机、智能手机、商务手机、音乐手机、拍照手机；

页面 2：手机、手机、手机、手机、手机。

搜索引擎对页面 1 进行分词操作后，得到的词汇包括"手机""智能""手机""商务""手机""音乐""手机""拍照""手机"。则页面 1 中核心关键词"手机"的关键词密度就是 5/9，而词频是 5。

而经过对页面 2 进行分词操作后，得到词汇"手机""手机""手机""手机""手机"。则页面 2 核心关键词"手机"的关键词密度是 100%，而词频也是 5。

假设关键词密度在 10% 时页面相关性最高，那么说明页面 1 比页面 2 在内容上与查询关键词更接近。

（3）增加相关的辅助关键词还可以提高页面被检索的概率。例如，一个页面存在核心关键词"手机"及辅助关键词"手机报价""手机图片"等，则用户除了可以在核心关键词"手机"的搜索结果中发现该页面外，还有可能在"手机报价""手机图片"等辅助关键词的搜索结果中发现该页面。

> **专家提醒**
>
> 一般一个企业平台，核心关键词为3～5个，辅助关键词可以收集到200个左右。为这几百个辅助词分门别类后进行SEO写作，网站内容会非常充实，网站流量和人均浏览量也很容易得到提升，企业网站也可以做到几百个页面。

6.2.3　长尾关键词

长尾关键词是对于辅助关键词的一个扩展，且一般长尾关键词都是一个短句。例如，一家SEO服务型平台的长尾关键词就是"哪家SEO服务公司好、平台SEO服务优化找谁"等。

长尾关键词的特征是比较长，往往是由2～3个词组成，甚至是短语，存在于内容页面，除了内容页的标题，还存在于内容中，如图6-12所示。

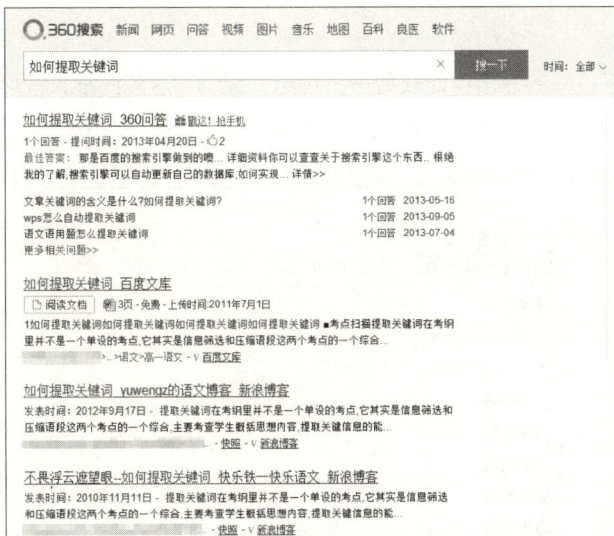

▲ 图6-12　长尾关键词

平台大部分的搜索流量来自于长尾关键词，越是大中型和门户型平台，长尾关键词的流量占比越重。长尾关键词能给平台带来不错的流量，但随着个人平台、企业平台的不断增多，通过 SEO 优化平台也变得越来越困难。图 6-13 所示为长尾 SEO 投入风险与转化率关键词曲线。

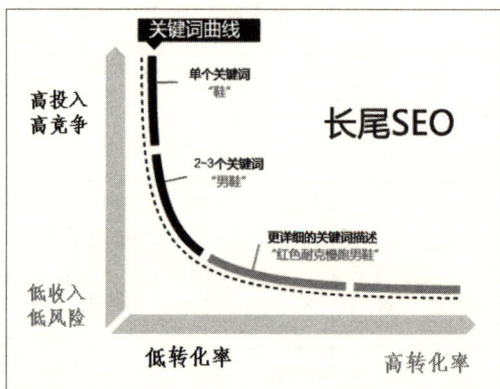

▲ 图 6-13　长尾 SEO 投入风险与转化率关键词曲线

一般来讲，长尾关键词的拓展方式有以下几种。

1. 流量统计工具

这是仅次于搜索引擎后台的又一大量获取真实并有价值的长尾关键词的方法。借助网站流量统计工具，不仅能分析出网站访问流量的来源，同时也能分析出用户的具体搜索行为，即用户是通过什么搜索词进入网站的。

2. 百度下拉框

通过百度下拉框的提示也能获取一些长尾关键词，这些词很大程度上会让用户直接搜索，因此也具有一定的访问量和转化效果，相关搜索也同样如此，如图 6-14 所示。但由于下拉框是单体搜索，扩展量比较小，不适宜于大批量的长尾词拓展。

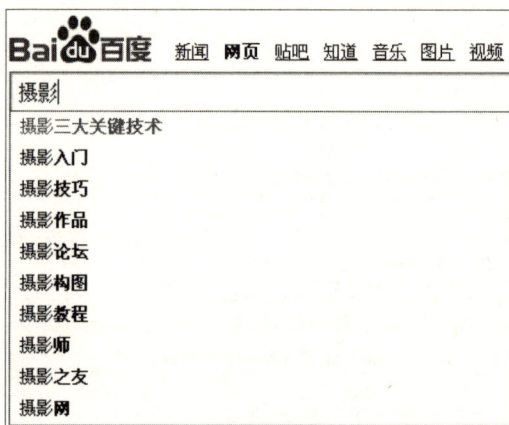

▲ 图 6-14　百度下拉框搜索关键词

3. 客服软件

网站常见的客服软件，比如商务通、53kf、乐语等都提供关键词下载工具，这个绝对是用户真实搜索的关键词，并且具有相当的商业和转化价值。当然这其中很大一部分与后台流量统计工具的关键词有重叠，可作为筛选关键词之用。

4. 问答平台及社区

像百度知道、搜搜问问、天涯问答这些综合型的问答平台，各行各业的问答都会有，虽然充斥着大量的推广和广告问答，但也有大量的真实用户的问答，所以很大一部分长尾词可能是我们所意想不到的，是继搜索引擎后台关键词工具和流量统计后台关键词挖掘之后的又一大长尾词拓展方法，如图 6-15 所示。

例如在百度知道搜索某目标关键词时，会出现许多与这个关键词相关的问题，而通过这些问题再搜索时，又会出现更多关于这个关键词的问题，如此循环，可利用的长尾关键词资源可谓源源不绝。

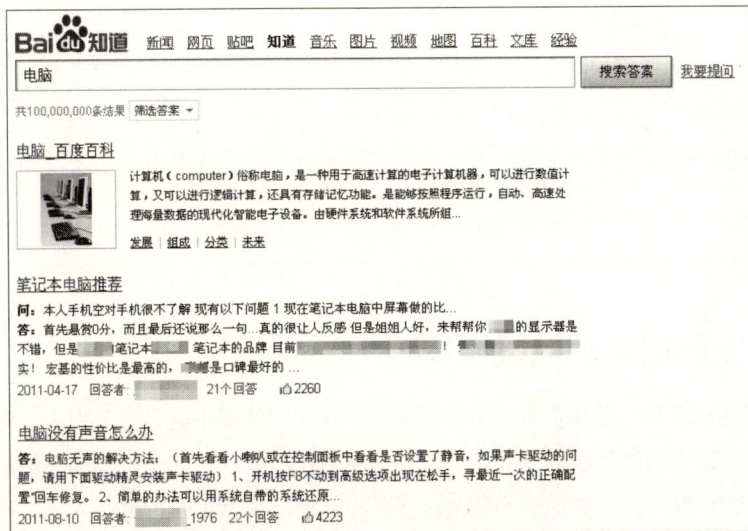

▲ 图 6-15　通过百度知道搜索长尾关键词

5. 站长工具及软件

目前站长工具如站长之家、爱站网、站长帮手都有类似的关键词拓展查询，并给出关键词的百度指数、搜索量以及优化难度，也能拓展出一定量的关键词。

一些关键词拓展软件，如金花、飞达鲁等，也会根据关键词进行拓展，并产生一些联想词，可以满足站长在量上的要求，但有可能会产生大批无用或无价值、无意义的关键词。

6. 搜索引擎的工具

谷歌的网站管理员工具和百度的凤巢竞价后台的关键词查询都有拓展关键词的功能。但在国内来说，仍旧以百度为主，所以百度竞价后台的关键词相对来说比较重要，搜索次数和拓展词量也相对真实可靠。

7. 拆分组合

把网站目标关键词按一定形式进行拆分，然后再排列组合在一起，产生大批量的长尾关键词是很多网站的通用做法。这虽然并不像通过搜索引擎后台、流量统计工具以及问答平台得到的关键词那样在真实性和价值性上性价比高，但同样可以获得大批量的关键词，全方位地把关键词覆盖住，是一种全面撒网式的拓展方法。

8. 其他方法

如去竞争对手网站查看，可自制一些抓取工具把对手网站的长尾词抓取过来，进行去重、筛选等，存入关键词库。或者是利用百度指数、搜索风云榜这些工具，来搜集和拓展一些长尾词。

> 💡 **专家提醒**
>
> 长尾关键词带来的客户，转化为网站产品客户的概率比目标关键词高很多。并且存在大量长尾关键词的大中型网站，其带来的总流量非常大。因此，长尾关键词的挖掘既是一个比较烦琐的工作，也是需要长期去做的事情。

6.3 关键词营销的设置技巧

对于企业来说，没有质量、没有效率的曝光率自然得不到订单。那么，应该如何让商家通过曝光率得到更准确的客户需求信息呢？笔者认为如果产品的品牌影响力还没有能够达到深入人心的地步，那么企业可以从产品关键词的设置上入手，通过合理的关键词设置来获得曝光率。

6.3.1 从用户角度考虑

知己知彼，方能百战不殆。首先从用户的思维去思考、去选词，注意积累用户的搜索用语浏览、阅读习惯。

1. 搜索习惯

用户搜索习惯是指用户在搜索引擎中寻找相关信息时所使用的关键词形式，对于不同类型的产品，用户的搜索习惯会存在一定的差别，我们应该优先选择那些符合大部分用户搜索习惯的关键词形式。

专门统计网站表现的研究机构 Keynote Systems 的研究总监 Bonny Brown 博士曾表示，"令搜索引擎用户最不满的是，搜索结果不够人性化，杂乱无章，甚至有时离题万丈。如果一个网站从现实出发，以人类的心理为指引开展工作，必定能使用户十分满意。"

一般来说，用户在搜索时使用不同的关键词会得到截然不同的结果。对于同样的内容，如果页面中的关键词表达形式与用户的搜索习惯存在差异，则页面的相关性会大大降低，甚至会被排除在搜索结果之外，因为大部分的用户在寻找 A 页面，而你提供的却是 B 页面。

因此，商家企业在进行关键词设置时，可以通过统计用户在寻找同类产品时所使用的关键词形式，分析用户的搜索习惯，不过这样的关键词只适用于同类产品。

例如，要分析用户在寻找 DELL 相关产品时的搜索习惯，可以在百度搜索栏搜索 DELL，其中有 dell inspiron、dell 外星人、dell 服务器、dell800。这 4 个都是 DELL 产品，我们能分析出各自的搜索量，搜索量大的是比较符合用户搜索习惯的，如图 6-16 所示。

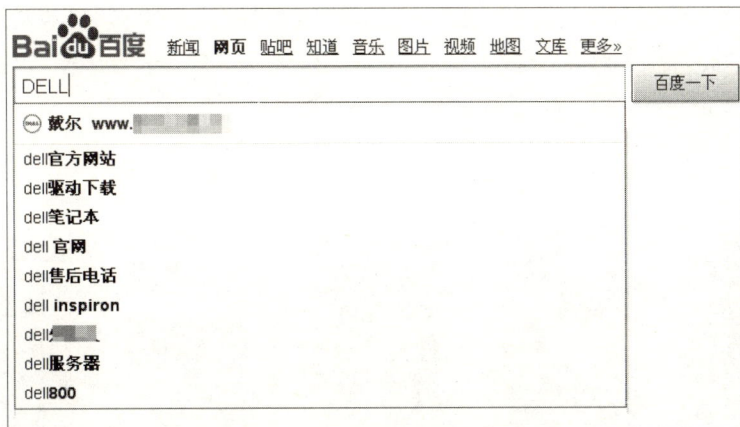

▲ 图 6-16　DELL 相关产品的搜索

2. 浏览习惯

对于网络用户而言，上网的时候除了一些特别需要集中精力去研究、阅读的文章，大多数时间都是在扫描。而在扫描的过程中往往会无意识地忽略对自己不重要的信息，而把主要精力集中在对自己有用的信息上面。在对一个新网站毫无了解的情况下，我们扫描网站的时候除受主观的因素影响之外，还受我们的眼球轨迹影响。

2006 年 4 月，美国长期研究网站可用性的著名网站设计师杰柯柏·尼尔森发表了名为《眼球轨迹的研究》的报告。报告称，大多数情况下浏览者都不由自主地以"F"形状的模式阅读网页，这种基本恒定的阅读习惯决定了网页呈现 F 形的关注热度。

（1）水平移动。浏览者首先在网页最上部形成一个水平浏览轨迹。

（2）目光下移，短范围水平移动。会将目光向下移，扫描比上一步短的区域。

（3）垂直浏览。浏览者完成上面两步后，会将目光沿网页左侧垂直扫描；这一步的浏览速度较慢，也较有系统性、条理性。

研究了大多数浏览者的浏览习惯，软文的关键词就可以沿着该轨迹进行设置，可以很成功地吸引用户的眼光。图 6-17 所示为眼球浏览轨迹。

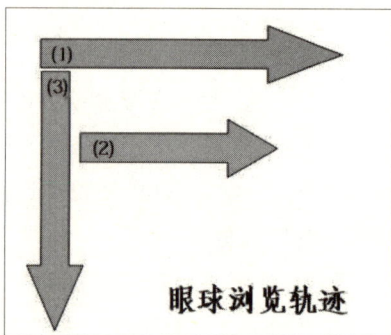

▲ 图 6-17　眼球浏览轨迹

3. 阅读习惯

当人们的阅读习惯从传统的纸张转向互联网，又从互联网延伸到移动互联网时，阅读习惯也在发生着变化。互联网为人们提供了海量的信息，但同时也导致了人们注意力的分散，在经历若干年的发展之后，用户对于精品内容的需求变得越发强烈。并且随着手机、平板电脑等移动端的普及，电子书籍成为人们阅读的首选。这些习惯都应该被软文推广者熟知，并应用到关键词设置中去，如图 6-18 所示。

▲ 图 6-18　电子报刊逐渐普及

6.3.2　从对手的角度考虑

常言道：知己知彼，百战不殆。在设置软文关键词时，建议推广者们深入了解竞争对手的网站，摸清竞争对手网站的关键词及布局情况，这样不仅能找到优化漏洞，还能掌握目前关键词的竞争热度，以便进行人力优化部署，具体方法如下。

（1）在搜索引擎中搜索与自己产品相关的关键词，重点查看排名在前 10 页的网站都优化了哪些关键词，将它们摘录，然后做对比分析。

（2）可以到一些黄页网站和目录网站查询与产品相关行业的公司信息，分析这些公司的目录描述，在描述中都出现了哪些关键词，创建 20 ~ 50 个竞争者名单。

（3）可以到 B2B 的网站上寻找客户信息，分析这些客户的产品信息中重点体现了哪些关键词，将这些关键词汇总，整理到一张表格中。

6.3.3　关键词的确定

软文推广者在充分考虑了用户的需求和竞争对手的长处之后，就可以按照以下技巧确定软文关键词了。

1. 选择关键词

关键词是描述品牌、产品、网站或服务的词语，选择适当的关键词是增加被搜索率的第一步。选择关键词的一个重要的技巧是选取那些常为人们在搜索行业或产品时所用到的关键词。

2. 理解关键词

在你收集所需的关键词之前，明白一般人是怎样使用关键词是十分重要的。人们在搜索的时候一般是不会使用单个词，而是用短语或者词组。这样对于选择什么关键词用在文章里就起到更重要的作用。

3. 处理关键词

到了这一步，推广者已经收集了很多与网站或产品有关的关键词了。接下来的工作就是把收集到的关键词进行组合，把它们组成常用的词组或短语。很多人在搜索的时候会使用两个或三个字组成词，并且不会用普通的、单个字作为关键词。

例如，一家名为上海仲之朋机电设备有限公司的企业有以下几个关键词："韩国、UV 灯管、紫外线"，如果简单地将这几个关键词搜索，根本找不到这家企业。于是，该企业试着把它们组合为"韩国 UV 紫外线灯管""韩国紫外线 UV 灯管"等，这样企业就位于百度搜索中的第一位，很容易被用户找到，如图 6-19 所示。

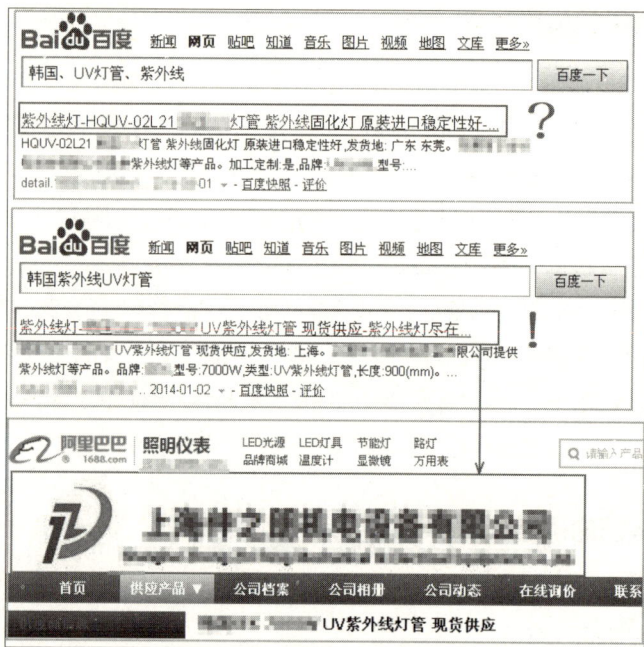

▲ 图 6-19　合并关键词

4. 舍弃关键词

推广者还要敢于舍弃一些关键词，如那些客户搜索时很少用到的关键词，包括以下几种。

（1）在英文里，在搜索引擎中大小写是没有区别的。

（2）拼写错误的关键词是没用的，但是找到一个经常出现拼写错误码的关键词可以额外地提高你的访问量。

（3）去除那些停用的词。

（4）没有人会用"最好的""疯狂的"等词语进行搜索。如果推广网站里有类似的词，最好去除。

5. 最佳关键词

如果按照上述所说，推广者一定列出了一大堆的关键词。然后要做的就是通过长期观察和去除，则除一些没人使用的或较少使用的关键词，剩下的就是要长期推广的关键词了。

6. 关键词密度

通常来说，网页上会有数以百计的词语，那么搜索引擎怎样去分辨哪些是描述你的企业的重要词语呢？搜索引擎会统计你的平台一个页面的字数，而那些重复出现的词或短语被认为比较重要一些。

然后搜索引擎利用自身的算法来统计页面中每个词的重要程度，这样的关键字数与该页面字数的比例称为关键词密度，这是一个搜索引擎优化策略最重要的因素。因此为了更好地被搜索到，你的关键词必须在页面中出现若干次，或者在搜索引擎允许的范围内。

7. 突出关键词

在有价值的地方放置关键词。当推广者统计完页面需要多少个关键词后，接下来就是考虑把关键词放在网页的什么地方。

搜索引擎将会专注于你网页中某一部分的内容，处于这一关注部分的词语显得比其他部分的词语要重要得多，这就是所谓的"突出关键词"。

6.3.4　关键词扩展

在确定了核心关键词之后，就要对关键词进行扩展了。推广者可以根据这些核心关键词进行进一步的挖掘，以便扩展出更多的关键词。扩展关键词的方法有以下几种方式。

1. 使用关键词工具

通过谷歌关键词工具或者百度指数，如图 6-20 所示。当我们在查询一个关键词的时候就会列出几十个相关的关键词，而当我们在对其中任意一个相关关键词再进行重新查询的时候，我们就又可以得到另外几十个相关的关键词。如此一来，我们想要扩展出几千个关键词来可以说是很容易的事情。

▲ 图 6-20　百度指数

2. 使用相关搜索

当我们在谷歌或者百度的搜索框输入核心关键词的时候，搜索框就会自动显示出与此关键词相关的一些关键词。我们可以通过这样的方式找到搜索量最多的关键词，以此来确定我们的关键词。同时，也可以通过搜索结果页面的最下面看到搜索引擎给出的相关搜索。

3. 其他扩展工具

我们还可以使用其他的关键词扩展工具，来确定我们的关键词，如追词助手、飞达鲁等工具，如图 6-21 所示。

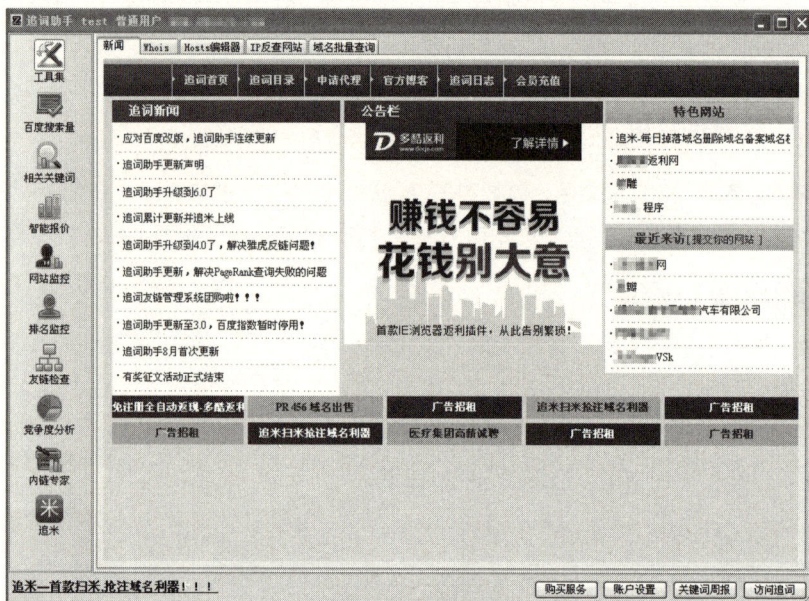

▲ 图 6-21　追词助手

4. 使用关键词变体

使用各种关键词的变体，来对关键词进行各种变化，主要的类型有同义词变体、简写变体、相关词变体以及错字 4 种。

5. 使用形容词修饰

在核心关键词的前面加入形容词，用来扩展关键词。

6. 网站流量分析

通过查看自己网站的流量，了解到用户是通过什么方式、什么关键词访问网站，然后把这些关键词输入到谷歌关键词工具或者百度指数中去，形成更多关键词。

6.3.5　利用明星新闻

这类文章虽然比较容易吸引广大的网民，但是最近几年来由于使用过度，变得非常庸俗。其实，关于明星的新闻很多，且性质有好有坏，用得不好会给网站带来不利的影响。所以在使用的时候一定要注意看准方向。图6-22所示为借用明星效应推出的广告软文。

今年的跨年演讲，罗胖会怎么说"乐视"呢？

网界 2016-11-27 10:20

2016年即将进入尾声，而▒▒▒的跨年演讲"时间的朋友"也将在今年的最后一天如期进行。在去年的演讲中，罗胖设计了一个演讲的小专题"两支▒▒▒"，专门对2015年的▒▒▒▒▒和▒▒进行了自己的阐述的理解。

▲　图 6-22　借用明星效应推出的广告软文

对于明星效应笔者有自己不同的看法，与其介绍现有的明星还不如制造属于网站自己的明星。比如微信公众号"罗辑思维"里的"罗某"，这是完全由粉丝捧起来的，所以笔者认为可以利用当地当时的热点，然后借机设置关键字炒作。而随后广大的网友热议可以看作是添砖加瓦的事情，其宣传效果可以达到一鸣惊人的地步，这种方式就如同借力打力，自己只出三分力，其他依靠众多网友努力。

6.3.6　用故事做引导

这种类型的软文必须由高手来撰写，不然的话很容易写得偏题，过分注重了故事的讲述，反而忽略了软文关键词的诱导，很容易到最后发生走火入魔的现象。

好的故事型软文应该紧紧围绕关键词本身来撰写，也就是为了这个关键词特别定做的一个故事。而且，脑海里时时刻刻都要有关键词的概念，任何一句话，或者包袱的铺垫最后都要归结到关键词上。图6-23所示为某化妆品牌祛斑霜的软文广告关键词诱导，在前文中，作者通过一个故事引入，一步步引出关键词，推广者们可以借鉴。

所以这类软文的所有文字最后被吸取并集中体现的就是那么寥寥几个关键词。

在外人看来，我有着████████，有着████ ██████。██
██████，██████，拎着████，踩着█ ███ ███鞋，出入
高██████楼，穿梭于精英遍布的繁华商业区，每天都很优雅地过
自己的品位生活。这，是一个典型的外企白领的格式化生活。

……

为了█████████，为了我的幸福人生，我再次开始折腾自己，
█████████████。凡是████████，█████尝
试，但结果都让我大失所望。一个偶然的机会，几经辗转，我同事的
朋友的朋友给我推荐了████████，我开始不抱任何信心，
纯粹看同事的面子，试吃了七天，果然██████，但我并不惊喜，
因为之前也有过这样的经历，后来又坚持服████，这时出现
的效果█████，果然和同事的朋友说的一样。但我在高兴之余
还有些担心████，不过后████████，因为停用一段
时间后我发现，脸上的████████。这时，我才敢███████
█。接下来的故事就是很幸福地过每一天了。

▲ 图6-23 故事诱导关键词

6.3.7 利用心得体会

心得体会是现代软文创作中最经常使用的类型，也就是通过一些伪体验，或者伪感受作为切入点，主要是利用大家的同感来寻找彼此共同的心灵上的融合点。

比如：作为一个"80后"，现在都已经做爸爸妈妈了，在教育孩子的问题上都有哪些心得体会，随即很自然地引出这些心得体会的来源，顺理成章地插入关键词。让大家先引发共鸣，在共同的体验和感受的前提下再自然过度到对应的关键词上。这样的诱导技术我们称作顺理成章型，营销效果非常好。

6.4 9个提高文章搜索率的 SEO 技巧

所谓"SEO"，在英语范畴内，其全称为"Search Engine Optimization"，意为"搜索引擎优化"，从其组成部分来说，它包括两个方面的优化，如图6-24所示。

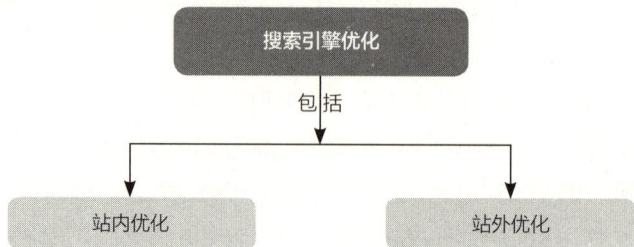

```
        ┌─────────────┐
        │  搜索引擎优化  │
        └──────┬──────┘
               │ 包括
        ┌──────┴──────┐
        ▼             ▼
   ┌────────┐    ┌────────┐
   │ 站内优化 │    │ 站外优化 │
   └────────┘    └────────┘
```

▲ 图6-24 搜索引擎优化的两个部分

其中，站内优化即网站内部的优化，主要包括 3 个方面，具体如下。

- 在网站结构方面，进行有序调整；
- 在网站内容方面，进行优化建设；
- 在输入形式方面，进行代码优化。

而站外优化主要是针对推广和品牌方面的建设，这是站内优化的外部延伸和具体表现，是搜索引擎优化的重要组成部分。

进行搜索引擎优化建设，可以使网站、平台等更好地满足搜索引擎在收录排名方面的需求，可以在用户进行搜索时，在其提供的关键词引导下更容易地找到优化后的引擎，从而达到其推广和营销目标，具体表现如图 6-25 所示。

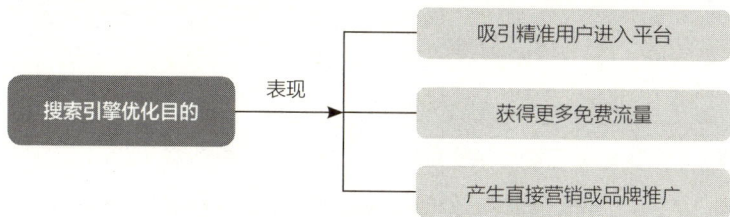

▲ 图 6-25　搜索引擎优化的目的

从上图中可以看出，基于诸多目的而进行的搜索引擎优化对于平台的运营和成长有着极大的优势，是其能够进一步进行推广的重要助力。因此，有必要掌握提高搜索率的 SEO 技巧，主要包括 9 个方面，如图 6-26 所示。

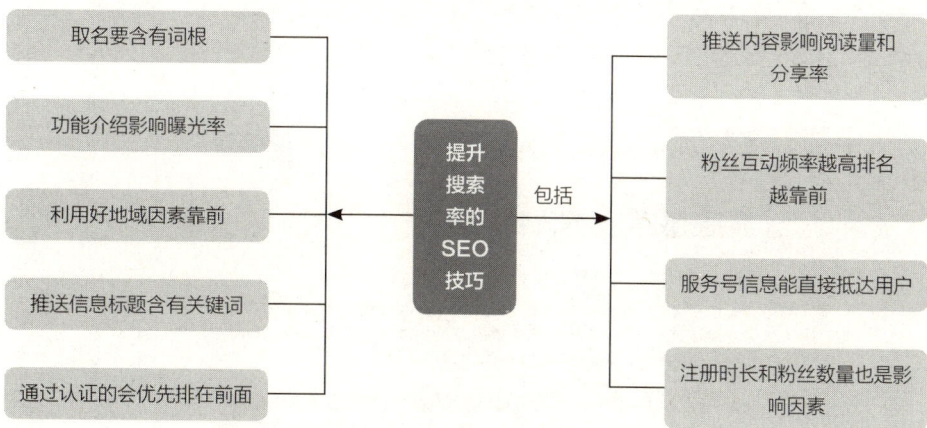

▲ 图 6-26　提升软文搜索率的 SEO 技巧介绍

6.4.1　取名要含有词根

在软文撰写中，标题是一个需要精心设置的重点区域，实现标题的巧妙设计，可以在两个方面提升软文的关注度，如图 6-27 所示。

```
┌─────────────────────────────┐
│   精心设计的标题提升关注度    │
└─────────────────────────────┘
              │
            表 现
              │
      ┌───────┴───────┐
      │               │
┌───────────┐   ┌───────────┐
│  审美角度  │   │  搜索角度  │
└───────────┘   └───────────┘
      │               │
┌──────────────┐ ┌──────────────────┐
│在某一方面有吸 │ │抓住某一关键点，在 │
│引读者的关注   │ │词汇曝光率上能被搜 │
│点，最终让读者 │ │索引擎轻易搜到     │
│产生共鸣       │ │                  │
└──────────────┘ └──────────────────┘
```

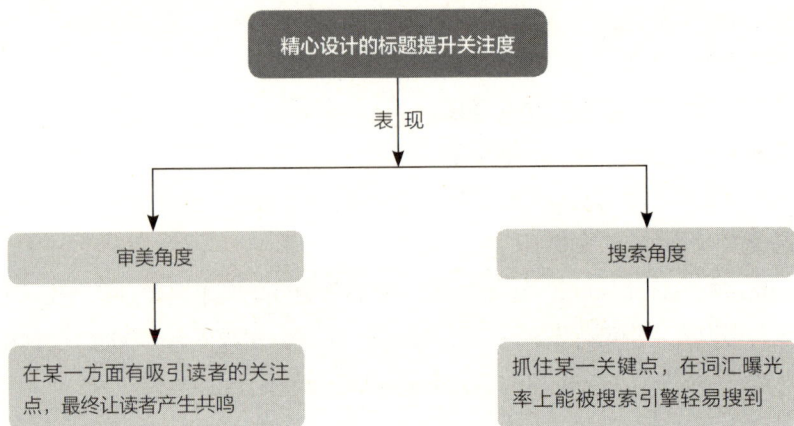

▲ 图 6-27 提升关注度的标题设计

在此，重点从搜索角度分析软文标题的词语组成。众所周知，一个标题一般是由多个词语组成的，这些词语构成了文章的中心思想和主体内容。而从词汇构成上来说，词根是能表达词汇意义的主要组成部分，是具有实际意义的语素，可以说，在标题结构中，能承担词汇意义的词根辅以承担结构意义的词缀，它们共同构成了软文标题，也即软文主旨，如图 6-28 所示。

上图中所示的两个软文标题，在结构上大部分是由词根构成的，读者通过标题可以清楚地了解软文的主要内容。

另外，在微信公众号的取名上，也同样要求含有确定的词根因素，特别是一些能够触及平台主要运营内容的词根，这是提升公众平台和软文搜索率的重要技巧。

（1）

▲ 图 6-28 "简书"自媒体平台的软文标题

（2）

▲ 图 6-28 "简书"自媒体平台的软文标题（续）

例如，"长沙热门美食"这一公众号名称，主要是由"长沙""热门"和"美食"3 个词组成，它们与平台内容紧密相连，读者在微信上搜索公众号时，只要涉及了这些词语中的一个或几个，就会很容易地搜索到该公众号，如图 6-29 所示。

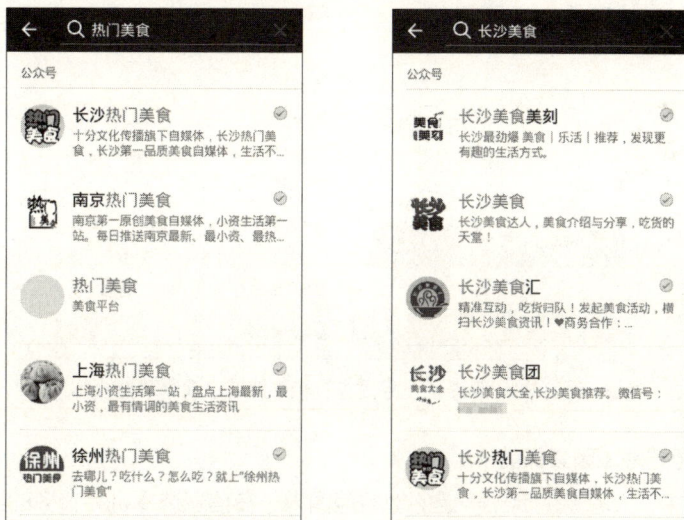

▲ 图 6-29 "长沙热门美食"公众号词根搜索

6.4.2 功能介绍影响曝光率

在公众号的基本资料界面中，所有的公众号都会包含 4 个公众号信息，具体内容如下：

- 公众号名称、头像和微信号；
- 功能介绍；
- 接收信息；
- 查看历史信息。

当然，不同的公众号还会根据其运营要求进行相关信息设置，如"账号主体""进场服务""客服人员""提供位置信息"和"商标保护"等。

在这些基本信息资料中，"功能介绍"是影响公众平台及其软文曝光率的重要因素，是读者在关注公众平台之前能够了解公众平台和运营内容的主要途径。只要功能介绍中的某一点打动了读者，就可能引导读者进入微信公众平台，最终提升平台软文的曝光率。

例如，有一些微信公众平台的功能介绍重点在于对平台的内容和功能、作用等进行全面呈现，如图 6-30 所示，以便读者通过基本资料界面可以清楚、明白地了解平台和利用平台。

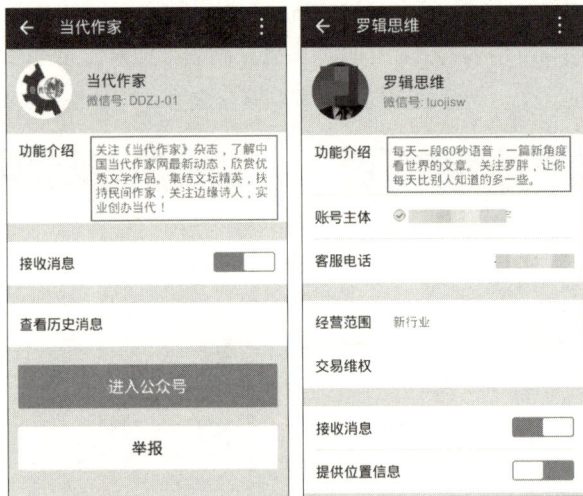

▲ 图 6-30　清晰呈现平台内容和功能的公众号功能介绍

6.4.3　利用好地域因素靠前

一般说来，人总是生活在一定的地域范围内，在信息选择机会较多的情况下，人们对所处区域的信息相较于其他地方来说会更加感兴趣，这样的区域信息可以是常住地区的信息，也可以是短暂停留地方的信息，抑或是家乡或其他曾经去过的地方的信息。当他们看到时，都会有兴趣去看一下。因此，无论是在公众号、APP 和自媒体平台名称设置上，还是在软文标题设置上，都可以把地域因素考虑进去，以提升其软文搜索率。

图 6-31 所示为在名称中加入地域因素的微信公众平台搜索。

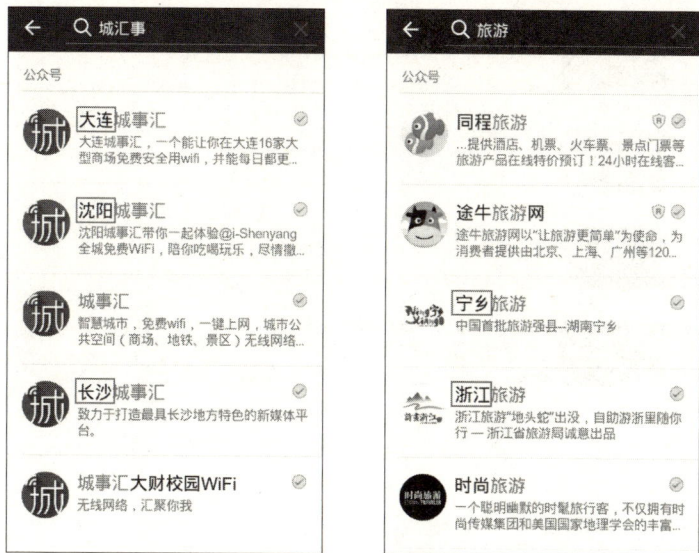

▲ 图 6-31　名称中含有地域因素的微信公众平台搜索

图 6-32 所示为在名称中加入了地域因素的 APP 平台搜索。

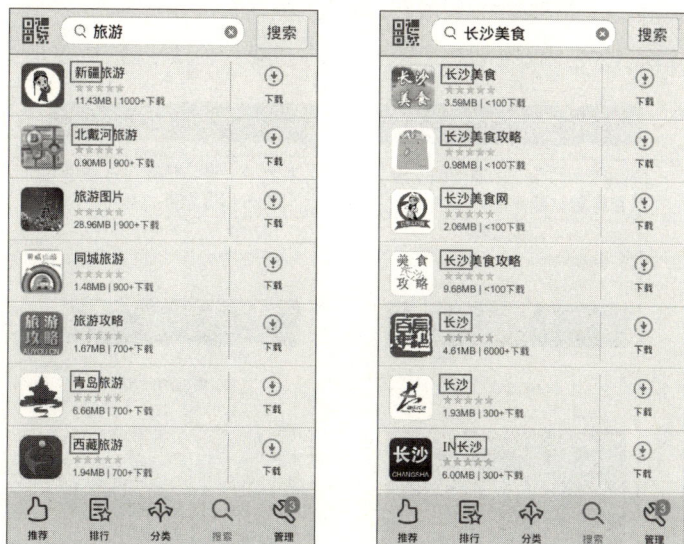

▲ 图 6-32　名称中含有地域因素的 APP 平台搜索

　　图 6-33 所示为"百度百家"自媒体平台首页,从中可以看到一些在名称中加入了地域因素的软文。

▲ 图 6-33　名称中含有地域因素的自媒体平台软文

6.4.4　推送信息标题含有关键词

在微信、APP 和自媒体平台上，推送信息是平台运营的主要目的，而要把企业、商家信息精准地传达给目标消费者，就有必要把与信息相关的关键词做重点展示。其中，把关键词嵌入软文标题中是比较有效的一种方法。

图 6-34 所示为名为"手机摄影构图大全"的微信公众平台的相关软文。

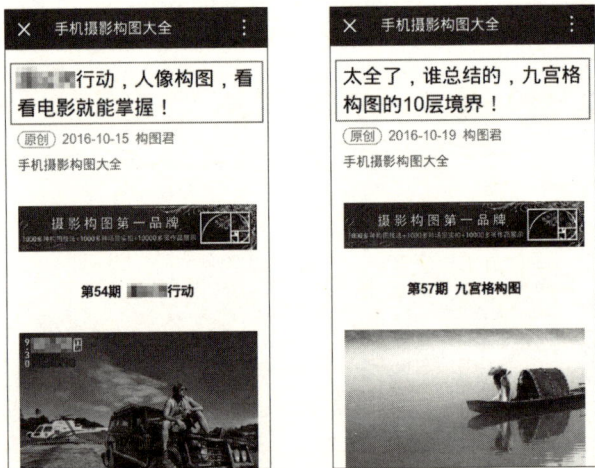

▲ 图 6-34　推送信息中包含关键词的公众号平台软文

上图中标题为"×××行动，人像构图，看看电影就能掌握！"和"太全了，谁总结的，九宫格构图的 10 层境界！"的两篇软文，都分别在标题中嵌入了"构图"这一关键词。在加入辅助关键词的情况下，在其他媒体平台中进行搜索时，可以让读者通过标题了解软文内容，又能精准地进行相关信息推送，即使改换了软文名称，也能精准地进行查询，如图6-35所示。

（1）

（2）

▲ 图6-35 "今日头条"自媒体平台的相关软文搜索

6.4.5 通过认证的会优先排在前面

在微信这一社交平台上，其服务运营方为微信公众平台提供官方认证的服务，无论是企业号还是服务号，抑或是订阅号，只要按照其认证流程对设立的公众号进行认证，就可在后台查看微信认证界面和认证详情界面，清楚地了解微信认证的基本信息，如图 6-36 所示。

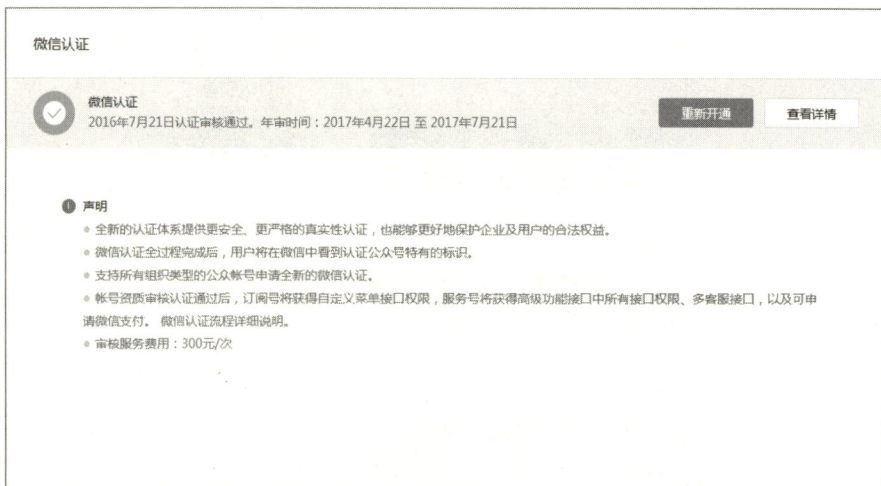

（1）

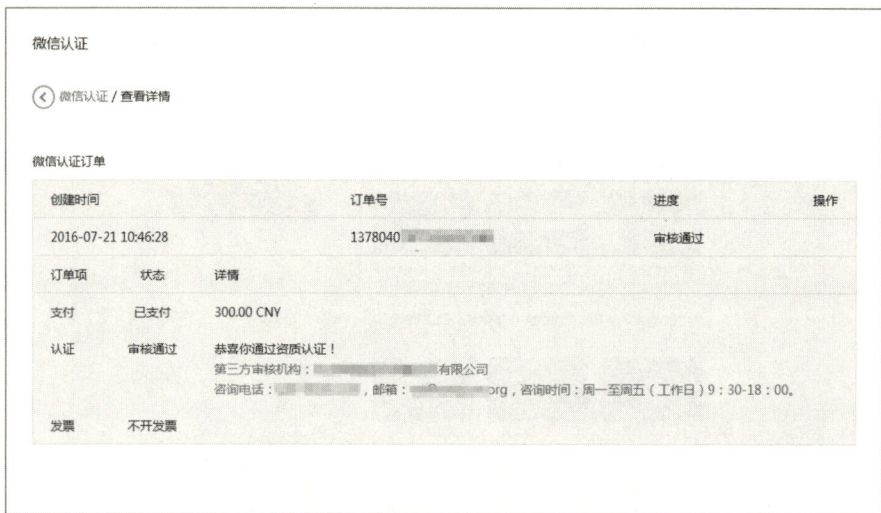

（2）

▲ 图 6-36　微信认证界面及其详情界面

通过认证的微信公众号，可以免费获得其平台对外开放的所有技术接口，且在读者看来，通过了认证的微信公众号会更加具有真实性和保障性。因此，进行微信认证，对公众号平台来说具有非常重要的作用，如图 6-37 所示。

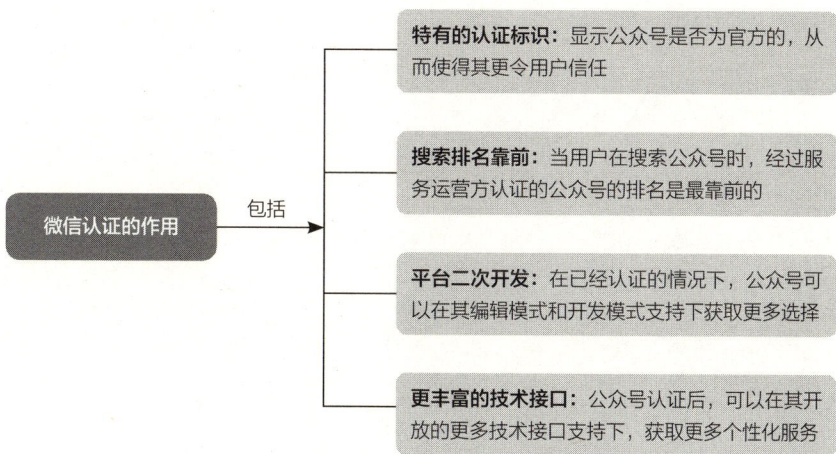

▲ 图 6-37　微信认证的作用分析

　　基于上图中所示的作用,微信认证的最终目的是获取用户关注。因而可以这样认为,提升公众号和平台运营软文的搜索率是微信认证的重要目的,而经过了微信认证的公众号排名更靠前是实现这一目的的最佳途径。

　　图 6-38 所示为关于不同关键词的微信公众号搜索情况,从图中可以看出,经过了微信认证的公众号明显是排在最前面的。

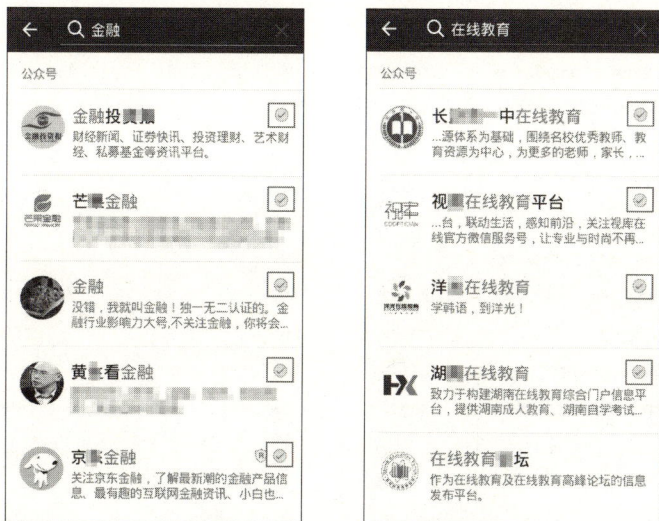

▲ 图 6-38　公众号搜索的微信认证显示

6.4.6　推送内容影响阅读量和分享率

　　在微信和自媒体平台上,运营者是可以通过后台查看公众平台和平台发布的软文的阅读数和分享数的，如图 6-39 所示。

2016-09-27 至 2016-10-26 ▼　　　　　　　　　　　　　　　　　　　　　　导出Excel

时间 ⇕	图文页阅读		从公众号会话打开		从朋友圈打开		分享转发		微信收藏人数	
	人数 ⇕	次数 ⇕	人数 ⇕	次数 ⇕	人数 ⇕	次数 ⇕	人数 ⇕	次数 ⇕	人数 ⇕	次数 ⇕
2016-10-26	471	1270	303	572	27	43	18	24	13	16
2016-10-25	387	968	260	490	19	20	8	10	5	7
2016-10-24	414	1059	290	626	10	12	15	19	6	7
2016-10-23	446	1210	247	516	21	26	15	38	8	19
2016-10-22	525	1390	319	621	25	30	21	30	16	23
2016-10-21	470	1120	367	627	5	5	18	32	8	18
2016-10-20	513	1367	370	732	10	12	15	24	10	14
2016-10-19	822	1660	383	711	201	248	59	80	29	34
2016-10-18	455	1009	301	545	25	35	21	31	9	10
2016-10-17	448	961	326	539	15	22	12	17	10	11

1 / 3 ▶　　　　跳转

（1）

2016-10-20 至 2016-10-26 ▼

文章标题	时间	送达人数 ⇕	图文阅读人数 ⇕	分享人数 ⇕	操作
一张照片，记录美的时光，绽放我们的年华！	2016-10-26	3325	31	0	数据概况 ▼ 详情
厉害了，████手里的长曝光，捕捉流动光线！	2016-10-26	3325	84	2	数据概况 ▼ 详情
太全了，谁总结的，对角线构图的8种玩法！	2016-10-26	3325	304	11	数据概况 ▼ 详情
投稿影展，这是证明摄影水平的机会！	2016-10-25	3279	71	3	数据概况 ▼ 详情
手机摄影技巧，水波荡漾的倒影效果	2016-10-25	3279	193	4	数据概况 ▼ 详情
第0站：签证准备～欧洲旅行手机摄影记录！	2016-10-25	3279	146	0	数据概况 ▼ 详情
厉害了！一张照片也有这么大作用！	2016-10-24	3246	109	4	数据概况 ▼ 详情
手机摄影技巧，全景摄影方法	2016-10-24	3246	237	3	数据概况 ▼ 详情
开挂了！构图君实时分享欧洲旅行，想看异国...	2016-10-24	3246	194	0	数据概况 ▼ 详情
准备好了吗？欧洲8国精彩之旅即将启航！	2016-10-23	3201	130	1	数据概况 ▼ 详情

1 / 3 ▶　　　　跳转

（2）

▲ 图 6-39　微信公众平台及其软文的阅读数和分享数

　　软文，从其形式上来说，它首先是一篇文章，而一篇文章质量的高低是由其内容决定的。只有当软文推送的内容为读者所认同和喜欢，才能支撑读者去关注并读完，并在阅读的过程中产生"这篇文章值得很多人去看"的想法，才能实现高阅读量和高分享率。且在微信公众平台运营中，其三大基本要素就包含有"内容"这一项，如图6-40所示。

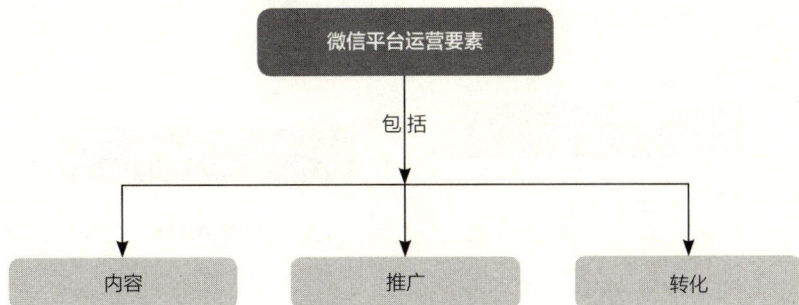

▲ 图6-40　微信平台运营的三大要素介绍

可见，在进行平台软文运营时，保证软文推送内容的质量是重中之重。在此，主要从内容选择的角度出发分析软文的推送内容，具体介绍如下。

1.　与平台相关的内容

企业或个人在建立一个公众号时，一般是有着其确切的用户定位的，其平台运营和内容推送也是针对这些用户进行的，而不是没有目标地胡乱推送。且在选择内容时，首先应该选择与运营平台相关的内容，这样才能让用户去了解平台，进而给予更多的关注。

2.　内容专业化

这主要是针对一些专业化的微信、APP和自媒体平台来说的。由于其业务和运营范围的专业化，因此，在推送内容时也应该选择能够凸显平台专业技能的内容，这是提升平台公信度和真实性的关键所在。特别是一些涉及软件的教程、运动和业余技能等偏向技术性方面的平台，更是要在推送内容方面表现出极高的专业性，且这些内容为读者所认同，才能对平台的阅读量和分享率的提升产生积极的影响。

3.　坚持原创性

对某些类型的平台来说，坚持原创也是内容专业化的重要体现。图6-41所示为"手机摄影构图大全"公众平台的软文，其推送的软文就是在坚持原创的基础上进行推送。

即使是对一般的平台而言，坚持软文的原创也是其推送内容富有价值的体现，是支撑读者读下去的精髓所在。当然，这种原创也是有着质量要求的，并不是随性、胡乱编写的软文所能达到的，它要求能获得读者欣赏。

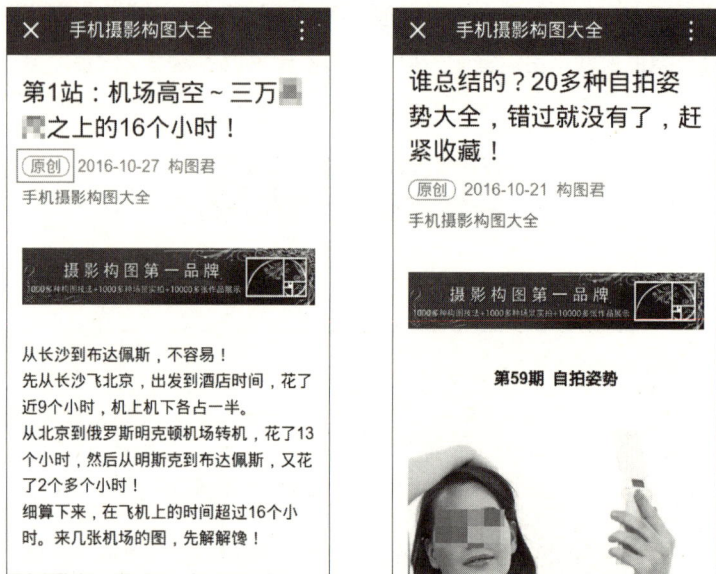

▲ 图6-41　微信公众平台软文的原创性体现

6.4.7　粉丝互动频率越高排名越靠前

在微信、APP 和自媒体平台上，针对具体某一篇软文，粉丝互动频率主要体现在用户对该篇文章的评论数，评论越多，软文的互动频率也就越高，也间接地表明了公众平台的粉丝黏性越好。通过观察图6-42所示的以关键词"构图"搜索的"今日头条"自媒体平台页面两篇软文的对比，可以更清楚地了解这一观点。

（1）

▲ 图6-42　自媒体平台软文的排名靠前与粉丝互动频率相关

（2）

（3）

▲ 图 6-42　自媒体平台软文的排名靠前与粉丝互动频率相关（续）

那么，怎样才能提升平台和平台软文的粉丝互动频率呢？这一问题可以从以下 4 个方面着手，如图 6-43 所示。

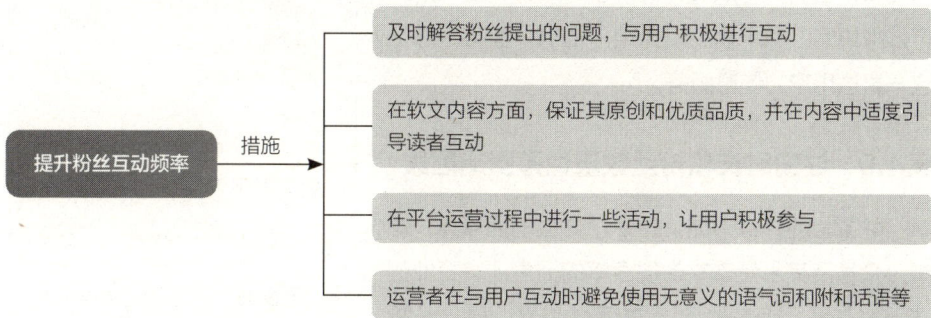

▲ 图 6-43　提升平台软文粉丝互动频率的措施分析

6.4.8 服务号信息能直接抵达用户

在微信公众平台中，其公众号类型之一——服务号，顾名思义，即以提供服务为目的的微信公众号，这一类型的公众号多来自于银行和企业。关于服务号的特征，主要表现在 4 个方面，如图 6-44 所示。

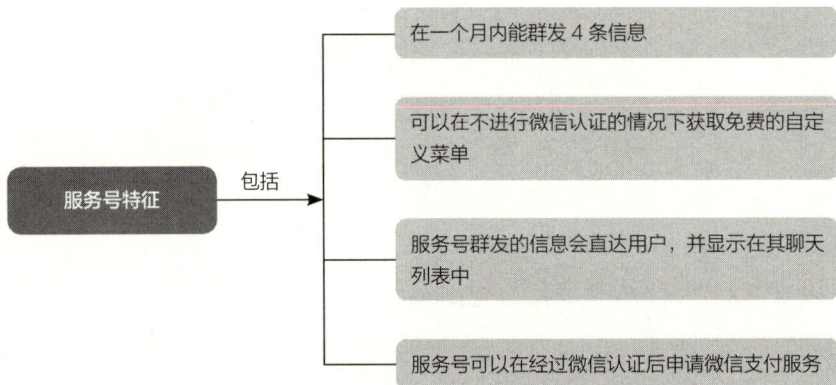

▲ 图 6-44　微信服务号特征分析

基于以上特征，企业在选择公众号类型时，最好选择服务号，它是提升平台文章搜索率的重要 SEO 技巧，也是获取用户关注和增强粉丝黏性的重要策略。特别是服务号的信息能直达用户这一特征，在最大限度上为用户提供服务的同时，还能为平台的运营提供助力。

图 6-45 所示为名为"亚马逊 Amazon"的微信公众平台首页，从其中的内容可知，只要用户进行账号绑定，该平台就可为用户提供"包裹跟踪"这一直达用户的信息服务。

6.4.9 注册时长和粉丝数量也是影响因素

除了上述内容中提及的 8 个方面的因素外，影响公众号及其平台软文的搜索率的因素还有企业的注册时长和平台粉丝数量这两个因素，具体分析如下。

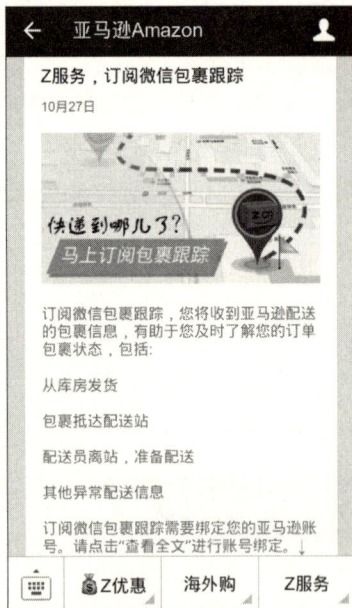

▲ 图 6-45　"亚马逊 Amazon"
微信公众平台首页

1. 注册时长

在微信公众平台上，用户可以通过单击平台基本资料页面的 "账号主体"右侧的运营公众平台的企业名称来查看注册时间，如图 6-46 所示。

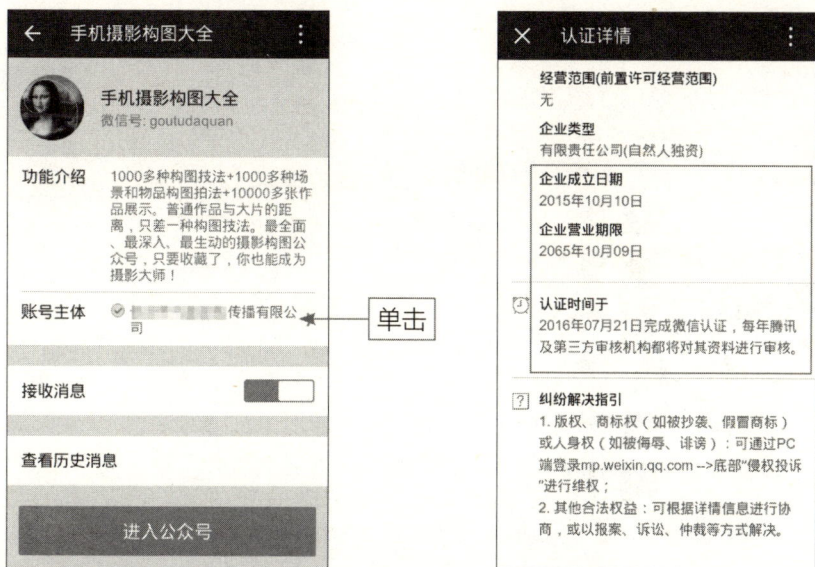

▲ 图 6-46 运营微信公众号的企业注册时间查看

而关于注册时长对软文搜索率的影响，相较于其他因素来说是要小得多的，无非是在两个方面能对软文搜索率有一定影响，具体如下。

- 一是从时间方面来说，注册时间越长，其积累的用户越多，相对地，进行平台和软文搜索的人数和次数也就较多。
- 二是从用户信任度方面来说，往往注册时间越长，其企业的历史也就越长，企业的文化积淀和带给用户的信任程度也就越深。

基于上述原因，建议有意向运营公众平台的企业用户还是尽早着手。

2. 粉丝数量

粉丝数量即平台的用户总数，这一运营状况可以通过公众平台后台进行查询，如图 6-47 所示。

在这些平台粉丝中，是存在僵尸粉的，能够坚持阅读软文的用户只是其中的一部分，因而粉丝数量的多少对于提升文章搜索率和排名的影响并不是特别大。当然，假如平台在拥有了庞大的粉丝群体的情况下又有着非常活跃的粉丝互动，那么，提升平台及其软文的搜索率是轻而易举的。因此，对于平台和软文来说，其粉丝数量固然重要，但是更重要的还是粉丝的质量，也就是尽量减少平台的僵尸粉，采取一定措施增进与用户的互动。

▲ 图6-47　公众平台后台的粉丝数量查询